WÖRTERBUCH FÜR ELEMENTARE DEUTSCHE REDENSARTEN

Herausgegeben
von
Hi Tschul Kim

예문활용

독일어기본숙어사전

김 희 철

verlag moonyelim

이 사전을 펴내면서

독일어 학습자를 위하여 체계적이고도 실용적인 숙어 사전의 필요성을 느껴오던 중, 지난 1984년에 우리나라에서 처음으로 중요 관용구가 수록된 〈독일어 기본숙어사전〉을 편찬하게 되었습니다.

그동안 재판을 거듭하였으나, 출판사의 사정으로 한동안 절판되었다가 다시 새로운 모습으로 문예림에서 독자들을 만나게 되어 저자로서 매우 기쁘고 다행스럽게 생각합니다.

필자는 독일어 학습자의 필요에 응할 수 있는 간결하고도 활용성 있는 여러 경우의 적절한 예문을 풍부히 제시하여 학습자의 응용력 함양에 도움이 되도록 하였습니다. 특히, 본 사전에 수록된 실용성 있는 회화체의 기본 문형을 기억해 두면, 그 문형을 활용하여 올바른 회화, 다각적인 작문 능력을 갖출 수 있고, 능률적으로 정확한 학습효과도 올릴 수 있을 것입니다.

아무쪼록 본 사전을 통하여 독문을 올바르게 이해하고 독일어를 구사하는데 도움이 되도록 최선의 노력을 기울이시기 바랍니다.
'급히도 말고, 쉬지도 말라!' (Ohne Hast, ohne Rast!) 라는 독일 속담처럼 꾸준히 노력한다면 반드시 좋은 성과가 있을 것입니다.

성공을 빕니다! Guten Erfolg!

2019. 6
김 희 철

主 要 參 考 圖 書

Wohlgemuth-Berglund, G: Wort für Wort — Ein einsprachiges Wörterbuch 1969

Kosaras Istvan: Grundwortschatz der deutschen Sprache 1980

Friederich, W.: 10000 Wörter — A German Vocabulary for Students 1979

Mattutat, H.: Deutsche Grundsprache — Wort- und Satzlexikon 1979

Agricola, E.: Wörter und Wendungen 1973

Wahrig, G.: Deutsches Wörterbuch 1978

Oehler, H,: Grundwortschatz Deutsch 1976

Kupper, H.: Wörterbuch der deutschen Umgangssprache 1975

Duden: Bedeutungswörterbuch 1970

Schülerduden Bd.2 1970

Kinderduden. Mein erster Duden 1959

Pattermann, W.: Deutsch-englisches Wörter- und Phrasenbuch 1979

Wörterbuch der deutschen Gegenwartssprache, Bd. 1 1964, Bd.2 1967, Bd.3 1969

A

*** ab und zu (=dann und wann) :** 때때로

Er besucht mich *ab und zu.*

그는 때때로 나를 방문한다.

Er kommt noch *dann und wann* hierher.

그는 아직도 이따금 이곳으로 찾아온다.

*** auf und ab (=hin und her) :** 이리저리

Er geht im Zimmer *auf und ab.*

그는 방안에서 왔다갔다 한다.

Er lief *hin und her.*

그는 여기저기 뛰어다녔다.

*** am Abend (=des Abends) :** 저녁에

Am Abend gehe ich in die (zur) Kirche.

저녁에 나는 교회에 간다.

*** gegen Abend :** 저녁 무렵에

Gegen Abend begann es zu regnen.

저녁 무렵에 비가 오기 시작했다.

*** eines Abends (eines Tages, eines Nachts) :** 어느날 저녁에 (어느날, 어느날 밤에)

Eines Abends besuchte er mich plötzlich.

어느날 저녁에 그가 갑자기 나를 방문했다.

Eines Tages traf ich ihn zufällig wieder.

어느날 나는 그를 우연히 다시 만났다.

Eines Nachts brannte das Haus ab.

어느날 밤에 그집은 불타 버렸다.

*** heute (gestern, morgen) abend :** 오늘(어제, 내일) 저녁

에

Hast du *heute abend* etwas vor?

너는 오늘 저녁 무슨 계획이 있느냐?

Wir waren *gestern abend* im Kino.

우리는 어제 저녁에 영화관에 갔었다.

Ich will dich *morgen abend* besuchen.

나는 내일 저녁에 너를 방문하겠다.

Sonntag abend (Sonntags abends) kam er auf Besuch

일요일 저녁에 그가 찾아왔다.

* **zu Abend (zu Mittag) essen:** 저녁(점심)식사를 하다

Haben Sie schon *zu Abend gegessen*?

벌써 저녁식사를 하셨읍니까?

Ich habe noch nicht *zu Mittag gegessen.*

나는 아직 점심을 먹지 않았다.

* **jn. zum Abendessen (Mittagessen) einladen :** (누구)를 저녁식사(점심)에 초대하다

Er hat mich *zum Abendessen eingeladen.*

그는 나를 저녁식사에 초대했다.

Darf ich Sie morgen *zum Mittagessen einladen*?

당신을 내일 점심에 초대해도 될까요?

* **vom Morgen bis zum Abend (=von morgens bis abends) :** 아침부터 저녁까지

Er arbeitet *vom Morgen bis zum Abend*

그는 아침부터 저녁까지 일한다.

* **bei der Abfahrt (bei der Ankunft) :** 출발시에 (도착시에)

Bei der Abfahrt waren alle aufgeregt.

출발시에는 모두가 흥분하였다.

Bei unserer *Ankunft* am Bahnhof regnete es.

우리가 역에 도착했을 때는 비가 내리고 있었다.

* **unmittelbar vor (nach) der Abfahrt :** 출발 직전(후)에

Ich sah ihn *unmittelbar vor der Abfahrt* des Zuges.

나는 기차가 출발하기 직전에 그를 보았다.

*** sich[3] et.[4] abgewöhnen (angewöhnen)** : (어떤) 습관을 고치다(기르다)

Ich kann *mir* das Rauchen nicht *abgewöhnen.*

나는 담배를 끊을 수가 없다.

Ich habe *mir* das Rauchen *angewöhnt.*

나는 담배피우는 습관이 붙었다.

*** von jm. abhängen (=von jm. abhängig sein)** : (누구)에게 달려있다 · 좌우되다

Alles *hängt von* dir *ab.*

(=Alles ist *von* dir *abhängig.*)

모든 것은 너에게 달려있다.

Das *hängt* ganz *vom* Wetter *ab.*

(=Das ist ganz *vom* Wetter *abhängig.*)

그것은 전적으로 날씨에 달려있다.

*** von jm. Abschied nehmen** : (누구)와 작별을 고하다

Am Flughafen *nahm* er *Abschied von* seiner Familie.

공항에서 그는 그의 가족과 작별을 고했다.

Er ging weg, ohne *von* mir *Abschied* zu *nehmen.*

그는 나에게 작별인사도 없이 가버렸다.

*** in guter (böser) Absicht (=in der besten Absicht)** : 선(악)의로

Er tat es auch *in guter Absicht.*

그는 역시 선의로 그것을 했다.

*** mit Absicht (=mit vollem Bewußtsein)** : 고의적으로

Das habe ich nicht *mit Absicht* getan.

그것을 나는 고의적으로 하지는 않았다.

*** ohne Absicht** : 무의식적으로

Er tat es *ohne Absicht.*

그는 그것을 무의식적으로 했다.

*** mit (in) der Absicht, ... zu** 부정형 : ...할 생각으로

Er kam *mit der Absicht*, dir *zu* helfen.

그는 너를 도울 생각으로 왔다.

* **die Achseln (mit den Achseln) zucken :** 어깨를 으쓱하다

Er sagte nichts dazu, *zuckte* nur *die Achseln*.

그는 그것에 대해 아무말도 하지않고 어깨만 으쓱했다.

* **sich[3] vor et.[3] in acht nehmen :** (무엇)을 조심하다 · 주의하다

Nehmen Sie *sich vor* dem Hund *in acht*!

(=*Hüten* Sie *sich vor* dem Hund!)

개를 조심하십시오!

* **auf et.[4] achten :** (무엇)에 주의를 기울이다

Achten Sie *auf* meine Worte!

내 말에 주의를 기울이시오!

Der Fahrer muß besonders *auf* spielende Kinder *achten*.

운전자는 놀고있는 아이들에 대해 주의를 해야한다.

* **aus Achtung vor jm. (für jn., gegen jn.) :** (누구)에 대한 존경심에서

Ich tat es *aus Achtung vor* ihm.

나는 그에 대한 존경심에서 그것을 했다.

* **vor jm. (für jn., gegen jn.) Achtung haben :** (누구)에 대하여 존경심을 가지다

Vor Erwachsenen soll man *Achtung haben*.

어른들에 대해서는 존경심을 가져야 한다.

* **den Acker bauen (bestellen, pflügen) :** 밭을 갈다

Der Bauer *baut den Acker* im Frühling.

농부는 봄에 밭을 간다.

* **auf den Acker gehen :** 밭으로 가다

Er *geht* früh morgens *auf den Acker*.

그는 아침 일찍 밭으로 간다.

* **jm. ähnlich sein :** (누구)를 닮다

Er ist seinem Vater sehr *ähnlich*.

그는 그의 아버지를 매우 닮았다.

Sie *sieht* ihrer Mutter[3] sehr *ähnlich* 〔*aus*〕.

그녀는 그녀의 어머니를 매우 닮았다.

* **von et. keine Ahnung haben :** (무엇)을 꿈에도 생각지 못하다 · 전혀 알지 못하다

Da*von* habe ich *keine Ahnung gehabt.*

그것을 나는 전혀 알지 못했다.

* **vor allem** (=**vor allen Dingen, unter anderem**) **:** 무엇보다도, 특히

Du mußt *vor allem* sparsam sein.

너는 무엇보다도 절약해야 한다.

Ich liebe Blumen, *vor allem* Rosen.

나는 꽃을 좋아하는데, 특히 장미가 좋다.

* **vor allen** (=**unter anderen**) **:** 누구보다도

Ich liebe dich *vor allen.*

나는 누구보다도 너를 사랑한다.

* **einzig und allein :** 오직, 다만

Einzig und allein er hat recht.

오직 그만이 옳다.

Wie lange wir an der See bleiben werden, hängt *einzig und allein* vom Wetter ab.

우리가 얼마나 오랫동안 해변에 머물지는 오직 날씨에 달려 있다.

* **mit jm. allein sein :** (누구)와 단둘이 있다

Er ist jetzt *mit* ihr *allein.*

그는 지금 그녀와 단둘이 있다.

Ich will *mit* ihm *allein* sprechen.

나는 그와 단둘이 이야기 하겠다.

* **nicht allein** (**nur**) **…, sondern** 〔**auch**〕 **… :** … 뿐만 아니라 … 도

Ich habe es *nicht allein* gehört, *sondern auch* gesehen.

나는 그것을 들었을 뿐만 아니라 보기도 했다.

*** im allgemeinen (=in der Regel) : 일반적으로, 보통**

Im allgemeinen verstehen wir uns[4].

일반적으로 우리는 서로 이해하는 편이다.

In der Regel stehe ich früh auf.

보통 나는 일찍 일어난다.

*** als ob (=als wenn)+주어 … 동사(접속법 Ⅱ식) : 마치 … 처럼**

Er spricht Deutsch, *als ob* er ein Deutscher wäre.

(=Er spricht Deutsch, *als* wäre er ein Deutscher.)

그는 마치 독일인처럼 독일말을 한다.

Sie sieht aus, *als wenn* sie krank wäre.

(=Sie sieht aus, *als* wäre sie krank.)

그녀는 아픈 것처럼 보인다.

〔註〕 ob과 wenn이 생략되면 정동사가 주어 앞에 놓인다.

*** zu ~, als daß … (접속법 Ⅱ식) : 너무나 ~하므로 …하지 못하다**

Er ist *zu* dumm, *als daß* er dies verstehen könnte.

그는 너무나 우둔하여 이것을 이해하지 못한다.

*** für das Alter : 나이에 비해**

Das Kind ist groß *für* sein *Alter.*

그 아이는 자기 나이에 비해 키가 크다.

*** im Alter : 노년에**

Er spart, um *im Alter* keine Not zu leiden.

그는 노년에 고생하지 않기 위해 저축한다.

*** im Alter von 20 Jahren (=mit 20 Jahren) : 20세의 나이에**

Er ist *im Alter von* 30 *Jahren* an Krebs gestorben.

그는 30세의 나이에 암으로 죽었다.

Mein Großvater starb *im* hohen *Alter von* 90 *Jahren.*

나의 할아버지는 90세의 고령으로 돌아가셨다.

*** in js. Alter[3] sein (stehen) : (누구)와 동갑이다 · 동년배다**

Er *ist in* meinem *Alter.*

(=Er ist *so* alt *wie* ich.)

그는 나와 나이가 같다.

* **seit alters (=von alters her) :** 옛부터

Ich wohne schon *seit alters* hier.

나는 이미 옛날부터 이곳에 살고 있다.

* **beim (auf den) ersten Anblick (Blick) :** 첫 눈에

Er hat sich *beim ersten Anblick* in sie verliebt.

그는 첫눈에 그녀에게 반해 버렸다.

* **einer nach dem ander[e]n :** 한 사람씩 차례차례로

Einer nach dem andern verließ den Saal.

한사람씩 차례로 홀을 떠났다.

Sie kamen *einer nach dem anderen*.

그들은 한사람씩 차례로 왔다.

* **am anderen (folgenden, nächsten) Tag :** 그 다음날

Am anderen Tag habe ich ihn getroffen.

그 다음날 나는 그를 만났다.

* **anders als et. :** (무엇)과는 달리

Er denkt *anders als* ich.

그는 나와는 생각이 다르다.

Er spricht *anders als* er denkt.

그는 생각과는 달리 말한다.

* **nichts anders als et. :** (무엇)이외의 다른 아무것도 아니다

Das ist *nichts anders als* ein Gerücht.

그것은 소문에 불과하다.

* **sich³ et.⁴ aneignen :** (무엇)을 제것으로 하다

Wo hast du *dir* diese schlechte Gewohnheit *angeeignet*?

너는 어디서 이런 못된 습관을 배웠느냐?

* **Anfang (Mitte, Ende) Januar :** 1월 초순에(중순에, 하순에)

Anfang Dezember beginnen die Winterferien.

12월 초에 겨울방학이 시작된다.

Anfang nächsten Jahres fahre ich nach Deutschland.

내년 초에 나는 독일에 간다.

Mitte März kommt er zurück.

3월 중순에 그는 돌아온다.

Ende Oktober ziehen wir in eine neue Wohnung um.

10월 말에 우리는 새집으로 이사한다.

* **am (im, zu) Anfang (=am (zu) Beginn) :** 처음에

Am Anfang war das Wetter schlecht, aber bald besserte es sich.

처음에는 날씨가 나빴으나 곧 좋아졌다.

* **von Anfang (Beginn) an :** 처음부터

Lesen Sie bitte *von Anfang an*!

처음부터 읽으십시오!

* **von Anfang bis 〔zu〕 Ende :** 처음부터 끝까지

Der Film war *von Anfang bis Ende* spannend.

그 영화는 처음부터 끝까지 흥미진진했다.

* **mit et. anfangen (=et.⁴ anfangen) :** (무엇)을 시작하다

Er *fängt mit* der Arbeit *an*.

(=Er *fängt* die Arbeit *an*.)

그는 일을 시작한다.

Wenn ich zu spät kommen sollte, *fangen* Sie bitte voraus *mit* dem Essen *an*!

내가 늦으면 먼저 식사를 시작하십시오!

* **anfangen (beginnen) ... zu** 부정형 **:** ...하기 시작하다

Es *fängt an zu* regnen.

비가 오기 시작한다.

Seit wann haben Sie *zu* rauchen *angefangen*?

당신은 언제부터 담배를 피우기 시작했읍니까?

* **von Angesicht zu Angesicht :** 얼굴을 맞대고

Wir diskutierten 4 Stunden lang *von Angesicht zu Angesicht* über dieses Problem.

우리는 4시간동안 얼굴을 맞대고 이 문제를 토론했다.

* **et.⁴ in Angriff nehmen :** (무엇)에 착수하다

Der Plan wurde sofort *in Angriff genommen.*

그 계획은 곧 착수되었다.

* **vor et.^{3} Angst (Furcht) haben :** (무엇)을 무서워하다

Er *hat* (keine) *Angst vor* dem Hund.

그는 개를 무서워한다(무서워하지 않는다).

Du brauchst *vor* dem Hund keine *Angst* zu *haben*, er beißt nicht.

너는 개를 무서워할 필요가 없다. 그 개는 물지 않는다.

* **auf et.^{4} ankommen :** (무엇)에 달려있다, (무엇)이 문제이다

Das *kommt auf* einen Versuch *an.*

그것은 노력 여하에 달려 있다.

Ob wir heute einen Ausflug machen dürfen, *kommt* ganz *auf* das Wetter *an.*

우리가 오늘 소풍을 갈 수 있을지는 전적으로 날씨에 달려있다.

Es *kommt* nur *auf* Sie *an.*

(=Es *hängt* nur *von* Ihnen *ab.*)

그것은 오직 당신에게 달려 있읍니다.

* **ohne jeden (allen) Anlaß :** 아무런 이유도 없이

Er war *ohne jeden Anlaß* abwesend.

그는 아무런 이유도 없이 결석했다.

* **et.^{4} als (für) et.^{4} annehmen (ansehen) :** (무엇)을 (무엇)으로 생각하다 · 간주하다

Ich *nehme* es *als* möglich *an.*

나는 그것을 가능한 것으로 생각한다.

Er hat mich *als* seinen Freund *angesehen.*

그는 나를 자기 친구로 생각했다.

* **jn. zu Hause anrufen :** (누구) 집에 전화를 걸다

Bitte *rufen* Sie mich heute abend *zu Hause an*!

오늘 저녁에 나의 집으로 전화를 좀 걸어 주십시오!

* **meiner Ansicht^3 (Meinung) nach (=nach meiner Ansicht) :** 나의 견해 · 의견으로는

Meiner Ansicht nach hat er recht.

내 생각으로는 그가 옳다.

Meiner Meinung nach bist du noch zu jung, um zu heiraten.

내 생각으로는 너는 결혼하기에는 아직 너무 어리다.

* **et.⁴ in Anspruch nehmen :** (무엇)을 요구하다 · 필요로 하다

Diese Arbeit *nimmt* viel Zeit *in Anspruch*.

이 일은 많은 시간이 요한다.

* **anstatt ... zu** 부정형 **:** ...하는 대신에

Er sah nur zu, *anstatt* mir *zu* helfen.

그는 나를 도와주기는 커녕 방관만 했다.

* **ohne Anstoß :** 막힘없이, 유창하게

Die Worte kamen *ohne Anstoß* über seine Lippen.

말이 유창하게 그의 입에서 나왔다.

* **jm. auf et.⁴ antworten :** (누구)의 (무엇)에 대답하다

Er *antwortete* mir *auf* die Frage.

그는 나의 질문에 대답했다.

Was hat er *auf* deinen Brief *geantwortet*?

그는 너의 편지에 뭐라고 회답했는가?

* **unter Anwendung von Gewalt :** 폭력을 써서

Unter Anwendung von Gewalt riß er mir Geld aus der Hand.

폭력를 써서 그는 내 손에서 돈을 뺏았다.

* **sich³ einen Anzug (ein Kleid) machen lassen :** 양복(옷)을 맞추다

Ich *ließ mir* beim Schneider *einen* neuen *Anzug machen*.

나는 양복점에서 새 양복을 맞추었다.

* **zur Apotheke gehen :** 약국에 가다

Er *geht zur Apotheke*, um Medizin zu kaufen.

그는 약을 사기 위해 약국에 간다.

* **am Apparat (Telefon) sein :** 전화를 받고 있다

Er *ist* jetzt *am Apparat*.

그는 지금 전화를 받고 있다.

Wer *ist am Apparat*?

전화를 받으시는 분은 누구십니까?

Bleiben Sie bitte *am Apparat*!

전화를 끊지 말고 기다리세요!

*** Appetit auf et.⁴ haben : (무엇)을 먹고 싶어하다**

Ich *habe Appetit auf* das Fleisch.

나는 고기가 먹고 싶다.

Ich *habe* heute keinen *Appetit*.

나는 오늘은 식욕이 없다.

*** an (bei) der Arbeit sein : 일하는 중이다**

Er *ist* jetzt *an der Arbeit*.

그는 지금 일하는 중이다.

Er *war* schon morgens früh *bei der Arbeit*

그는 벌써 아침 일찍 일하고 있었다.

*** an die Arbeit gehen (=sich⁴ an die Arbeit machen) :**
일을 시작하다

Wollen wir *an die Arbeit gehen*!

(=*Gehen* wir *an die Arbeit*!)

일을 시작합시다!

Wir *machten uns* pünktlich *an die Arbeit*.

우리는 정각에 일을 시작했다.

*** ohne Arbeit sein (=keine Arbeit haben) : 일자리가**
없다

Er *ist* nun *ohne Arbeit*.

(=Er *hat* nun *keine Arbeit*.)

그는 지금 실업자이다.

*** zur Arbeit gehen : 일하러 가다**

Er *geht* morgens um 7 Uhr *zur Arbeit*

그는 아침 7시에 일하러 간다.

*** sich⁴ über et.⁴ ärgern : (무엇)에 대하여 화를 내다**

Ärgere dich nicht dar*über*!

그것에 대해 화내지 마라!

Warum *ärgerst* du *dich über* mich?

왜 너는 나한테 화를 내느냐?

*** an et.[3] arm (reich) sein :** (무엇)이 부족(풍부)하다

Er ist *arm an* Mut.

(=*Es fehlt* ihm *an* Mut[3].)

그는 용기가 없다.

Sie ist *arm an* Bildung.

(=*Es fehlt* ihr *an* Bildung[3].)

그녀는 교양이 없다.

Das Land ist *reich an* natürlichen Schätzen.

그 나라는 천연자원이 풍부하다.

*** Arm in Arm :** 팔짱을 끼고

Sie ging mit ihm *Arm in Arm.*

그녀는 그와 팔짱을 끼고 걸었다.

*** jm. (jn.) in den Arm kneifen :** (누구)의 팔을 꼬집다

Sie *kniff* mir (mich) *in den Arm.*

그녀는 내 팔을 꼬집었다.

*** jn. am Arm packen (greifen) :** (누구)의 팔을 붙잡다

Er *packte* (*griff*) mich *am Arm.*

그는 내팔을 잡았다.

*** jn. mit offenen Armen aufnehmen :** (누구)를 두 손을 벌리고 맞이하다

Sie *nahm* ihre Gäste *mit offenen Armen auf.*

그녀는 손님들을 두손을 벌리고 맞이했다.

*** auf diese Art (=in dieser Art) :** 이러한 방법으로

Auf diese Art (*Weise*) wirst du nie zum Ziel kommen.

이런 방법으로는 너는 결코 목표에 도달하지 못할 것이다.

*** auf seine Art :** 그의 방식으로

Er machte es *auf seine Art.*

그는 그것을 그의 방식대로 했다.

*** auf deutsche Art :** 독일식으로

Er handelt immer *auf deutsche Art.*

그는 언제나 독일식으로 행동한다.

* **Arznei (Medizin) 〔ein〕nehmen : 약을 복용하다**

Du mußt regelmäßig *Arznei nehmen.*

너는 규칙적으로 약을 복용해야 한다.

Man soll *die Medizin* dreimal täglich mit Wasser *einnehmen.*

이 약은 매일 3회 물과 함께 복용해야 한다.

* **zum Arzt gehen : 의사에게 가다**

Du mußt sofort *zum Arzt gehen.*

너는 곧 의사에게 가야 한다.

* **einen Arzt rufen (holen) lassen : 의사를 부르러 사람을 보내다**

Er *ließ den Artz rufen (holen)*

그는 의사를 불러오게 했다.

Wir müssen sofort *den Arzt rufen.*

우리는 곧 의사를 불러와야 한다.

* **Atem holen : 숨을 들이 쉬다**

Holen Sie *Atem*!

(=Atmen Sie ein!)

숨을 들이 쉬시오!

Holen Sie tief *Atem*!

(=Atmen Sie tief!)

심호흡을 하시오!

* **außer Atem : 숨을 헐떡이며**

Er kam *außer Atem* zu Hause an.

그는 숨을 헐떡이며 집에 도착했다.

* **in einem Atem (=in (mit) einem Zuge, auf einen Zug) : 단숨에**

Er leerte das Glas *in einem Atem*

그는 잔을 단숨에 비워 버렸다.

* **Aufenthalt haben : 체재하다 ; (기차가)정차하다**

Er *hatte* lange *Aufenthalt* in Seoul.

(=Er *hielt sich* lange in Seoul *auf.*)

그는 오랫동안 서울에 체재했다.

Der Zug *hat* in Köln 5 Minuten *Aufenthalt*.

기차는 쾰른에서 5분간 정차한다.

*** die Aufgaben machen :** 숙제를 하다

Hast du deine *Aufgaben* schon *gemacht*?

나는 숙제를 벌써 다 했느냐?

Der Schüler hat seine Schul*aufgaben* sehr gut *gemacht*.

그 학생은 숙제를 매우 잘 했다.

*** aufhören ... zu** 부정형 **:** ...을 그만두다 · 중지하다

Das Kind *hörte auf zu* weinen.

(=Das Kind *hörte mit* dem Weinen *auf*.)

아이가 울음을 그쳤다.

Es *hörte auf zu* regnen.

비가 그쳤다.

*** mit et. aufhören :** (무엇)을 그만두다 · 중지하다

Höre doch endlich *mit* dem Weinen *auf*!

이제 그만 울음을 그쳐라!

Hören Sie *mit* der Arbeit *auf*!

일을 그만 두십시오!

*** auf et.⁴ aufmerksam sein :** (무엇)에 주의하다

Du mußt *auf* jedes Wort *aufmerksam* sein.

너는 말 한마디 한마디에 주의해야 한다.

*** jn. auf et.⁴ aufmerksam machen :** (누구)에게 (무엇)에 대하여 주의를 환기시키다

Ich habe ihn dar*auf aufmerksam gemacht*.

나는 그에게 그것에 대해 주의를 환기시켰다.

*** eine Aufnahme machen :** 사진을 찍다

Er *machte eine Aufnahme* von mir.

그는 내 사진 한 장을 찍었다.

Ich habe diese *Aufnahmen* mit einer koreanischen Kamera *gemacht*.

나는 이 사진들을 한국제 카메라로 찍었다.

*** auf et.⁴ aufpassen :** (무엇)에 주의하다

Auf der Straße soll man *auf* den Verkehr gut *aufpassen.*

거리에서는 교통에 각별히 주의해야 한다.

Paß auf den Taschendieb *auf!*

소매치기를 조심해라!

*** vor Aufregung**[3] **:** 흥분하여

Er konnte *vor Aufregung* nicht still sitzen.

그는 흥분하여 가만히 앉아 있을 수가 없었다.

*** die Augen aufschlagen (zuschlagen) :** 눈을 뜨다(감다)

Er *schlug* erst gegen Mittag *die Augen auf.*

(=Er erwachte erst gegen Mittag.)

그는 정오경에야 비로소 눈을 떴다(잠을 깼다).

Sie *schlug* (*machte*) *die Augen zu*

그녀는 눈을 감았다.

*** gute (schlechte) Augen haben :** 시력이 좋다(나쁘다)

Er *hat gute Augen.*

그는 시력이 좋다.

*** große Augen machen :** 놀라서 눈을 크게 뜨다

Wenn er das hört, wird er sicher *große Augen machen.*

그가 그것을 들으면 틀림없이 눈이 휘둥그래 질 것이다.

*** aus den Augen verlieren :** 안보이게 되다, 놓쳐버리다

Wir hatten ihn lange *aus den Augen verloren.*

우리는 그를 오랫동안 보지 못했다.

Das Kind *verloren* seine Eltern in der Menschenmenge *aus den Augen*

그 아이는 군중속에서 자기의 부모를 놓쳐 버렸다.

*** mit eigenen Augen sehen :** 자신의 눈으로 보다

Ich habe es *mit eigenen Augen gesehen.*

나는 그것을 내 눈으로 보았다.

*** mit bloßem Auge :** 육안으로

Ich konnte es *mit bloßem Auge* erkennen.

나는 그것을 육안으로 알아볼 수 있었다.

*** jm. mit den Augen (der Hand) winken .** (누구)에게 눈

(손)으로 신호하다

Er *winkte* ihr *mit den Augen*.

그는 그녀에게 눈짓했다.

* **unter vier Augen :** 단 둘이서, 비밀리에

Er sagte es mir *unter vier Augen*.

그는 그것을 나에게 비밀리에 말했다.

* **vor aller[2] Augen :** 모든 사람들의 면전에서

Es ist *vor aller Augen* geschehen.

그것은 모든 사람들이 보는 앞에서 일어났다.

* **im Augenblick :** 순간에

Im Augenblick der Gefahr suchte sie bei mir Hilfe.

위험의 순간에 그녀는 나에게 도움을 구했다.

Es war *im Augenblick* geschehen

그것은 순식간에 일어났다.

* **in diesem Augenblick :** 이 순간에

Gerade *in diesem Augenblick* ist er erschienen

바로 이 순간에 그가 나타났다.

* **im letzten Augenblick :** 최후의 순간에

Im letzten Augenblick traf er die richtige Entscheidung.

마지막 순간에 그는 옳은 결정을 내렸다.

* **bis zum letzten Augenblick :** 최후의 순간까지

Wir kämpften *bis zum letzten Augenblick* mit dem (gegen den) Feind.

우리는 최후의 순간까지 적과 싸웠다.

* **jeden Augenblick :** 지금 당장이라도

Er kann *jeden Augenblick* kommen.

그는 지금이라도 올지 모른다.

* **eine Ausbildung erhalten :** 교육을 받다

In der Schule *erhalten* wir *eine* theoretische *Ausbildung*.

학교에서 우리는 이론적인 교육을 받는다.

In der Fachschule *erhält* man *eine* Berufs*ausbildung*.

전문학교에서는 직업교육을 받는다.

*** et.⁴ zum Ausdruck bringen :** (무엇)을 나타내다 · 표현하다

Er *brachte* seine Meinung deutlich *zum Ausdruck.*

그는 자기의 의견을 분명히 나타냈다.

Er *brachte* seinen Dank *zum Ausdruck.*

그는 감사의 뜻을 표했다.

*** einen Ausflug machen :** 소풍가다

Morgen *machen* wir mit dem Bus *einen Ausflug.*

내일 우리는 버스를 타고 소풍간다.

*** einen guten Ausgang nehmen :** 좋은 결과를 얻다

Das wird *keinen guten Ausgang nehmen.*

그것은 좋은 결과를 얻지 못할 것이다.

*** ins Ausland (ins fremde Land) fahren :** 외국으로 가다

Wollen wir nicht einmal *ins Ausland fahren?*

우리 한번 외국에 가보지 않겠는가?

*** eine Ausnahme machen :** 예외로 하다

Ich will bei Ihnen *eine Ausnahme machen.*

나는 당신의 경우는 예외로 하겠다.

*** mit Ausnahme von et. :** (무엇)을 제외하고

Mit Ausnahme von gestern war er immer pünktlich.

어제를 제외하고는 그는 항상 시간에 정확했다.

*** nach et. aussehen :** (무엇)같이 보이다

Das *sieht nach* nichts *aus.*

그것은 아무것도 아닌 것 같이 보인다.

Es *sieht nach* Regen *aus.*

(=Es *scheint zu* regnen.)

비가 올 것 같다.

*** von außen 〔her〕 :** 밖에서부터

Von außen sieht das Gasthaus ganz sauber aus, aber innen ist es ziemlich schmutzig.

밖에서 보면 그 여관은 아주 깨끗해 보이지만, 내부는 상당히 불결하다.

Von außen her sieht das Ding gut aus.

걸에서 보면 그 물건은 좋아 보인다.

*** nach außen 〔hin〕 : 밖으로**

Er war sehr traurig, aber *nach außen hin* zeigte er ein frohes Gesicht.

그는 매우 슬펐지만 겉으로는 즐거운 얼굴을 보였다.

*** außer sich sein : 어쩔 줄 모르다**

Sie *ist* vor Freude[3] *außer sich*.

그녀는 기뻐서 어쩔 줄을 모른다.

*** sich[4] über et.[4] äußern : (무엇)에 대하여 의견을 말하다**

Ich möchte *mich über* ihn (dar*über*) nicht *äußern*

나는 그에 대해 (그것에 대해) 의견을 말하고 싶지 않다.

*** Aussicht auf et.[4] haben : (무엇)의 가망이 있다**

Er *hat* keine *Aussicht auf* Erfolg

그는 성공할 가망이 없다.

*** et.[4] auswendig lernen : (무엇)을 암기하다**

Lernen Sie den Satz *auswendig*!

이 문장을 암기하시오!

Ich habe es *auswendig gelernt*

나는 그것을 암기했다.

*** et.[4] auswendig können (wissen) : (무엇)을 암기하고 있다**

Ich *kann* (*weiß*) das Gedicht *auswendig*

나는 그 시(詩)를 암기하고 있다.

*** mit dem (im) Auto fahren : 자동차를 타고 가다**

Ich *fahre mit dem Auto* in die Stadt.

나는 자동차를 타고 시내에 간다.

*** Auto fahren (=das Auto lenken) : 자동차를 운전하다**

Ich kann *Auto fahren*.

나는 자동차를 운전할 수 있다.

Er *lenkte das Auto* vorsichtig.

그는 자동차를 조심스럽게 운전했다.

*** das Autofahren lernen (=das Auto fahren lernen) :**
자동차 운전을 배우다

Heutzutage *lernen* viele Leute *das Autofahren.*
(=Heutzutage *lernen* viele Leute *das Auto fahren.*)
요즈음 많은 사람들이 자동차 운전을 배운다.

B

* **mit vollen Backen** : 뺨을 불룩히 하고

Er kaut etwas *mit vollen Backen.*

그는 뺨을 불룩히 하고 뭔가를 씹고 있다.

* **ein Bad nehmen** : 목욕하다

Er *nimmt* jetzt *ein Bad.*

그는 지금 목욕한다.

Nehmen Sie *ein Bad*!

목욕하십시오!

* **ins Bad gehen** : 욕실로 가다 ; 온천장으로 가다

Er *ging ins Bad,* um sich zu rasieren.

그는 면도하기 위해 욕실로 갔다.

Wir *reisten ins Bad* und nahmen ein Bad.

우리는 온천장에 가서 목욕했다.

* **baden gehen (=zum Baden gehen)** : 목욕가다 ; 미역감으로 가다

Sie *geht* täglich *baden.*

그녀는 매일 목욕간다.

Wir *gehen* jetzt *zum Baden* ins Schwimmbad.

우리는 지금 미역감으러 실내 수영장에 간다.

* **mit (auf) der Bahn fahren** : 철도편(기차·전차)으로 가다

Er *fährt mit der Bahn (der Eisenbahn).*

그는 기차로 간다.

* **am Bahnhof (in der Stadt, zu Hause) ankommen** : 역에(도시에, 집에) 도착하다

Als ich *am Bahnhof ankam*, war der Zug schon abgefahren.

내가 역에 도착했을 때 기차는 이미 떠났었다.

Wir *kamen* spät abends *in* Seoul[3] *an*.

우리는 저녁 늦게 서울에 도착했다.

* **auf dem nächsten Bahnhof : 다음 역에서**

Du mußt *auf dem nächsten Bahnhof* aussteigen.

너는 다음 역에서 내려야 한다.

* **bis zum Bahnhof : 역까지**

Er ist mir *bis zum Bahnhof* (*bis ins Haus*) gefolgt.

그는 역까지 (집까지) 나를 따라왔다.

Fahren Sie mich bitte *bis zum Bahnhof*!

나를 역까지 좀 태워다 주세요!

* **vom Bahnhof bis nach Hause : 역에서 집까지**

Ich bin *vom Bahnhof bis nach Hause* gelaufen.

나는 역에서 집까지 달려갔다.

* **jn. vom Bahnhof (von der Bahn) abholen : (누구)를 역으로 마중 나가다**

Ich *hole* dich *vom Bahnhof ab*.

나는 너를 역으로 마중 나가겠다.

Als ich von der Reise zurückkam, *holte* sie mich *von der Bahn ab*.

내가 여행에서 돌아왔을 때 그녀가 나를 역으로 마중 나왔다.

* **zum Bahnhof (zur Bahn) gehen : 역에 가다**

Ich *gehe* jetzt *zum Bahnhof*

나는 지금 역에 간다.

* **jn. zum Bahnhof (zur Bahn) bringen : (누구)를 역으로 데려다 주다**

Er *brachte* mich *zum Bahnhof*.

그는 나를 역으로 데려다 주었다.

* **bald ..., bald ... : 때로는 … 때로는 …**

Er sagt *bald* ja, *bald* nein.

그는 때로는 긍정하다 때로는 부정한다.

Bald regnet es. *bald* schneit es.

때로는 비가 오다 때로는 눈이 온다.

* **bald darauf (=gleich danach) :** 그후 곧

Bald darauf kam er zu mir.

그후 곧 그는 내게로 왔다.

* **zur Bank gehen :** 은행에 가다

Er *ging zur Bank*.

그는 은행에 갔다.

* **et.[4] 〔in〕 bar bezahlen :** (무엇)의 대금을 현금으로 지불하다

Er *bezahlte* den Kühlschrank *in bar*.

그는 냉장고의 대금을 현금으로 지불했다.

* **im Bau sein :** 건축·공사중이다

Das Gebäude *ist* noch *im Bau*.

그 건물은 아직 건축중에 있다.

* **auf den Baum klettern :** 나무에 기어오르다

Der Affe *kletterte auf den Baum*.

원숭이가 나무에 기어 올라갔다.

* **den Becher füllen (leeren) :** 잔을 채우다(비우다)

Er *füllte den Becher* mit Wein.

(=Er füllte Wein in den Becher.)

그는 잔을 포도주로 채웠다.

Er *leerte* seinen *Becher* in einem Zug

그는 잔을 단숨에 비워 버렸다.

* **an et.[3] Bedarf haben :** (무엇)이 필요하다

Dar*an habe* ich noch keinen *Bedarf*.

그것이 나에게는 아직 필요치 않다.

* **zu meinem Bedauern :** 유감스럽게도

Zu meinem Bedauern muß ich Ihnen mitteilen, Ihnen nicht helfen zu können.

유감스럽게도 나는 당신을 도울 수 없다는 것을 전하지 않을 수 없읍니다.

* **mit et. bedeckt sein :** (무엇)으로 덮혀있다

Die Erde ist *mit* Schnee *bedeckt.*

땅이 눈으로 덮혀 있다.

Der Himmel ist 〔*mit* Wolken〕 *bedeckt*

하늘이 구름으로 덮혀 있다.

*** von Bedeutung (Wichtigkeit) sein :** 중요하다

Das *ist von* großer *Bedeutung.*

그것은 매우 중요하다.

Das *ist* nicht *von Bedeutung*

그것은 중요하지 않다.

*** sich[4] et.[2] bedienen :** (무엇)을 사용하다 · 이용하다

Bedienen Sie *sich* des Fahrstuhls!

엘레베이터를 이용하십시오 !

*** eine Bedingung stellen :** 어떤 조건을 제시하다

Er lieh mir Geld, ohne *Bedingungen* zu *stellen.*

그는 나에게 조건을 제시하지 않고 돈을 빌려 주었다.

*** unter jeder Bedingung :** 어떤 조건이더라도

Unter jeder Bedingung will ich es übernehmen.

어떤 조건이더라도 나는 그것을 인수하겠다.

*** unter der Bedingung, daß … :** …한 조건으로

Ich lieh Geld von ihm *unter der Bedingung, daß* ich es ihm bis morgen zurückgab.

나는 내일까지 돌려주는 조건으로 그에게서 돈을 빌렸다.

*** zu welchen Bedingungen :** 어떤 조건으로

Zu welchen Bedingungen ist das Zimmer zu vermieten?

그 방은 어떤 조건으로 세 놓게 되느냐?

Ich habe *zu* sehr *günstigen Bedingungen* das Haus gekauft.

나는 매우 유리한 조건으로 그 집을 샀다.

*** et.[2] bedürfen :** (무엇)을 필요로 하다

Ich *bedarf* deiner Hilfe[2].

나는 너의 도움이 필요하다.

Es *bedarf* nur eines Wortes.

단 한마디면 족하다.

* **auf js. Befehl**[4] **:** (누구)의 명령에 따라

Auf seinen *Befehl* habe ich es getan.

(=Seinem Befehle gemäß habe ich es getan.)

그의 명령에 따라 나는 그것을 했다.

* **wider den Befehl (das Gebot) :** 명령을 거역하고

Er handelte *wider* meinen *Befehl.*

그는 나의 명령을 어기고 행동했다.

* **jm. einen Befehl geben :** (누구)에게 명령을 내리다

Er *gab* mir *den Befehl*, ihm zu folgen.

(=Er befahl mir, ihm zu folgen.)

그는 나에게 자기를 따라 오라고 명령했다.

* **dem Befehl gehorchen :** 명령에 복종하다

Man soll *dem Befehl* eines Vorgesetzten *gehorchen*.

상관의 명령에는 복종해야 한다.

* **nach et. begehren :** (무엇)을 갈망하다

Der Kranke *begehrt nach* Wasser.

(=Der Kranke ist *begierig nach* Wasser.)

환자가 물을 마시고 싶어한다.

Er *begehrt* da*nach*, in Deutschland zu studieren.

그는 독일에서 공부하기를 갈망하고 있다.

* **zu (am) Beginn (=am Anfang) :** 처음에, 시초에

Ich fahre *zu Beginn* ([*am*]*Anfang*) des Jahres nach Amerika.

나는 년초에 미국에 간다.

* **mit et. beginnen (anfangen) :** (무엇)을 시작하다

Er *begann mit* der Arbeit.

(=Er *fing mit* der Arbeit *an*.)

그는 일을 시작했다.

* **beginnen (anfangen) ... zu** 부정형 **:** ... 하기 시작하다

Sie *beginnt zu* singen.

(=Sie *fängt an zu* singen.)

그녀는 노래부르기 시작한다.

* **jn. bis nach Hause begleiten :** (누구)를 집까지 바래다

주다

Darf ich Sie *bis nach Hause begleiten*?

당신을 집까지 바래다 드릴까요?

Er *begleitete* mich *bis nach Hause*.

그는 나를 집까지 바래다 주었다.

* **in Begleitung js. (von jm) :** (누구)와 동반하여

Er erschien *in Begleitung* seiner Freundin.

그는 그의 여자 친구를 동반하고 나타났다.

Sie war *in Begleitung von* Herrn Müller

그녀는 뮐러씨를 동반하고 있었다.

* **im Begriff sein, ... zu** 부정형 : …하려던 참이다

Als er kam, *war* ich eben (gerade) *im Begriff*, das Haus *zu* verlassen.

그가 왔을 때 나는 막 집을 나서려던 참이었다.

* **sich³ einen Begriff von et. machen :** (무엇)을 이해하다

Er *macht sich* gar keinen *Begriff* davon

(=Er *hat* gar keinen *Begriff* davon.)

그는 그것을 전혀 이해하지 못한다.

* **Beifall finden :** 찬성을 얻다, 갈채를 받다

Sein Vorschlag *fand* bei uns keinen *Beifall*.

그의 제안은 우리한테서 찬동을 얻지 못했다.

Das großartige Spiel des Orchesters *fand* viel *Beifall*

오케스트라의 훌륭한 연주는 많은 갈채를 받았다.

* **jm. Beifall klatschen :** (누구)에게 박수갈채를 보내다

Die Zuschauer *klatschten* den Schauspielern stürmisch *Beifall*.

관객들은 배우들에게 우뢰같은 박수를 보냈다.

* **sich³ das Bein brechen :** 다리〔의 뼈〕를 부러 트리다

Ich habe *mir das Bein gebrochen*

나는 다리〔의 뼈〕가 부러졌다.

* **jn. (jm.) ins Bein beißen :** (누구)의 다리를 물다

Der Hund *biß* den Briefträger *ins Bein*

개가 우편배달부의 다리를 물었다.

* **beinahe (fast, um ein Haar)**+접속법 Ⅱ식 과거 : 하마터면 (…할 뻔 했다)

Ich wäre *beinahe* gefallen.

나는 하마터면 넘어질 뻔 했다.

Ich hätte *beinahe* den Zug versäumt (verpaßt).

나는 하마터면 기차를 놓칠 뻔 했다.

* **jm. ein gutes Beispiel geben** (=**jm. mit gutem Beispiel vorangehen**) : (누구)에게 모범을 보이다

Er *gab* uns allen *ein gutes Beispiel.*

그는 우리 모두에게 모범을 보였다.

Er *geht* seinen Kollegen *mit gutem Beispiel voran*

그는 그의 동료들에게 모범을 보이고 있다.

* **sich³ ein Beispiel an jm. nehmen** : (누구)를 모범·본보기로 삼다

Nimm dir ein Beispiel an deinem großen Bruder!

너의 큰 형을 본보기로 삼아라!

* **zum Beispiel** (**z. B.**) : 예를 들면

Obst, wie *zum Beispiel* Äpfel und Birnen, gibt es hier kaum.

예를 들면 사과나 배같은 과일은 이곳에서는 거의 나지 않는다.

* **mit jm. bekannt sein** : (누구)와 아는 사이이다, (누구)를 알고 있다

Ich bin *mit* ihm *bekannt.*

나는 그와 아는 사이다.

Wo seid ihr *mit*einander *bekannt* geworden?

너희들은 어디에서 서로 알게 되었느냐?

* **jn. mit jm. bekannt machen** : (누구)를 (누구)에게 소개하다

Er *machte* mich *mit* ihr *bekannt.*

그는 나를 그녀에게 소개했다.

Darf ich Sie *mit* meiner Schwester *bekannt machen?*

당신을 내 누이에게 소개할까요?

* **bei jm. beliebt sein** : (누구)한테서 사랑을 받고 있다.

인기가 있다

Sie ist *bei* ihm *beliebt*.

그녀는 그에게서 사랑을 받고 있다.

Professor Kim ist *bei* den Studenten sehr *beliebt*.

김교수는 학생들한테 매우 인기가 있다.

*** jn. mit et. belohnen :** (누구)에게 (무엇)으로 보답하다

Er *belohnte* mich für meine Mühe *mit* 100 Mark

그는 나의 수고에 100마르크를 주었다.

*** sich⁴ um et. bemühen :** (무엇)을 얻으려고 노력하다

Er *bemüht sich um* ein Stipendium.

그는 장학금을 타려고 애쓴다.

*** jn. um et. beneiden :** (누구)의 (무엇)을 부러워하다

Alle *beneiden* ihn *um* seinen Erfolg.

모두가 그의 성공을 부러워한다.

*** es sich³ bequem machen :** 몸을 편히하다

Machen Sie *es sich* (*sich's*) *bequem*!

편히 앉으십시오!

*** bereit sein, ... zu** 부정형 **:** …할 준비·각오가 되어 있다

Ich *bin* immer *bereit*, dir *zu* helfen.

나는 언제나 너를 도울 준비가 되어 있다.

*** sich⁴ zu et. bereit machen :** (무엇)의 준비를 하다

Er *macht sich zur* Reise *bereit*.

그는 여행준비를 한다.

*** auf den Berg steigen (=den Berg besteigen) :** 산에 오르다

Er *stieg auf den Berg*.

(=Er bestieg den Berg.)

그는 산에 올라갔다.

Haben Sie schon *den Hanlasan bestiegen*?

당신은 이미 한라산에 오른 적이 있읍니까?

*** in die Berge (ins Gebirge) gehen :** 산으로 가다

Am Wochenende *gehen* wir oft *in die Berge*.

주말에 우리는 가끔 산에 간다.

* **jm. über et.⁴ berichten :** (누구)에게 (무엇)에 대하여 보고하다

Er *berichtete* mir *über* seine Reise.

그는 나에게 그의 여행에 대해 보고했다.

Dar*über berichtete* ich ihm nur kurz.

그것에 대해서 나는 그에게 간단히 보고했다.

* **et.⁴ berühren :** (무엇)에 손을 대다

Berühren Sie die Gemälde nicht!

(=Die Gemälde⁴ nicht *berühren*!)

그림에 손대지 마시오!

* **Was ist er von Beruf? :** 그의 직업은 무엇이냐?

Er ist Arzt *von Beruf*.

그의 직업은 의사이다.

Was sind Sie *von Beruf*?

(=Welchen Beruf haben Sie?)

당신의 직업은 무엇입니까?

Von Beruf bin ich Arzt, aber meine fr e ie Zeit⁴ widme ich mic der Malerlei³.

나의 직업은 의사이지만, 여가에 나는 그림에 몰두한다.

* **sich⁴ mit et. beschäftigen :** (무엇)에 종사·몰두하다

Er *beschäftigt sich mit* der deutschen Literatur.

그는 독문학을 연구하고 있다.

Er *beschäftigt sich mit* Goethe.

그는 괴테〔의 연구〕에 몰두하고 있다.

* **mit et. beschäftigt sein :** (무엇)에 종사·몰두하고 있다

Er *ist mit* der Frage *beschäftigt*.

그는 그 문제에 몰두하고 있다.

Er *ist* da*mit* sehr *beschäftigt*.

그는 그 일로 무척 바쁘다.

* **im besonder〔e〕n (=besonders) :** 특히

Ich habe ihn *im besondern* gern.

나는 그를 특히 좋아한다.

* **sich[4] auf et.[4] besinnen : (무엇)을 생각해 내다**

Jetzt *besinne* ich *mich* endlich *auf* den Namen.

이제서야 겨우 이름이 생각난다.

* **das Beste tun :** 최선 · 전력을 다하다

Ich habe mein *Bestes getan*

나는 최선을 다했다.

Du mußt dein *Bestes tun.*

너는 최선을 다해야 한다.

* **am besten :** 가장 잘

Das weiß er selbst *am besten.*

그것을 그 자신이 가장 잘 안다.

Sie singt *am besten* von allen.

그녀는 모든 사람들 중에서 가장 노래를 잘한다.

Dieses Bild gefällt mir *am besten.*

이 그림이 나는 가장 마음에 든다.

* **aufs beste (=zum besten) :** 아주 잘

Sie singt *aufs beste.*

그녀는 노래를 아주 잘 부른다.

* **auf et.[3,4] bestehen : (무엇)을 고집 · 주장하다**

Er *besteht auf* seinem (sein) Recht

그는 자기의 권리를 주장한다.

Er *besteht* dar*auf*, daß er ganz unschuldig sei.

그는 자기는 전혀 아무 죄도 없다고 주장한다.

* **aus et. bestehen : (무엇)으로 구성되다**

Die Wohnung *besteht aus* vier Zimmern.

이 집은 4개의 방으로 되어 있다.

Dieses Buch *besteht aus* fünf Teilen.

이 책은 5부로 구성되어 있다.

* **um jn. besorgt sein : (누구)를 염려 · 걱정하고 있다**

Er ist sehr *um* seine Kinder und seine Frau *besorgt.*

그는 자기 자녀들과 부인을 매우 걱정하고 있다.

* **Besuch haben (bekommen) : 손님이 〔와〕 있다**

Er *hat Besuch* (*Gäste*).

그에게는 손님이 와 있다.

* **Besuche (Gäste) empfangen : 손님을 맞다**

Sie *empfing Besuche*.

그녀는 손님을 맞았다.

* **Besuch erwarten : 손님을 기다리다**

Wir *erwarten Besuch*.

우리는 손님을 기다리고 있다.

* **jm. einen Besuch machen (=jn. besuchen) : (누구)를 방문하다**

Er *machte* mir gestern *einen Besuch*

(=Er besuchte mich gestern.)

그는 어제 나를 방문했다.

* **bei jm. einen Besuch machen : (누구)의 집을 방문하다**

Hin und wieder *machte* er *einen Besuch bei* mir.

종종 그는 우리 집을 방문했다.

* **bei jm. zu (auf) Besuch sein : (누구)의 집을 방문중이다**

Der Lehrer *ist bei* mir *zu Besuch*.

선생님이 우리집을 방문중이다.

* **um et. beten : (무엇)을 주십사고 기도하다**

Er *betet* zu Gott *um* Regen (Frieden).

그는 하나님에게 비(평화)를 주십사고 기도드린다.

* **et.⁴ als et.⁴ betrachten (=et.⁴ für et. halten) : (무엇)을 (무엇)으로 간주하다**

Ich *betrachte* ihn nicht mehr *als* meinen Freund.

(=Ich *halte* ihn nicht mehr *für* meinen Freund.)

나는 그를 더이상 내 친구로 생각지 않는다.

* **außer Betrieb sein : 운휴중이다**

Dieser Wagen *ist* wegen Reparaturen *außer Betrieb*.

이 차는 수리때문에 운휴중이다.

* **in Betrieb sein :** (기계가) 가동중이다 ; (공장이) 작업중이다

Die Maschinen *sind in Betrieb.*

,기계가 가동중이다.

Das Telefon *ist in Betrieb.*

전화는 사용중이다.

Die Fabrik *ist in Betrieb.*

공장은 작업중이다.

* **was mich betrifft :** 나에 관해서 말한다면, 나로서는

Was mich betrifft, bin ich mit Ihrem Vorschlag einverstanden.

나로서는 당신의 제안에 찬성합니다.

* **jn. um et. betrügen :** (누구)에게서 (무엇)을 사취하다

Man hat ihn *um* sein Geld *betrogen*

그는 돈을 사기당했다.

* **das Bett hüten :** 병상에 누워 있다

Du mußt eine Woche *das Bett hüten.*

너는 일주일동안 병상에 누워 있어야 한다.

* **zu (ins) Bett gehen (=schlafen gehen) :** 취침하다

Im allgemeinen *gehe* ich gegen 10 *zu Bett*

보통 나는 10시경에 취침한다.

Er *ging* früh (spät) *ins Bett.*

그는 일찍 (늦게) 취침했다.

* **jn. vor et.[3] bewahren :** (누구)를 (무엇)으로부터 보호하다

Gott *bewahre* uns *vor* allem Übel!

하나님께서 우리를 모든 악에서 보호해 주시옵기를!

* **eine Bewegung machen :** (체육상의) 운동을 하다

Er *macht eine Bewegung*

그는 운동을 한다.

* **sich[4] in Bewegung setzen :** 움직이다

Der Zug *setzt sich in Bewegung.*

기차가 움직이기 시작한다.

* **et.[4] in Bewegung setzen :** (무엇)을 움직이다

Er *setzte* den Motor *in Bewegung.*

그는 모터의 시동을 걸었다.

* **sich[3] et.[2] bewußt sein :** (무엇)을 알고 있다

Ich *bin mir* dessen schon *bewußt.*

나는 그것을 이미 알고 있다.

Ich *bin mir* keiner Schuld[2] *bewußt.*

나는 잘못을 저지른 일이 없다고 생각한다.

* **das Bewußtsein verlieren :** 의식을 잃다

Er *verlor das Bewußtsein*

그는 의식을 잃었다.

* **zum Bewußtsein kommen :** 제 정신이 들다

Er *kam* bald wieder *zum Bewußtsein.*

그는 곧 다시 제 정신이 들었다.

* **mit vollem Bewußtsein (=mit Absicht) :** 고의로

Ich habe *mit vollem Bewußtsein* die Tat nicht begangen.

나는 고의로 그런 행위를 하지는 않았다.

* **in dieser (jeder, gewisser) Beziehung :** 이런(모든, 어떤) 점에서

In jeder Beziehung hast du recht

모든 점에서 네가 옳다.

* **in die Bibliothek gehen :** 도서관에 가다

Ich *gehe* jetzt *in die Bibliothek.*

나는 지금 도서관에 간다.

* **beim Bier sitzen :** (술집에서) 맥주를 마시고 있다

Sie *sitzen* jetzt *beim Bier.*

그들은 지금 맥주를 마시고 있다.

* **zum Bier gehen :** 맥주를 마시러 가다

Wir *gehen zum Bier.*

우리는 맥주를 마시러 간다.

* **ein Bild malen :** 그림을 그리다

Der Maler *malt ein Bild.*

화가가 그림을 그린다.

* **et.[4] an et.[4] binden :** (무엇)을 (무엇)에 매다

Er *band* das Boot *an* die Brücke (*ans* Ufer).

그는 보트를 다리(물가)에 맸다.

Er *band* das Pferd *an* den Baum.

그는 말을 나무에 맸다.

* **wie bisher :** 종래와 같이

Wie bisher hängt das Bildnis an der Wand.

종래와 같이 초상화가 벽에 걸려 있다.

* **ein bißchen (=ein wenig) :** 약간, 조금

Warte noch *ein bißchen*!

조금만 더 기다려라!

Leider habe ich nur *ein bißchen* Zeit.

유감스럽게도 나는 시간이 조금밖에 없다.

* **an jn. eine Bitte haben :** (누구)에게 청·부탁이 있다

Ich *habe eine Bitte an* Sie.

나는 당신에게 부탁이 있읍니다.

* **auf seine Bitte :** 그의 요청에 따라

Auf seine Bitte habe ich ihn in seinem Büro getroffen.

그의 요청에 따라 나는 그를 그의 사무실에서 만났다.

* **jn. um et. bitten :** (누구)에게 (무엇)을 청하다

Er *bat* mich *um* Hilfe.

그는 나에게 도움을 청했다.

Er *bat* mich *um* Verzeihung (Entschuldigung).

그는 나에게 용서를 빌었다.

Darf ich Sie *um* Ihren Namen *bitten*?

성함을 여쭤봐도 되겠읍니까?

* **mit der Bleistift schreiben (zeichnen) :** 연필로 쓰다(그리다)

Er *schreibt mit einem* spitzen *Bleistift*.

그는 뾰족한 연필로 쓴다.

Er *zeichnet* die Landschaft *mit Bleistift*.

그는 연필로 풍경화를 그린다.

* **den Bleistift mit einem Bleistiftspitzer anspitzen :** 연필깎이로 연필을 깎다

Er hat *den Bleistift mit einem Bleistiftspitzer angespitzt*

그는 연필깎이로 연필을 깎았다.

* **auf den ersten Blick (=beim ersten Anblick) :** 첫눈에

Auf den ersten Blick hat er sich in sie verliebt.

첫눈에 그는 그녀에게 반해 버렸다.

* **auf jn. einen Blick werfen :** (누구)에게 시선을 던지다

Er *warf einen* scharfen *Blick auf* mich.

(=Er *warf* mir *einen* scharfen *Blick zu.*)

그는 나에게 날카로운 시선을 던졌다.

* **wie vom Blitze getroffen :** 벼락에 맞은 것처럼

Wie vom Blitze getroffen, sank er zu Boden.

벼락에 맞은 것처럼 그는 땅바닥에 쓰러졌다.

* **nicht bloß (nur) ..., sondern auch... :** ...뿐만 아니라 ...도

Er hat *nicht bloß* mich, *sondern auch* dich beleidigt.

그는 나 뿐아니라 너도 모욕했다.

* **die Blumen gießen :** 꽃에 물을 주다

Vergiß nicht, *die Blumen* zu *gießen*!

꽃에 물 주는 것을 잊지 마라!

* **in 〔voller〕 Blüte stehen :** 꽃이 만발하다

Der Baum *steht in volller Blüte*

그 나무에는 꽃이 만발하다.

Im Frühling *steht* der Garten unseres Hauses *in Blüte*

봄에 우리집 정원은 꽃이 만발한다.

* **in der Blüte der Jahre (=in den besten Jahren) :** 한창 나이에

Er starb *in der Blüte der Jahre*

그는 한창 나이에 죽었다.

* **zu (auf den) Boden fallen :** 땅에 쓰러지다 · 떨어지다

Er *fiel zu Boden*

(=Er *fiel auf den Boden (auf die Erde).*)

그는 땅에 쓰러졌다.

Alles, was wir hochwerfen, *fällt* wieder *zu Boden.*

우리가 높이 던지는 모든 것은 다시 땅에 떨어진다.

* **im großen Bogen fließen :** 커다란 원을 그리며 흐르다

Der Fluß *fließt im großen Bogen* um den Berg herum.

강이 커다란 원을 그리며 산을 빙둘러 흐른다.

* **in (mit) einem Boot fahren :** 보트를 타고 가다

Wir sind alle *im* selben *Boot gefahren.*

우리는 모두 같은 보트를 타고 갔다.

Wir *fuhren mit einem Boot* den Fluß hinunter.

우리는 보트를 타고 강을 내려갔다.

* **〔mit〕 jm. böse sein (=auf jn. böse sein) :** (누구)에게 화를 내다

Er ist mir *böse.*

(=Er ist *böse auf* mich.)

그는 나에게 화를 낸다.

Warum sind Sie 〔*mit*〕 mir *böse?*

왜 당신은 나에게 화를 내십니까?

* **es⁴ nicht böse meinen :** 악의를 품지 않다

Er *meint es nicht böse.*

그는 악의를 품은 게 아니다.

* **brauchen+nicht+zu** 부정형 **:** ...할 필요가 없다

Du *brauchst nicht zu* kommen.

너는 올 필요가 없다.

Du *brauchst* mich *nicht zu* besuchen.

너는 나를 방문할 필요가 없다.

Du *brauchst* dir meinetwegen *keine* Sorgen *zu* machen.

너는 나 때문에 걱정할 필요는 없다.

* **brauchen+nur ... zu** 부정형 (**=dürfen+nur ...**부정형) **:** ...하기만 하면 된다

Du *brauchst* es *nur zu* sagen.

(=Du *darfst* es *nur* sagen.)

너는 그것을 말하기만 하면 된다.

* **et.⁴ notwendig brauchen : (무엇)을 꼭 필요로 하다**

Ich *brauche* es *notwendig.*

나는 그것이 꼭 필요하다.

* **jm. einen Brief (einen Brief an jn.) schreiben : (누구)에게 편지를 쓰다**

Ich *schrieb* ihm *einen Brief.*

(=Ich *schrieb einen Brief an* ihn.)

나는 그에게 편지를 썼다.

* **eine Brille tragen : 안경을 쓰고 있다**

Er *trägt eine* goldene *Brille.*

그는 금테 안경을 쓰고 있다.

Du mußt *eine Brille tragen,* weil deine Augen sehr schwach geworden sind.

너는 시력이 매우 약해졌기 때문에 안경을 써야 한다.

* **eine Brille aufsetzen (abnehmen) : 안경을 쓰다(벗다)**

Er *setzte die Brille* (*den Hut*) *auf.*

그는 안경(모자)을 썼다.

Er *nahm* seine *Brille* (seinen *Hut*) *ab.*

그는 안경(모자)을 벗었다.

* **et.⁴ mit sich bringen : (무엇)을 필연적으로 수반하다**

Der Krieg *bringt* immer manches Unglück *mit sich.*

전쟁은 항상 많은 불행을 수반한다.

* **Brot (Kuchen) backen : 빵(과자)을 굽다**

Die Mutter *bäckt Brot.*

어머니가 빵을 굽는다.

Dieses *Brot* hat meine Frau selbst *gebacken.*

이 빵은 내 아내가 직접 구웠다.

* **sein Brot verdienen : 생계를 이어나가다**

Er *verdient sein Brot* als Arbeiter.

그는 노동자로서 생계를 이어나갔다.

* **über die Brücke gehen :** 다리를 건너가다

Er *geht über die Brücke*.

그는 다리를 건너간다.

* **jn. an die Brust drücken :** (누구)를 끌어안다

Sie *drückte* das Kind *an* ihre *Brust*.

그녀는 아이를 가슴에 끌어안았다.

* **einem Kind die Brust geben :** 아이에게 젖을 먹이다

Sie *gibt* ihrem Baby *die Brust*.

그녀는 아기에게 젖을 먹인다.

* **für et. bürgen :** (무엇)을 보증하다

Das Zeichen dieser Firma *bürgt für* Qualität.

이 회사의 상표는 품질을 보증한다.

* **ins Büro gehen :** 사무실로 가다

Er *geht* jeden Morgen *ins Büro*.

그는 매일 아침 사무실에 간다.

Komm morgen zu mir *ins Büro*!

내일 내 사무실로 오너라!

* **den Bus (die Straßenbahn) nehmen :** 버스(전차)를 타다

Nehmen Sie dort an der Ecke *den Bus*!

저기 모퉁이에서 버스를 타십시오!

* **in den Bus (den Zug) einsteigen :** 버스(기차)에 올라타다

Wir sind alle *in den Bus gestiegen*.

우리는 모두 버스에 올라탔다.

* **mit dem Bus fahren :** 버스를 타고 가다

Wir *fahren mit dem Bus*.

우리는 버스를 타고 간다.

* **Butter aufs Brot streichen (schmieren) :** 빵에 버터를 바르다

Sie *streicht Butter aufs Brot*.

(=Sie *streicht* das Brot *mit* Butter.)

그녀는 빵에 버터를 바른다.

D

* **da sein :** 거기에 있다, 와 있다

Wer *ist da*?

거기에 누가 왔니?

Es *ist* niemand *da.*

거기에는 아무도 없다.

Er *ist* schon *da.*

그는 벌써 와 있다.

* **hier und da (dort) :** 여기 저기에

Hier und da spielen die Kinder mit den Bällen.

여기저기에서 아이들이 공을 가지고 놀고 있다.

* **von da ab (an) :** 그때부터

Von da ab habe ich nichts mehr von ihm gehört.

그때부터 나는 그의 소식을 더이상 듣지 못했다.

* **von da (dort) her :** 거기서부터

Ich bin *von da her* gekommen

나는 거기에서 왔다.

* **dabei sein :** 그 자리에 있다

Als das Unglück geschah, *war* ich auch *dabei.*

사고가 일어났을 때 나도 그 자리에 있었다.

Ich *war* nicht *dabei*

나는 그 자리에 없었다.

* **dagegen (dafür) sein :** 그것에 반대하다(찬성하다)

Ich *bin dagegen*

나는 그것에 반대다.

Ich *bin dafür,* daß wir in den Ferien zu den Großeltern fahren.

나는 우리가 휴가중에 조부모님께 가는 것에 찬성이다.

Bist du *dagegen* oder *dafür*?

너는 그것에 반대냐, 찬성이냐?

*** nichts dagegen haben :** 그것에 반대하지 않다

Ich *habe nichts dagegen.*

나는 그것에 반대하지 않는다(이의가 없다).

Ich *habe nichts dagegen,* daß Sie mitkommen.

나는 당신이 같이 가는 것에 반대하지 않는다.

*** bis dahin :** 그곳까지 ; 그때까지

Es ist noch weit *bis dahin.*

그곳까지는 아직 멀다.

Bis dahin bleibe ich hier.

그때까지 나는 여기에 있겠다.

*** dahin sein :** 지나가 버리다

Seine Zeit *ist* längst *dahin.*

(=Seine Zeit ist längst vorbei.)

그의 시대는 이미 옛날에 지나갔다.

Mein Glück *ist dahin.*

나의 행복은 사라졌다.

*** gleich danach (=bald darauf) :** 그후 곧

Gleich danach gingen wir ins Bett.

그후 곧 우리는 취침했다.

*** mit Dank erhalten (annehmen) :** 감사히 받다

Ich habe es *mit Dank erhalten* (*angenommen*).

나는 그것을 감사히 받았다.

Ich *nehme* deine Hilfe *mit Dank an*

나는 너의 도움을 감사히 받겠다.

*** jm. für et. dankbar sein :** (누구)에게 (무엇)에 대하여 감사하다

Ich bin dir *dankbar für* deine Hilfe.

(=Ich *danke* dir *für* deine Hilfe.)

나는 너의 도움에 감사한다.

Da*für* **mußt** du ihm *dankbar* sein.

그것에 대해 너는 그에게 감사해야 한다.

*** jm. für et. danken :** (누구)에게 (무엇)에 대해 감사하다

Ich *danke* Ihnen *für* das Geschenk.

나는 당신에게 선물에 대해 감사드립니다.

Da*für danke* ich Ihnen herzlich.

그것에 대해 당신에게 진심으로 감사드립니다.

*** dann und wann (=ab und zu, von Zeit zu Zeit) :** 때때로

Er besucht uns *dann und wann.*

그는 때때로 우리를 방문한다.

Ich treffe ihn *dann und wann* in der Universität.

나는 그를 가끔 대학에서 만난다.

*** auf die Dauer :** 계속하여 ; 오래 가서는

Auf die Dauer kannst du nicht bei uns bleiben.

계속 너는 우리집에 머물 수는 없다.

Dieser Lärm ist *auf die Dauer* nicht zu ertragen.

이 소음은 오래 계속되면 견디어 낼 수가 없다.

*** von 〔langer〕 Dauer sein :** 오래가다

Die Freundschaft der beiden *war* nicht *von langer Dauer.*

두 사람의 우정은 오래가지 않았다.

*** das Dein〔ig〕e tun :** 너의 의무를 다하다

Du mußt *das Deine* (*deine Pflicht*) *tun.*

너는 너의 의무를 다해야 한다.

*** an jn. denken :** (누구)를 생각하다

Sie *denkt* nur *an* sich selbst.

그녀는 자기자신만을 생각한다.

Er *denkt* jetzt *an* seine Heimat.

그는 지금 그의 고향을 생각한다.

An wen *denken* Sie jetzt?

당신은 지금 누구를 생각하십니까?

Wor*an* ***denken*** Sie jetzt?

당신은 지금 무엇을 생각하십니까?

* **über et.[4] (von et.) denken :** (무엇)에 **관하여** 어떤 의견을 가지다

Wie *denken* Sie *über* seinen Vorschlag?

당신은 그의 제안에 관해 어떻게 생각하십니까?

* **je+비교급 ..., desto (umso)+비교급 ... : ...하면 할수록, 더욱더 ...하다**

Je mehr, *desto* besser.

많으면 많을수록 좋다.

Je mehr man hat, *desto* mehr will man haben.

사람은 가질수록 더 많이 가지려 한다.

* **auf et.[4] deuten :** (무엇)을 가리키다

Sie *deutete* mit dem Finger *auf* ihn

그녀는 손가락으로 그를 가리켰다.

Sie *deutete auf* ein rotes Kleid im Schaufenster.

그녀는 진열창안의 빨간색 옷을 가리켰다.

* **auf deutsch :** 독일어로

Sagen Sie das *auf deutsch*!

그것을 독일어로 말하시오!

Wie heißt das *auf deutsch*?

그것은 독일어로 뭐라고 하느냐!

* **ins Deutsche übersetzen :** 독일어로 번역하다

Übersetzen Sie diesen Satz *ins Deutsche*!

이 문장을 독일어로 번역하시오!

Der Text wurde aus dem Koreanischen *ins Deutsche übersetzt*.

그 원문은 한국어에서 독일어로 번역되었다.

* **zu et. dienen :** (무엇)에 소용되다

Wo*zu dient* das?

그것은 무엇에 소용되느냐?

Das *dient zu* nichts

그것은 아무것에도 소용없다.

* **Dienst haben :** 근무중이다

Er *hat Dienst*.
(=Er ist im Dienst.)
그는 근무중이다.

* **jm. einen Dienst tun (leisten) : (누구)를 위하여 애쓰다**

Er *tat* (*leistete*) mir *einen Dienst*
그는 나를 위해 애썼다.

* **dienstfrei haben : 근무가 없다, 비번이다**

Er *hat* heute *dienstfrei*.
그는 오늘 비번(非番)이다.

* **〔am〕 nächsten (vorigen) Dienstag : 다음 (지난) 화요일에**

Er kommt *am nächsten Dienstag*.
그는 다음 화요일에 온다.
Er war *vorigen Dienstag* hier.
그는 지난 화요일에 여기에 있었다.

* **Dienstag morgen (abend) : 화요일 아침에(저녁에)**

Er kam *Dienstag morgen* zu Hause an.
그는 화요일 아침에 집에 도착했다.

* **vor allen Dingen (=vor allem) : 무엇보다도**

Du mußt *vor allen Dingen* fleißig sein.
너는 무엇보다도 부지런해야 한다.
Achte *vor allen Dingen* auf deine Gesundheit!
무엇보다도 너의 건강에 주의해라!

* **über et.[4] diskutieren : (무엇)에 대하여 토론하다**

Vier Stunden lang *diskutierten* wir *über* dieses Problem.
4시간동안 우리는 이 문제를 토론했다.

* **den Doktor machen : 독토르 학위를 받다**

Wann haben Sie Ihren *Doktor gemacht*?
당신은 언제 독토르 학위를 받았읍니까?
Er hat seinen *Doktor* in München *gemacht*.
그는 뮌헨에서 독토르 학위를 받았다.

* **einen Doktor (einen Arzt) holen lassen : 의사를 부르러 사람을 보내다**

Er *ließ den Doktor holen* (*rufen*)

그는 의사를 불러오게 했다.

∗ wie vom Donner gerührt (getroffen) : 벼락맞은 것처럼, 넋을 잃고

Wie vom Donner gerührt, stand er da.

벼락맞은 것처럼 그는 거기에 서 있었다.

∗ doppelt so + 원급 + wie ～ : ～의 두배의

Er ist *doppelt so* alt *wie* ich.

그는 나이가 내 두배다.

Dies ist *doppelt so* groß *wie* jenes.

이것은 크기가 저것의 두배다.

∗ in (auf) dem Dorf wohnen : 마을에 살다

Er *wohnt in einem* kleinen *Dorf*

그는 한 작은 마을에 산다.

∗ von dorther (= von dort aus) : 그곳으로부터

Ich komme gerade *von dorther*

나는 바로 거기에서 온다.

∗ bis dorthin (hierher) : 그곳(이곳)까지

Bis dorthin bin ich mit dem Bus gefahren.

그곳까지 나는 버스를 타고 갔다.

∗ im Drang der Geschäfte (der Arbeit) : 일에 쫓겨

Ich vergaß es *im Drang der Geschäfte*

나는 일에 쫓겨 그것을 잊어버렸다.

∗ im Drang der Umstände : 사정이 절박하여

Ich verkaufte es *im Drang der Umstände.*

나는 사정이 절박하여 그것을 팔았다.

∗ von draußen hereinkommen : 밖에서 안으로 들어오다

Er *kam von draußen herein.*

그는 밖에서 안으로 들어왔다.

∗ sich⁴ um et. drehen : (무엇)의 주위를 돌다

Die Erde *dreht sich um* die Sonne

지구는 태양의 주위를 돈다.

*** auf et.[4] dringen :** (무엇)을 고집하다 · 재촉하다

Er *drang* dar*auf*, daß ich mitkam.

그는 내가 동행하기를 고집했다.

Er *drang auf* meine Abreise.

그는 나의 출발을 재촉했다.

*** in jn. dringen :** (누구)를 조르다

Das Kind fing an, *in* seine Mutter zu *dringen*.

그 아이는 자기의 어머니를 조르기 시작했다.

*** dringend bitten :** 간청하다

Ich *bat* ihn *dringend*.

나는 그에게 간청했다.

*** drohen ... zu** 부정형 **:** ...할 것 같다, ...할 우려가 있다

Es *droht zu* regnen.

(=Das Wetter (Der Himmel) droht mit Regen.)

비가 올 것 같다.

*** eine Dummheit machen :** 어리석은 짓을 하다

Mache keine *Dummheiten*!

멍청한 짓을 하지 마라!

*** bei einbrechender Dunkelheit :** 해질 무렵에

Bei einbrechender Dunkelheit wurden die Straßenlaternen angezündet.

해질녘에 가로등이 켜졌다.

*** durch und durch (=ganz und gar) :** 철두철미, 완전히

Er ist *durch und durch* verdorben.

그는 완전히 망했다.

Er war *durch und durch* naß.

그는 흠뻑 젖었다.

*** im Durchschnitt :** 평균하여

Er verbrauchte jeden Tag *im Durchschnitt* 5 DM.

그는 매일 평균 5마르크를 썼다.

*** dürfen+nur** ... 부정형 (**=brauchen+nur** ... **zu** 부정형)**:** ...하기만 하면 된다

Du *darfst* es ***nur*** sagen.

(=Du *brauchst* es ***nur zu*** sagen.)

너는 그 말을 하기만 하면 된다.

＊ Durst haben : 목이 마르다

Ich *habe* großen *Durst.*

(=Ich bin sehr durstig.)

나는 매우 목이 마르다.

＊ den Durst löschen (stillen) : 갈증을 풀다

Ich *löschte* meinen *Durst* mit Bier.

나는 맥주로 갈증을 풀었다.

E

* **eben erst : 지금 막**

Ich bin *eben erst* von der Schule gekommen.

나는 지금 막 학교에서 왔다.

* **ebenso ... wie (als) ～ : ～와 똑같이**

Er ist *ebenso* alt *wie* ich.

그는 나와 나이가 같다.

Sie ist *ebenso* reich *als* schön.

그녀는 예쁘기도 하고 부자기도 하다.

* **in der Ecke : 모퉁이에, 구석에**

In der Ecke steht ein Sessel.

구석에 안락의자가 놓여 있다.

* **um die Ecke biegen : 모퉁이를 돌다**

Er *bog* links (rechts) *um die Ecke.*

그는 모퉁이를 왼쪽으로 (오른쪽으로) 돌았다.

Der Zug ist eben *um die Ecke gebogen.*

기차가 방금 모퉁이를 돌았다.

* **eine Ehe führen : 결혼생활을 하다**

Sie *führt eine* glückliche *Ehe.*

그녀는 행복한 결혼생활을 하고 있다.

* **jm. Ehre machen (bringen) : (누구)에게 명예로운 일이다**

Das *macht* mir *Ehre.*

그것은 나에게는 명예로운 일이다.

* **jn. in Ehren halten (=jn. ehren) : (누구)를 존경하다**

Ich *halte* ihn *in Ehren.*

(=Ich ehre ihn.)

나는 그를 존경한다.

* **auf (meine) Ehre (=bei (meiner) Ehre) : (나의) 명예를 걸고**

Ich verspreche es *auf* meine *Ehre*.

나는 내 명예를 걸고 그것을 약속한다.

* **in allen Ehren : 매우 공손하게**

Sie grüßte uns *in allen Ehren*.

(=Sie grüßte uns sehr höflich.)

그녀는 우리에게 매우 공손히 인사했다.

* **Eier legen : 알을 낳다**

Die Hühner *legen Eier*.

암탉은 달걀을 낳는다.

* **mit Eifer (=eifrig) : 열심히**

Er lernt *mit Eifer*.

그는 열심히 배운다.

Er arbeitet *mit* großem *Eifer*

(=Er arbeitet sehr eifrig.)

그는 매우 열심히 일한다.

* **auf jn. eifersüchtig sein : (누구)를 질투·시기하다**

Sie ist *auf* mich *eifersüchtig*.

그녀는 나를 질투한다.

* **Eile haben (=in Eile sein) : 급하다**

Ich *habe Eile*.

(=Ich *bin in Eile*.)

나는 급하다.

Das *hat* keine *Eile*.

그것은 급하지 않다.

Ich *habe* große *Eile*.

(=Ich *bin* sehr *in Eile*.)

나는 매우 급하다.

* **in aller (größter) Eile : 매우 급히**

Er ging *in aller Eile* an mir vorbei.

그는 매우 급히 내 옆을 지나갔다.

* **mit et. eilen (=sich⁴ mit et. beeilen) : (무엇)을 서두르다**

Er hat da*mit* nicht *geeilt*.

(=Er hat *sich* da*mit* nicht *beeilt*.)

그는 그것을 서두르지 않았다.

* **es⁴ eilig haben (=eilig sein) : 급하다**

Ich *habe es eilig*.

(=Ich bin eilig.)

나는 급하다.

* **sich³ auf et.⁴ einbilden : (무엇)을 자부·자만하다**

Er *bildet sich auf* seine Weisheit zuviel *ein*.

그는 자기의 지혜를 너무나 자부하고 있다.

* **auf jn. einen Eindruck machen : (누구)에게 어떤 인상을 주다**

Er *machte auf* mich *einen* guten (schlechten) *Eindruck*.

그는 나에게 좋은(나쁜) 인상을 주었다.

Er *machte* leider keinen guten *Eindruck auf* mich.

그는 유감스럽게도 나에게 좋은 인상을 주지 못했다.

Der Roman *machte auf* mich keinen *Eindruck*.

그 소설은 나에게 아무런 감명도 주지 못했다.

* **jm. einfallen : (누구)의 머리에 떠오르다**

Sein Name *fällt* mir nicht *ein*.

그의 이름이 생각나지 않는다.

Es *fiel* mir plötzlich *ein*.

그것이 갑자기 생각났다.

Dann ist mir der Gedanke *eingefallen*.

그때 그 생각이 내 머리에 떠 올랐다.

* **auf jn. [einen] Einfluß ausüben (haben) : (누구)에게 어떤 영향을 끼치다·영향력을 가지다**

Er *übte einen* großen *Einfluß auf* mich *aus*.

그는 나에게 큰 영향을 끼쳤다.

Sie *hat* sehr viel *Einfluß auf* ihn.

그녀는 그에게 상당한 영향력을 갖고 있다.

* **sich[4] 〔mit jm.〕 über et.[4] einigen :** 〔누구〕와 (무엇)에 대하여 의견이 일치하다

Dar*über* habe ich *mich mit* ihm *geeinigt.*

그것에 대해 나는 그와 의견이 일치했다.

Dar*über* konnten wir *uns* gar nicht *einigen.*

그것에 대해 우리는 전혀 의견의 일치를 볼 수가 없었다.

* **einkaufen gehen :** 물건을 사러 가다

Sie *geht* zum Markt *einkaufen.*

그녀는 시장에 물건을 사러 간다.

* **Einkäufe (Besorgungen) machen :** 물건을 사다

Sie fuhr in die Stadt, um *Einkäufe* zu *machen*

그녀는 장보기 위해 시내에 갔다.

* **jn. zum Essen einladen :** (누구)를 식사에 초대하다

Er hat mich *zum* Abend*essen eingeladen.*

그는 나를 저녁식사에 초대했다.

Sie hat einige Freundinnen *zu* ihrem *Geburtstag eingeladen.*

그녀는 몇몇 친구들을 자기의 생일에 초대했다.

* **auf einmal :** 갑자기 (**plötzlich**); 한번에, 동시에

Auf einmal fing es an zu regnen.

갑자기 비가 오기 시작했다.

Alle kamen *auf einmal.*

모두가 한꺼번에 왔다.

* **nicht einmal :** 결코 …않다, …조차 않다

Ich habe *nicht einmal* daran gedacht.

나는 그것을 생각조차 하지 않았다.

Er kann *nicht einmal* lesen.

그는 읽기조차 못한다.

* **noch einmal :** 한번 더

Lies es *noch einmal*!

그것을 한번 더 읽어라!

* **es war einmal … :** 옛날에 …이 있었다

Es war einmal ein weiser König.

옛날에 한 현명한 왕이 있었다.

*** in der Einsamkeit :** 고독하게

Sie lebt *in* großer *Einsamkeit.*

(=Sie lebt sehr einsam.)

그녀는 매우 고독하게 살고 있다.

*** in et.[4] eintreten :** (무엇)에 들어가다

Er *trat ins* Zimmer *ein.*

그는 방으로 들어갔다.

Bitte, *treten* Sie *ins* Zimmer *ein!*

방으로 들어 오십시오!

*** eine Eintrittskarte (eine Fahrkarte) lösen :** 입장권(차표)을 끊다

Er *löste eine Eintrittskarte*

그는 입장권을 끊었다.

*** mit et. einverstanden sein :** (무엇)에 동의하다

Ich war da*mit einverstanden*

나는 그것에 동의했다.

Meine Eltern waren *mit* unserer Heirat nicht *einverstanden*

나의 부모님은 우리들의 결혼을 찬성하지 않았다.

*** mit (in) allen Einzelheiten (=bis ins einzelne) :** 상세하게

Er erzählte mir alles *mit allen Einzelheiten*

그는 나에게 모든 것을 상세히 얘기해 주었다.

*** im einzelnen :** 개별적으로

Wir besuchten ihn *im einzelnen.*

우리는 그를 개별적으로 방문했다.

*** einzig und allein :** 오직, 다만

Einzig und allein er hat recht

(=Nur er hat recht.)

오직 그만이 옳다.

Es hängt *einzig und allein* von dir ab.

그것은 오직 너에게 달려 있다.

* **mit der Eisenbahn (dem Zug) fahren :** 기차를 타고 가다

Wir *fahren mit der Eisenbahn.*

우리는 기차를 타고 간다.

* **mit der Elektrischen (der Straßenbahn) fahren :** 전차를 타고 가다

Er *fährt mit der Elektrischen (der elektrischen Bahn).*

그는 전차를 타고 간다.

* **et.[4] in Empfang nehmen :** (무엇)을 받다

Er *nahm* als sein Geburtstagsgeschenk eine Uhr *in Empfang.*

그는 생일선물로 시계 하나를 받았다.

* **〔am〕 Ende der Woche (des Monates. des Jahres) :** 주(월, 년)말에

Er kommt *Ende der Woche (am Wochenende)* wieder.

그는 주말에 다시 온다.

* **Ende (Anfang, Mitte) Oktober :** 10월 하순에 (초순에, 중순에)

Er kommt *Ende Oktober* zurück.

그는 10월 말에 돌아온다.

* **am Ende :** 끝에 ; 결국, 마침내 **(endlich)**

Am Ende eines Satzes steht ein Punkt.

문장 끝에는 종지부를 찍는다.

Am Ende hat er den Sieg erkämpft.

마침내 그는 승리를 쟁취했다.

* **von Anfang bis 〔zu〕 Ende :** 처음부터 끝까지

Der Film war *von Anfang bis zu Ende* spannend.

그 영화는 처음부터 끝까지 흥미진진했다.

* **zu Ende sein :** 끝나다

Der Unterricht *ist* noch nicht *zu Ende.*

(=Der Unterricht ist noch nicht aus.)

수업은 아직 끝나지 않았다.

Er *ist zu Ende.*

(=Er ist gestorben.)

그는 죽었다.

*** et.[4] zu Ende führen (bringen) : (무엇)을 끝내다**

Er *führte* (*brachte*) seine Hausaufgaben *zu Ende*.

그는 숙제를 끝냈다.

*** sich[4] über et.[4] entscheiden : (무엇)을 결정하다**

Dar*über* habe ich *mich* noch nicht *entschieden*.

그것에 대해 나는 아직 마음을 정하지 못했다.

*** eine Entscheidung treffen (=sich[4] entscheiden) : 결정하다**

Er *traf die* richtige *Entscheidung*

그는 옳은 결정을 내렸다.

*** sich[4] zu et. entschließen : (무엇)을 결심하다**

Ich habe *mich zum* Bau eines Hauses *entschlossen*.

나는 집한채를 짓기로 결심했다.

Ich kann *mich* nicht da*zu entschließen*

나는 그 결심이 서지 않는다.

*** sich[4] entschließen, … zu 부정형 : …하기로 결심하다**

Ich habe *mich entschlossen*, meinen Wagen *zu* verkaufen.

나는 내 차를 팔기로 결심했다.

*** einen Entschluß fassen (=sich[4] entschließen) : 결심하다**

Er *faßte den Entschluß* abzureisen.

그는 여행을 떠나기로 결심했다.

Ich *faßte den Entschluß*, das zu kaufen.

나는 그것을 사기로 결심했다.

*** sich[4] bei jm. 〔für et.〕 entschuldigen : (누구)에게 〔무엇에 대하여〕 사과하다**

Ich *entschuldigte mich bei* ihm.

나는 그에게 사과했다.

Er *entschuldigte sich für* sein Betragen.

그는 그의 행동에 대해 사과했다.

* **aus et. entstehen : (무엇)에서 생기다**

Das ist *aus* meinem eigenen Erlebnis *entstanden*

그것은 내 자신의 체험에서 나온 것이다.

* **entweder ... oder ... : ...이거나 아니면 ...이다**

Ich reise *entweder* heute *oder* morgen ab

나는 오늘 아니면 내일 떠난다.

Er wird *entweder* heute abend *oder* morgen früh zurückkommen.

그는 오늘 저녁 아니면 내일 아침에 돌아올 것이다.

Entweder kommst du (du kommst), *oder* du mußt bald schreiben.

너는 오든지 아니면 곧 편지를 써야 한다.

* **sich[4] über jn. erbarmen : (누구)를 불쌍히 여기다**

Ich habe *mich über* ihn *erbarmt*.

나는 그를 측은하게 여겼다.

* **auf der Erde (=auf Erden) : 지상에서, 이 세상에서**

Er hob ein Geldstück auf, das *auf der Erde* lag.

그는 땅에 떨어져 있는 동전 한닢을 주웠다.

* **auf die Erde (zur Erde) fallen : 땅에 떨어지다 · 쓰러지다**

Plötzlich *fiel* er *auf die Erde*

갑자기 그는 땅에 쓰러졌다.

* **im Erdgeschoß (=zu ebener Erde) : 1층에**

Das Wohnzimmer liegt *im Erdgeschoß*.

거실은 1층에 있다.

Unsere Familie wohnt *im Erdgeschoß*.

우리 가족은 1층에 산다.

* **et.[4] von jm. erfahren : (무엇)을 (누구)로부터 듣고 알다**

Ich habe es *von* ihm *erfahren*.

나는 그것을 그에게서 듣고 알았다.

Von wem haben Sie das *erfahren*?

당신은 누구한테서 그것을 들었읍니까?

* **aus Erfahrung : 경험에서**

Ich weiß es *aus Erfahrung*.

나는 그것을 경험으로 안다.

*** Erfahrungen machen :** 경험을 하다

Ich habe gute (schlechte) *Erfahrungen gemacht*.

나는 좋은(쓴) 경험을 했다.

*** Erfolg haben :** 성과를 거두다, 성공하다

Meine Bemühungen um die Erfüllung des Plans *hatten* großen *Erfolg*.

그 계획을 달성하기 위한 나의 노력은 큰 성과를 거두었다.

*** mit Erfolg :** 성공적으로

Wir führten den Plan *mit Erfolg* aus.

우리는 그 계획을 성공적으로 수행했다.

*** ohne Erfolg :** 성과없는

Alle Bemühungen waren *ohne Erfolg*

모든 노력이 수포로 돌아갔다.

*** sich[4] an et.[3] erfreuen :** (무엇)을 기뻐하다

Er hat *sich an* der Nachricht *erfreut*.

그는 그 소식을 듣고 기뻐했다.

Sie *erfreut sich am* Anblick der Blumen.

그녀는 꽃을 보고 즐거워한다.

*** über et.[4] erfreut sein :** (무엇)을 기뻐하고 있다

Er ist *über* Ihr Geschenk sehr *erfreut*.

그는 당신의 선물을 매우 기뻐하고 있다.

Sie war *über* meinen Besuch sehr *erfreut*.

(=Sie freute sich sehr über meinen Besuch.)

그녀는 나의 방문을 매우 기뻐했다.

*** in Erfüllung gehen :** 실현되다

Sein Wunsch *ging* nicht *in Erfüllung*

그의 소원은 이루어지지 않았다.

Erst nach vielen Jahren *ging* mein Wunsch *in Erfüllung*

여러해 지난후 비로소 나의 소원이 이루어졌다.

*** zur Erholung :** 휴양을 위하여

Ich fahre im Sommer *zur Erholung* ans Meer.

나는 여름에는 휴양을 위해 바다로 간다.

* **jn. an et.[4] erinnern :** (누구)에게 (무엇)을 생각나게하다

Die Heimat *erinnert* mich *an* meine Kindheit.

(=Die Heimat *bringt* mir meine Kindheit *in Erinnerung.*)

고향은 나에게 유년시절을 생각나게 한다.

* **sich[4] an et.[4] (od. et.[2]) erinnern :** (무엇)을 기억하다

Erinnern Sie *sich* noch *an* meinen Namen (meines Namens)?

당신은 아직도 내 이름을 기억하십니까?

Erinnern Sie *sich an* mich (meiner)?

당신은 나를 기억하십니까?

Leider kann ich *mich* nicht dar*an erinnern.*

유감스럽게도 나는 그것을 기억할 수 없다.

* **jm. et.[4] in Erinnerung bringen :** (누구)에게 (무엇)을 생각나게 하다

Das Bild *bringt* mir meine Schulzeit *in Erinnerung*

그 그림은 나에게 학생시절을 생각나게 한다.

* **zur Erinnerung an et.[4] :** (무엇)에 대한 기념으로

Zur Erinnerung an den letzten Krieg wurde ein Denkmal errichtet.

지난 전쟁에 대한 기념으로 기념비가 세워졌다.

Nimm das *zur* (*als*) *Erinnerung an* mich!

나에 대한 기념으로 이것을 받아라!

* **sich[4] stark (leicht) erkälten :** 심한(가벼운) 감기에 걸리다

Ich habe *mich* stark *erkältet.*

(=Ich bin stark erkältet.)

나는 심한 감기에 걸렸다.

* **sich[3] eine Erkältung holen (zuziehen) :** 감기 들다

Ich habe *mir eine Erkältung geholt* (*zugezogen*)

(=Ich habe mich erkältet.)

나는 감기에 걸렸다.

* **jn. an et.[3] erkennen :** (무엇)으로 (누구)인 줄 알다

Ich konnte dich *an* der Stimme *erkennen.*

나는 목소리로 너인 줄 알 수 있었다.

Wor*an* *erkannten* Sie mich?

당신은 무엇으로 나인 줄 아셨읍니까?

*** zur Erkenntnis gelangen (kommen) : 인식하다, 깨닫다**

Allmählich *gelangte* (*kam*) er *zur* *Erkenntnis* des Wesens der Kunst.

점차로 그는 예술의 본질을 알게 되었다.

*** jn. um die Erlaubnis bitten, … zu 부정형 : (누구)에게 …을 하는 허가를 구하다**

Er *bat* mich *um die Erlaubnis*, ins Kino gehen *zu* dürfen.

그는 나에게 영화관에 가도 좋으냐는 허가를 구했다.

*** jn. zu et. ernennen : (누구)를 (무엇)에 임명하다**

Er wurde *zum* Minister *ernannt*

그는 장관에 임명되었다.

*** im Ernst : 진지하게**

Das habe ich doch *im Ernst* gesagt!

그것을 나는 정말로 말했는데!

Meinst du das *im Ernst*?

너는 정말로 그렇게 생각하니?

Er hörte mir *in* allem (vollem) *Ernst* zu.

그는 아주 진지하게 내말에 귀를 기울였다.

*** mit Ernst (=mit Eifer) : 열심히**

Er studiert *mit Ernst* Mathematik.

그는 열심히 수학을 공부한다.

*** eine gute (schlechte) Ernte haben : 풍(흉)작이다**

Letztes Jahr[4] *hatten* wir *eine gute Ernte.*

작년에는 수확이 풍작이었다.

*** vor Erregung[3] : 흥분하여**

Seine Stimme zitterte *vor Erregung.*

그의 음성은 흥분하여 떨렸다.

Er wurde bleich *vor Erregung*.

그는 흥분하여 얼굴이 창백해졌다.

* **über et.⁴ erschrecken :** (무엇)에 놀라다

Ich bin dar*über erschrocken.*

나는 그것에(그것을 보고·듣고) 놀랐다.

Ich bin *über* seine Worte *erschrocken.*

나는 그의 말에 놀랐다.

* **erst gestern (morgen) :** 어제서야 (내일에야) 비로소

Ich war *erst gestern* bei ihm.

나는 어제서야 비로소 그의 집에 갔었다.

* **über et.⁴ erstaunen :** (무엇)에 놀라다 · 경탄하다

Wir sind *über* seinen Mut *erstaunt.*

우리는 그의 용기에 놀랐다.

* **jn. in Erstaunen setzen :** (누구)를 놀라게 하다

Sein Mut hat uns *in Erstaunen gesetzt.*

그의 용기는 우리를 놀라게 했다.

* **zu meinem Erstaunen (=zu meiner Überraschung) :** 놀랍게도

Zu meinem Erstaunen kam er plötzlich hier an

놀랍게도 그가 갑자기 이곳에 도착했다.

* **zum erstenmal (=zum ersten Male) :** 처음으로

Ich sah ihn *zum erstenmal*

나는 그를 처음 보았다.

* **als erster :** 맨먼저(최초의 사람으로)

Er kam *als erster.*

(=Er war zuerst da.)

그가 맨 먼저 왔다.

Ich habe es *als erster* entdeckt.

내가 그것을 맨 먼저 발견했다.

* **wider Erwarten :** 기대와는 달리

Er hat das *wider* mein *Erwarten* getan.

그는 내 기대와는 달리 그것을 했다.

* **jm. auf et.⁴ erwidern :** (누구)에게 (무엇)에 대하여 대답하다

Er *erwiderte* mir *auf* die Frage

그는 나의 질문에 대답했다.

Er hat *auf* meine Frage nichts *erwidert.*

그는 나의 질문에 아무런 대답도 하지 않았다.

*** eine gute Erziehung bekommen (genießen) :** 좋은 교육을 받다

Unser Kind hat *eine gute Erziehung (Ausbildung) bekommen*

(=Unser Kind ist gut erzogen worden.)

우리 아이는 좋은 교육을 받았다.

*** das Essen bestellen :** 식사를 주문하다

Er *bestellte* beim Kellner *das Essen*

그는 뽀이한테 식사를 주문했다.

*** das Essen kochen :** 음식을 요리하다

Die Mutter *kocht das Essen* in der Küche.

어머니는 부엌에서 음식을 요리한다.

*** beim Essen (bei Tisch) sein :** 식사 중이다

Er *ist* jetzt *beim Essen.*

그는 지금 식사 중이다.

*** vor (nach) dem Essen (=vor (nach) Tisch) :** 식사 전에(후에)

Vor dem Essen machten wir einen Spaziergang.

식사 전에 우리는 산보를 했다.

*** auf ewig (=auf (für) immer) :** 영원히

Er hat seine Heimat *auf ewig* verlassen

그는 고향을 영원히 떠났다.

*** das Examen (die Prüfung) bestehen :** 시험에 합격하다

Er hat *das* Eintritts*examen bestanden*

그는 입학시험에 합격했다.

*** das Examen machen (geben) :** 시험을 치다

Wir *machen* nächste Woche[4] *das Examen* in Mathematik[3]

우리는 다음주에 수학시험을 친다.

*** beim Examen (bei der Prüfung) durchfallen :** 시험에

낙제하다

Er ist *beim* Eintritts*examen durchgefallen.*

그는 입학시험에 떨어졌다.

* **bis zum Examen :** 시험 때까지

Ich muß *bis zum Examen* hier bleiben.

너는 시험때까지 여기에 있어야 한다.

F

* **in einer Fabrik arbeiten** : 공장에서 일하다

Er *arbeitet in einer Fabrik.*

그는 공장에서 일하고 있다.

* **in die (zur) Fabrik gehen** : 공장에 가다

Die Arbeiter *gehen* zur Arbeit *in die Fabrik.*

노동자들이 일하러 공장에 간다.

* **et.² (zu et.) fähig sein** : (무엇)을 할 능력이 있다

Er ist keiner Lüge² *fähig*

그는 거짓말을 할 줄 모른다.

Er ist *zu* allem *fähig.*

그는 뭐든지 할 수 있다.

* **eine Fahrkarte lösen (kaufen)** : 차표를 끊다(사다)

Ich *löste* am Schalter *eine Fahrkarte* nach Köln.

나는 매표구에서 쾰른행 차표를 끊었다.

* **auf das Fahrrad aufsteigen** : 자전거에 올라타다

Er *stieg auf das Fahrrad auf* und fuhr davon.

그는 자전거에 올라타고 가 버렸다.

* **mit dem Fahrrad (Rad) fahren** : 자전거를 타고 가다

Er *fährt* immer *mit dem Fahrrad* in die Schule.

그는 항상 자전거를 타고 학교에 간다.

Wir *machten* einen Ausflug *mit* unseren *Fahrrädern*

우리는 우리들의 자전거를 타고 소풍을 갔다.

* **in voller Fahrt** : 전속력으로

Das Auto fuhr *in voller Fahrt*

자동차는 전속력으로 달렸다.

* **auf jeden Fall (=auf alle Fälle) : 어떠한 경우에도**

Auf jeden Fall wird er kommen.

어떠한 경우에도 그는 올 것이다.

* **auf keinen Fall : 어떤 경우에도 · 결코 …하지 않다**

Ich werde *auf keinen Fall* zum Arzt gehen.

나는 절대로 의사에게 가지 않을 것이다.

* **im Fall, daß … : …할 경우에는**

Im Fall, daß er nicht kommen kann, mußt du kommen.

그가 올 수 없는 경우에는 네가 와야 한다.

* **in den meisten Fällen : 대개의 경우에**

In den meisten Fällen nehme ich an der Sitzung teil.

대개의 경우 나는 회의에 참석한다.

* **zu Fall kommen : 떨어지다, 넘어지다**

Er *kam* auf der Treppe *zu Fall*.

(=Er fiel auf der Treppe.)

그는 계단에서 넘어졌다.

* **falsch verstehen (=mißverstehen) : 오해하다**

Du hast mich *falsch verstanden*.

(=Du hast mich mißverstanden.)

너는 나를 오해했다.

Ich *verstand* es *falsch*.

나는 그것을 잘못 이해했다.

* **die Familie ernähren : 가족을 부양하다**

Ich muß meine *Familie ernähren*.

(=Ich habe meine *Familie* zu *ernähren*.)

나는 나의 가족을 부양해야 한다.

* **fast (beinahe, um ein Haar)+접속법 Ⅱ식 과거 : 하마터면 (…할 뻔 했다)**

Ich hätte *fast* den Zug verpaßt (versäumt).

나는 하마터면 기차를 놓칠 뻔 했다.

Er wäre *fast* ertrunken.

그는 하마터면 익사할 뻔 했다.

*** auf eigene Faust (=aus eigener Kraft) :** 자기 힘으로, 혼자 힘으로

Er tat es *auf eigene Faust.*

그는 자기 힘으로 그것을 했다.

Du darfst nicht *auf eigene Faust* handeln.

너는 독단으로 행동해서는 안된다.

*** mit der Feder schreiben :** 펜으로 쓰다

Er *schreibt mit der Feder.*

그는 펜으로 쓴다.

*** in den Federn liegen :** 잠자리에 있다

Er *liegt* noch *in den Federn.*

(=Er ist noch im Bett.)

그는 아직 자고 있다.

*** es fehlt (mangelt) jm. an et.[3] :** (누구)는 (무엇)이 없다·부족하다

Es fehlt mir *an* Geld.

나는 돈이 없다.

Es mangelt ihm *an* Bildung.

그는 교양이 없다.

*** Fehler haben :** 결점이 있다

Jeder *hat* seine *Fehler.*

누구에게나 결점은 있다.

Natürlich *habe* ich auch *Fehler.*

물론 나 역시 결점은 있다.

*** einen Fehler machen (begehen) :** 오류·과오를 범하다

Er hat viele *Fehler gemacht* (*begangen*).

그는 많은 오류를 범했다.

*** den Fehler verbessern (korrigieren) :** 틀린 것을 수정하다

Der Lehrer *verbesserte die Fehler.*

선생님이 틀린 것을 수정해 주셨다.

*** aufs Feld gehen :** 들에 가다

Die Bauern *gehen* früh morgens *aufs Feld.*

농부들은 아침 일찍 들에 나간다.

* **das Feld (den Acker) bestellen :** 밭을 갈다

Der Bauer *bestellt* sein *Feld.*

(=Der Bauer pflügt seinen Acker.)

농부가 자기의 밭을 간다.

* **ins Feld (zu Felde) ziehen :** 전쟁터로 나가다

Die Soldaten *ziehen ins Feld.*

군인들이 전쟁터로 나간다.

* **das Fenster aufmachen (zumachen) :** 창문을 열다(닫다)

Er *machte das Fenster auf* (*zu*).

(=Er öffnete (schloß) das Fenster.)

그는 창문을 열었다(닫았다).

* **bei offenem Fenster schlafen :** 창문을 열어 놓은채 자다

Er *schläft bei offenem Fenster.*

그는 창문을 열어 놓은 채 잔다.

* **vom Fenster aus :** 창문에서부터

Vom Fenster aus kann man es sehen.

창문에서 그것이 보인다.

Er schaute *vom Fenster aus* in die Ferne

그는 창문에서 멀리 바라보았다.

* **zum Fenster hinaus :** 창문에서 밖으로

Er sah *zum Fenster hinaus.*

(=Er sah aus dem Fenster.)

그는 창밖을 내다 보았다.

Er warf den Ball *zum Fenster hinaus.*

그는 공을 창밖으로 던졌다.

* **Ferien (Urlaub) nehmen :** 휴가를 얻다

Ich *nehme* (*mache*) nächste Woche[4] *Ferien*

나는 내주에 휴가를 얻는다.

Ich *nahm* (*bekam*) eine Woche[4] *Urlaub*

나는 일주일간 휴가를 얻었다.

* **die Ferien (den Urlaub) verbringen :** 휴가를 보내다

Er *verbringt* seine *Ferien* (seinen *Urlaub*) an der See.

그는 휴가를 해변에서 보낸다.

* **von fern (=aus der Ferne, von weitem) :** 멀리서부터

Ich sah ihn schon *von fern.*

나는 멀리서 이미 그를 보았다.

* **von nah und fern :** 원근(遠近)에서

Von nah und fern kamen viele Leute herbei.

원근에서 많은 사람들이 이리로 왔다.

* **in der Ferne :** 멀리서

Nach wenigen Minuten verschwand das Flugzeug *in der Ferne.*

수분 후에 비행기는 멀리서 모습을 감추었다.

* **in die Ferne :** 멀리

Er schaut *in die Ferne.*

그는 멀리 바라본다.

* **mit et. fertig sein :** (무엇)을 끝마치다

Ich bin *mit* der Hausarbeit *fertig.*

나는 숙제를 끝마쳤다.

Du kannst nach Hause gehen, wenn du *mit* deiner Arbeit *fertig* bist.

너는 일이 다 끝나면 집에 가도 좋다.

* **zu et. fertig sein :** (무엇)의 준비가 되어 있다

Ich bin *zur* Abfahrt (Reise) *fertig.*

나는 떠날(여행)준비가 되어 있다.

* **ein Fest feiern :** 축제를 올리다

Man *feiert ein Fest.*

축제가 거행된다.

Zum Geburtstag unseres Vaters *feiern* wir *ein Fest.*

우리 아버지의 생일에 우리는 잔치를 연다.

* **dick und fett :** 뚱뚱한

Er ist *dick und fett.*

그는 뚱뚱하다.

* **das Feuer [an]machen (ausmachen) :** 불을 피우다(끄다)

Wir *machten das Feuer* im Ofen [*an*].

우리는 난로에 불을 피웠다.

Bevor wir ins Bett gingen, *machten* wir *das Feuer aus*

우리는 취침전에 불을 껐다.

*** jn. um Feuer bitten :** (누구)에게 담뱃불을 청하다

Darf ich Sie *um Feuer bitten?*

(=Können Sie mir Feuer geben?)

담뱃불 좀 빌릴까요?

*** um das Feuer herum :** 불 둘레에

Wir saßen *um das Feuer herum.*

우리는 불 주위에 빙둘러 앉았다.

*** Fieber haben :** 열이 있다

Er *hat Fieber.*

그는 열이 있다.

Du *hast* jetzt 40 Grad *Fieber.*

너는 지금 40도의 열이 있다.

Du *hast* hohes (leichtes) *Fieber.*

너는 고열(미열)이 있다.

*** sich[4] in den Finger schneiden :** 손가락을 베이다

Ich habe *mich* beim Brotschneiden *in den Finger geschnitten.*

나는 빵을 썰다가 손가락을 베었다.

*** Fische fangen :** 물고기를 잡다

Er *fängt Fische* im (mit dem) Netz.

(=Er fischt mit dem Netz.)

그는 그물로 고기를 잡는다.

*** in Flammen[3] stehen :** 불타오르고 있다

Das ganze Haus *stand in Flammen.*

집전체가 화염속에 휩싸였다.

*** aus der Flasche trinken :** 병채로 마시다

Er *trank aus der Flasche*

그는 병채로 마셨다.

*** mit Fleiß (=mit Eifer) :** 열심히

Er tut etwas *mit Fleiß.*

그는 뭔가를 열심히 하고 있다.

Er arbeitete *mit* großem *Eifer.*

(=Er arbeitete sehr fleißig.)

그는 매우 열심히 일했다.

*** vor jm. fliehen :** (누구)로부터 달아나다

Sie *floh vor* ihnen

그녀는 그들로부터 도망쳤다.

Sie *flohen vor* den feindlichen Truppen.

그들은 적의 군대로부터 도주했다.

*** fließend sprechen :** 유창하게 말하다

Er *spricht* Deutsch *fließend*, als ob er ein Deutscher wäre.

(=Er *spricht* Deutsch *fließend*. als wäre er ein Deutscher.)

그는 마치 독일사람처럼 독일말을 유창하게 한다.

*** auf der Flöte spielen (blasen) :** 피리를 불다

Er *spielt* (*bläst*) *auf der Flöte*

(=Er spielt Flöte.)

그는 피리를 분다.

Er *bläst* ein Lied *auf der Flöte*

그는 노래를 피리로 분다.

*** die Flucht ergreifen (=fliehen) :** 도주하다

Er hat *die Flucht ergriffen*.

(=Er ist geflohen.)

그는 도망쳤다.

*** auf der Flucht :** 도망중에

Er ist *auf der Flucht* gestorben.

그는 도망중에 사망했다.

*** auf dem Flügel (Klavier) spielen :** 피아노를 연주하다

Sie *spielt auf dem Flügel*

(=Sie spielt Klavier.)

그녀는 피아노를 연주한다.

*** mit dem (im) Flugzeug fliegen :** 비행기를 타고 가다

Er ist *mit dem Flugzeug* nach London *geflogen.*

그는 비행기를 타고 런던으로 갔다.

Wir *reisen mit dem Flugzeug.*

우리는 비행기로 여행한다.

*** auf et.[4] folgen : (무엇)의 다음에 오다**

Auf den kalten Winter *folgt* ein warmer Frühling.

추운 겨울 다음에는 따뜻한 봄이 온다.

Auf (*Nach*) Regen *folgt* Sonnenschein.

비온 뒤에는 해별이 든다.

*** et.[4] von jm. fordern : (누구)에게 (무엇)을 요구하다**

Er *forderte* Geld *von* mir.

그는 나에게 돈을 요구했다.

*** in aller Form : 형식을 갖추어서, 정식으로**

Der Antrag muß *in* schriftlicher *Form* gestellt werden.

신청은 서류의 형식을 갖추어서 제출되어야 한다.

*** nach et. forschen (suchen) : (무엇)을 탐구·연구하다**

Wir *forschen nach* der Wahrheit.

우리는 진리를 탐구한다.

Der Arzt *forschte nach* der Ursache der Krankheit.

그 의사는 병의 원인을 규명했다.

Ich habe überall *nach* dir *geforscht* (*gesucht*).

나는 도처에서 너를 (너의 거처를) 찾았다.

*** in einem fort : 계속해서, 끊임없이**

Sie redete *in einem fort* mit sich selbst.

그녀는 계속 혼자 중얼거렸다.

*** in et.[3] Fortschritte machen : (무엇)에 진전을 보이다**

Er hat *im* Deutschen große (keine) *Fortschritte gemacht.*

그는 독일어에 큰 진전을 보였다(조금도 진전을 보이지 않았다).

*** jm. (an jn.) eine Frage stellen : (누구)에게 질문하다**

Der Lehrer *stellte* mir *eine Frage.*

(=Der Lehrer *stellte* (*richtete*) *eine Frage an* mich.)

선생님이 나에게 질문을 하셨다.

Darf ich *an* Sie *eine Frage stellen?*

당신에게 질문을 해도 괜찮겠읍니까?

* **auf eine Frage antworten (=eine Frage beantworten):** 질문에 대답하다

Er *antwortete auf* meine *Frage.*

(=Er beantwortete meine Frage.)

그는 나의 질문에 대답했다.

* **eine Frage bejahen (verneinen) :** 질문에 긍정하다(부정하다)

Er hat *die Frage bejaht (verneint).*

그는 그 질문에 긍정했다(부정했다).

* **eine Frage an jn. haben :** (누구)에게 질문이 있다

Ich *habe eine Frage an* Sie.

나는 당신에게 질문이 있읍니다.

* **außer Frage sein (stehen) :** 문제가 되지 않다 ; 의심의 여지가 없다

Das *ist außer Frage.*

(=Das kommt nicht in Frage.)

그것은 문제가 되지 않는다.

Sein Talent *steht außer Frage.*

그의 재능은 의심의 여지가 없다.

* **in Frage[4] kommen :** 문제가 되다

Das *kommt* nicht *in Frage.*

그것은 말도 되지 않는다.

* **jn. nach et. fragen :** (누구)에게 (무엇)을 묻다

Er *fragte* mich *nach* meinem Namen.

그는 나에게 나의 이름을 물었다.

Ich *fragte* ihn *nach* dem Weg zum Bahnhof.

나는 그에게 역으로 가는 길을 물었다.

* **frei haben :** 근무가 없다, 학교에 가지 않다

Wir *haben* heute *frei.*

우리는 오늘 쉰다.

* **im Freien : 밖에서, 교외에서**

Die Kinder spielen *im Freien.*

아이들은 밖에서 논다.

* **ins Freie : 밖으로, 교외로**

Wir machen heute einen Ausflug *ins Freie.*

우리는 오늘 교외로 소풍을 간다.

* **für die Freiheit kämpfen : 자유를 위하여 싸우다**

Wir *kämpfen für die Freiheit*

우리는 자유를 위해 싸운다.

* **jm. eine Freude machen : (누구)를 기쁘게 하다**

Du hast mir mit diesem Geschenk *eine* große *Freude gemacht.*

너는 이 선물로 나를 매우 기쁘게 했다.

* **mit Freuden : 기꺼이, 즐거이**

Ich habe es *mit Freuden* erhalten.

나는 그것을 기꺼이 받았다.

* **vor Freude[3] : 기뻐서**

Sie ist *vor Freude* außer sich.

그녀는 기뻐서 어쩔줄 모른다.

Als er zurückkam, fiel sie ihm *vor Freude* um den Hals.

그가 돌아왔을 때 그녀는 기뻐서 그의 목을 끌어 안았다.

* **in Freud und Leid : 기쁠 때나 슬플 때나**

Die beiden hielten *in Freud und Leid* zusammen.

(=Die beiden teilten Freud und Leid miteinander.)

그 두사람은 동고동락했다.

* **sich[4] auf et.[4] freuen : (미래의) (무엇)을 즐겁게 기다리다**

Die Studenten *freuen sich* jetzt schon *auf* die Sommerferien.

학생들은 지금 벌써 여름방학을 고대하고 있다.

* **sich[4] über et.[4] freuen : (현재 · 과거의) (무엇)을 기뻐하다**

Er *freut sich über* deinen Erfolg.

그는 너의 성공을 기뻐하고 있다.

Unser Sohn *freut sich* sehr *über* Ihr Geschenk.

우리 아들은 당신의 선물을 받고 매우 기뻐하고 있읍니다.

* **zu jm. freundlich sein :** (누구)에게 칠절하다

Die Verkäuferin ist *zu* jedermann *freundlich.*

그 여점원은 누구에게나 친절하다.

Sie war *zu* uns sehr *freundlich.*

그녀는 우리들에게 매우 친절했다.

* **mit jm. Freundschaft schließen :** (누구)와 우정·친교를 맺다

Ich *schloß Freundschaft mit* ihm.

나는 그와 우정을 맺었다.

* **aus Freundschaft :** 우정에서

Ich habe alles *aus Freundschaft* getan.

나는 모든 것을 우정에서 했다.

* **in Frieden**[3] **(=friedlich) :** 평화롭게

Sie leben alle *in Frieden* miteinander.

그들은 모두 서로 평화롭게 살고 있다.

Er ruhe *in Frieden*!

그대여 고이 잠드소서!

* **jn. in Frieden lassen :** (누구)를 성가시게 하지않다

Laß mich *in Frieden*!

나를 가만히 내버려 두라!

* **über et.**[4] **froh sein :** (무엇)을 기뻐하다

Er ist *froh über* die Nachricht (das Geschenk).

(=Er freut sich über die Nachricht.)

그는 그 소식(그 선물)을 기뻐하고 있다.

* **Früchte tragen :** 열매를 맺다

Alle Pflanzen, die blühen, *tragen Früchte.*

꽃피는 식물은 모두 열매를 맺는다.

Der Baum *trägt* keine *Früchte.*

그 나무는 열매를 맺지 못한다.

* **früh morgens (=früh am Morgen) :** 아침 일찌기

Er kam *früh morgens.*

(=Er kam *früh am Morgen.*)

그는 아침 일찍 왔다.

*** gestern (heute, morgen) früh :** 어제(오늘, 내일) 아침에

Er reiste *gestern früh* ab.

그는 어제 아침에 떠났다.

Er wird *morgen früh* ankommen.

그는 내일 아침에 도착할 것이다.

*** von früh bis spät (=von morgens bis abends) :** 아침부터 저녁까지

Er arbeitet *von früh bis spät*.

그는 이른 아침부터 저녁늦게까지 일한다.

*** von früher her :** 전부터

Von früher her kenne ich ihn wohl.

전부터 나는 그를 잘 알고 있다.

*** früher oder später :** 조만간에

Früher oder später wirst du es verstehen.

조만간에 너는 그것을 이해하게 될 것이다.

*** wie früher :** 전처럼

Wie früher kommt er oft.

전처럼 그는 자주 온다.

*** im Frühling :** 봄에

Im Frühling werden die Bäume wieder grün.

봄에 나무들은 다시 푸르러진다.

In diesem Frühling kehre ich nach Korea zurück.

금년봄에 나는 한국으로 돌아간다.

*** zum Frühstück :** 아침식사에

Zum Frühstück trinke ich Milch.

아침 식사에 나는 우유를 마신다.

Ich habe *zum Frühstück* nur Kaffee getrunken.

나는 아침식사에 커피만을 마셨다.

*** et.[4] mit et. füllen :** (무엇)을 (무엇)으로 채우다

Er *füllte* das Glas *mit* Wein.

(=Er *füllte* Wein *ins* Glas.)

그는 잔을(에) 포도주로(를) 채웠다.

*** mit dem Füller schreiben :** 만년필로 쓰다

Er *schreibt mit dem Füller*.

그는 만년필로 쓴다.

*** Furcht haben (empfinden) :** 무서워하다

Ich *hatte* (*empfand*) große *Furcht*.

나는 매우 무서웠다.

*** vor et.³ Furcht haben :** (무엇)을 무서워하다

Das Kind *hat Furcht vor* dem eigenen Schatten

(=Das Kind *fürchtet sich vor* dem eigenen Schatten.)

그 아이는 자신의 그림자를 무서워한다.

Ich *habe* keine *Furcht vor* dem Hund

나는 개를 무서워하지 않는다.

*** aus Furcht vor et.³ :** (무엇)이 무서워서

Ich habe *aus Furcht vor* Strafe gelogen.

나는 벌(罰)이 무서워서 거짓말을 했다.

Aus Furcht vor dem Hund trat ich ins Haus nicht ein.

개가 무서워서 나는 집안으로 들어가지 못했다.

*** sich⁴ vor et.³ fürchten :** (무엇)을 무서워하다

Ich *fürchte mich vor* dem Tode nicht.

(=Ich fürchte den Tod nicht.)

나는 죽음을 두려워 하지 않는다.

Er *fürchtet sich vor* der Katze.

그는 고양이를 무서워한다.

*** für et. fürchten :** (무엇)을 염려하다

Sie *fürchtet für* seine Gesundheit.

그녀는 그의 건강을 염려한다.

Ich *fürchte für* sein Leben.

나는 그의 목숨이 염려된다.

*** zu Fuß gehen :** 걸어서 가다

Wollen wir *zu Fuß gehen* oder ein Taxi nehmen?

걸어서 갈까요, 택시를 탈까요?

＊ jm. auf den Fuß treten : (누구)의 발을 밟다

Er *trat* mir *auf den Fuß.*

그는 내 발을 밟았다.

＊ sich³ den Fuß brechen : 발목이 부러지다

Ich habe *mir den* linken (rechten) *Fuß gebrochen.*

나는 왼쪽(오른쪽) 발목이 부러졌다.

＊ es friert jn. an den Füßen (Händen) : (누구)는 발 (손)이 시리다

Es friert mich *an den Füßen.*

(=Mich *friert an den Füßen.*)

나는 발이 시리다.

＊ mit bloßen Füßen : 맨발로

Lauf nicht *mit bloßen Füßen!*

맨발로 뛰지 마라 !

＊ leichten Fußes : 가벼운 걸음으로

Leichten Fußes geht (steigt) er die Treppe hinab.

가벼운 걸음으로 그는 계단을 내려간다.

＊ von Kopf bis zu Fuß (=vom Kopf bis zu den Füßen) : 머리부터 발까지

Die Mutter hat mich *von Kopf bis zu Fuß* gewaschen.

어머니는 나를 머리부터 발까지 씻어 주었다.

＊ Fußball spielen : 축구를 하다

Auf der Wiese *spielen* einige Jungen *Fußball.*

풀밭에서 몇몇 소년들이 축구를 한다.

G

* **mit der Gabel essen** : 포오크로 먹다

Er *ißt mit* Messer und *Gabel*.

그는 나이프와 포오크로 먹는다.

* **et.⁴ in Gang bringen (setzen)** : (무엇)을 움직이다

Er *brachte* (*setzte*) die Maschine *in Gang*.

그는 기계를 운전했다.

* **in Gang sein** : 진행중이다

Die Verhandlungen *sind in Gang*

토의가 진행중이다.

* **ganz und gar (=durch und durch)** : 전연, 철두철미

Er sagte 〔*ganz und*〕 *gar* nicht.

그는 전연 말하지 않았다.

Ich habe das *ganz und gar* nicht so gesagt.

나는 그것을 전연 그렇게 말한 적이 없다.

* **im 〔großen und〕 ganzen** : 대체로

Einige Male hat es geregnet, aber *im großen und ganzen* war das Wetter gut.

몇번 비가 오긴 했지만 대체로 날씨는 좋았다.

* **auf der Gasse** : 골목에서

Die Kinder spielen *auf der* engen (schmalen) *Gasse*.

아이들이 좁은 골목에서 놀고 있다.

* **Gäste (Besuch) haben** : 손님이 〔와〕 있다

Wir *haben* heute *Gäste*.

오늘은 손님이 있다.

* **die Gäste (Besuch〔e〕) empfangen** : 손님을 맞다

Der Vater *empfing* seine *Gäste.*

아버지가 손님들을 맞았다.

Sie *empfing Besuche* sehr freundlich.

그녀는 손님들을 매우 상냥하게 맞았다.

∗ auf diesem Gebiet (auf allen Gebieten) : 이분야에서 (모든 분야에서)

Er ist ein anerkannter Fachmann *auf diesem Gebiet.*

그는 이 분야에 널리 알려진 전문가이다.

Er ist *auf allen Gebieten* tüchtig.

그는 모든 분야에서 유능하다.

∗ ins Gebirge gehen : 산으로 가다

Wir *gehen* am Wochenende *ins Gebirge.*

우리는 주말에 산으로 간다.

∗ von et. Gebrauch machen : (무엇)을 사용·이용하다

Machen Sie bitte *Gebrauch* da*von* (*von* meinem Füller)!

그것을 (내 만년필을) 사용하십시오!

∗ außer Gebrauch sein : 못쓰게 되다

Die Maschine *ist außer Gebrauch.*

그 기계는 못쓰게 되었다.

∗ in Gebrauch sein : 쓰이고 있다

Das Telefon *ist* jetzt *in Gebrauch.*

전화는 지금 사용중이다.

∗ zu et. gebrauchen : (무엇)에 쓰다

Wo*zu* soll ich das *gebrauchen*?

나는 이것을 무엇에 써야 하나?

Er ist *zu* nichts zu *gebrauchen.*

그는 아무짝에도 쓸모가 없다.

∗ von Geburt an : 태어나면서부터

Er ist *von Geburt an* blind.

그는 나면서부터 앞을 보지 못한다.

Er ist *von Geburt* Deutscher.

그는 태생이 독일인이다.

* **zum Geburtstag : 생일에**

Ich wünsche dir alles Gute *zum Geburtstag*!

나는 너의 생일에 모든 일이 잘 되길 빈다.

Zu meinem Geburtstag bekam ich viele Geschenke.

내 생일에 나는 많은 선물을 받았다.

* **Geburtstag feiern : 생일을 축하하다**

Wir *feierten* gestern seinen 60. *Geburtstag*.

우리는 어제 그분의 60회 생신을 축하했다.

* **ein gutes (schlechtes) Gedächtnis haben : 기억력이 좋다(나쁘다)**

Er *hat ein* sehr *gutes Gedächtnis*.

그는 기억력이 매우 좋다.

* **et.[4] im Gedächtnis behalten : (무엇)을 기억하고 있다**

Ich *behalte* es noch frisch *im Gedächtnis*.

나는 그것을 아직도 생생하게 기억하고 있다.

Ich werde diesen Tag immer *im Gedächtnis behalten*.

나는 이날을 항상 기억하고 있을 것이다.

* **auf einen Gedanken kommen : 어떤 생각을 하게 되다**

Wie bist du *auf* solch dumme *Gedanken gekommen*?

너는 어떻게 그런 어리석은 생각을 하게 되었느냐?

Wie bist du *auf den Gedanken gekommen*, es zu verkaufen?

너는 어떻게 그것을 팔려는 생각을 하게 되었느냐?

* **in Gedanken versunken sein : 생각에 잠겨 있다**

Er ist jetzt *in Gedanken versunken*.

그는 지금 생각에 잠겨 있다.

* **et.[2] gedenken : (무엇)을 마음에 두고 생각하다**

Ich *gedenke* gern meiner Kindheit[2].

나는 즐겨 나의 유년시절을 회상한다.

Ich *gedenke* deiner[2] noch.

나는 아직도 너를 기억하고 있다.

* **Gedichte schreiben : 시(詩)를 쓰다**

Er *schreibt Gedichte*.

그는 시를 쓴다.

* **Geduld haben : 참다**

Hab Geduld!

참아라!

Er *hat* viel *Geduld.*

그는 참을성이 많다.

* **die Geduld verlieren : 참지 못하다**

Er *verlor die Geduld* und ging nach Hause.

그는 참지 못하고 집으로 갔다.

Man darf nicht so schnell *die Geduld verlieren.*

사람은 그렇게 빨리 인내를 잃어서는 안된다.

* **mit jm. Geduld haben : (누구)를 용서하다**

Bitte *haben* Sie *Geduld mit* mir!

나를 용서해 주십시오!

* **mit Geduld (=geduldig) : 참을성있게, 끈기있게**

Ich wartete *mit Geduld* auf ihn.

나는 끈기있게 그를 기다렸다.

* **außer Gefahr sein : 안전하다**

Sie *ist* jetzt *außer Gefahr.*

그녀는 지금 안전하다.

* **in Gefahr[3] sein : 위험하다**

Er *ist* jetzt *in Gefahr.*

그는 지금 위험하다.

Sein Leben *ist in Gefahr.*

그의 생명이 위독하다.

* **jn. aus der Gefahr retten : (누구)를 위험에서 구해내다**

Er *rettete* sie *aus der Gefahr*

그는 그녀를 위험에서 구해냈다.

* **jm. gefallen : (누구)의 마음에 들다**

Das Kleid *gefällt* mir nicht.

그 옷은 내 마음에 들지 않는다.

Wie *gefällt* es Ihnen in Seoul[3]?

서울이 당신 마음에 드십니까?

* **jm. einen Gefallen tun :** (누구)에게 호의를 베풀다

Würden Sie mir *einen Gefallen tun*?

저에게 호의를 베푸실런지요?

Tun Sie mir bitte *den Gefallen,* und begleiten Sie mich nach Hause!

저에게 호의를 베푸셔서 저를 집까지 데려다 주십시오!

* **zu zwei Jahren Gefängnis (zum Tode) verurteilt werden :** 2년 징역형(사형)을 선고받다

Der Dieb *wurde zu zwei Jahren Gefängnis verurteilt.*

그 도둑은 2년 징역형을 선고받았다.

Der Mörder *wurde zum Tode verurteilt*

그 살인자는 사형선고를 받았다.

* **kein Gefühl haben :** 인정이 없다 ; 감각이 없다

Er *hat kein Gefühl*

그는 인정이 없다.

Ich *hatte kein Gefühl* in den verletzten Fingern.

나는 부상당한 손가락에 감각을 느끼지 못했다.

* **gegeneinander stehen :** 대립하다

Sie *stehen gegeneinander.*

그들은 서로 대립하고 있다.

* **im Gegensatz zu et. :** (무엇)과는 반대로

Seine Worte stehen *im Gegensatz zu* seinen Handlungen.

그의 말은 그의 행동과 상반된다.

* **das Gegenteil behaupten :** 반대의견을 주장하다

Er *behauptete das Gegenteil*

그는 반대의견을 주장했다.

* **im Gegenteil :** 반대로, 이와반대로

Der Film war nicht langweilig, *im Gegenteil* sehr spannend.

그 영화는 지루하지 않았고, 반대로 매우 재미있었다.

Ist der Füller teuer? Nein, *im Gegenteil*

그 만년필은 비싸니? 아니, 그 반대다.

* **in js. Gegenwart**[3] **:** (누구)의 면전에서

Er tat es *in meiner Gegenwart.*

그는 내 면전에서 그것을 했다.

Sie stritten sich *in seiner Gegenwart.*

그들은 그가 보는 앞에서 서로 다투었다.

* **et.**[4] **geheim halten :** (무엇)을 비밀로 하다

Er *hält* die Sache *geheim.*

그는 그 일을 비밀로 하고 있다.

* **im geheimen (=im stillen) :** 비밀리에, 남몰래

Er hat sich mit ihr *im geheimen* verlobt (verheiratet).

그는 비밀리에 그녀와 약혼(결혼)했다.

Er hat *im stillen* viel Gutes getan.

그는 남몰래 좋은 일을 많이 했다.

* **das Geheimnis verraten :** 비밀을 누설하다

Er hat unser *Geheimnis verraten.*

그는 우리의 비밀을 누설했다.

* **vor jm. ein Geheimnis haben :** (누구)에 대하여 비밀을 지니다

Vor dir *habe* ich kein *Geheimnis.*

너에 대해서는 나는 아무런 비밀도 없다.

* **Wie geht es Ihnen? :** 어떻게 지내십니까?

Es geht mir gut.

잘 지내고 있읍니다.

* **vor sich gehen :** 일어나다, 생기다

Wie ist die Entwicklung der Lebewesen *vor sich gegangen*?

생물의 진화는 어떻게 진행되어 왔는가?

* **jm. gehorchen :** (누구)에게 복종·순종하다

Du sollst deinen Eltern *gehorchen.*

너는 너의 부모님의 말씀에 순종해야 한다.

* **jm. gehören :** (누구)에게 속하다

Das Buch *gehört* mir.

(=Das Buch ist mein.)

그 책은 내 것이다.

* **zu et. (Pl. 3격) gehören : (무엇)의 일부 · 일원이다**

Er *gehört zu* meinen Freunden.

(=Er ist einer meiner Freunde[2].)

그는 나의 친구들 중 한사람이다.

Er *gehört zu* unserer Familie.

그는 우리가족의 일원이다.

* **an et.[4] (zu et.) gelangen : (무엇)에 도달하다**

Wir *gelangten* endlich *ans* Ziel.

(=Wir erreichten endlich das Ziel.)

우리는 마침내 목적지에 도달했다.

Der Brief *gelangte* noch nicht *an* mich.

그 편지는 아직 내손에 들어오지 않았다.

* **Geld verdienen : 돈을 벌다**

Er hat viel *Geld verdient*.

그는 많은 돈을 벌었다.

Er *verdient 1000 Mark* im Monat.

그는 한달에 1000 마르크를 번다.

Was (*Wieviel*) *verdienen* Sie im Monat?

당신은 한달에 얼마를 버십니까?

* **die Gelegenheit ergreifen (verpassen) : 기회를 잡다(놓치다)**

Er hat *die Gelegenheit ergriffen* (*verpaßt*), Geld zu verdienen.

그는 돈을 벌 기회를 잡았다(놓쳤다).

* **bei dieser Gelegenheit : 이 기회에**

Bei dieser Gelegenheit möchte ich ihm einmal begegnen.

이 기회에 나는 그를 한번 만나보고 싶다.

* **jm. et.[1] gelingen (mißlingen) : (누구)는 (무엇)에 성공하다 (실패하다)**

Die Arbeit *gelang* mir nicht.

나는 그 일에 성공하지 못했다.

Die Arbeit ist mir gut *gelungen*.

나는 그 일에 성공했다 (그 일이 잘 되었다).

Es ist mir *gelungen*, ihn zu überreden

나는 그를 설득하는데 성공했다.

Den Studenten *mißlang* es, ihre Forderungen durchzusetzen.

학생들은 그들의 요구를 관철하는데 실패했다.

*** für et. (als et.[1]) gelten :** (무엇)으로 간주되다

Du *giltst für* einen Lügner (*als* ein Lügner)

너는 거짓말장이로 여겨지고 있다.

Du *giltst für* einen Dummkopf (*als* dumm)

너는 바보로 여겨지고 있다.

*** ein gutes Gemüt haben :** 마음씨가 곱다

Sie *hat ein gutes Gemüt.*

그녀는 마음씨가 곱다.

Er *hat* kein *Gemüt.*

그는 인정이 없다.

*** jm. genügen :** (누구)를 만족시키다

Seine Antwort *genügte* mir nicht.

그의 대답은 나를 만족시키지 못했다.

Das *genügt* mir schon.

나는 그것만으로 충분하다(만족한다).

*** geradeaus gehen :** 똑바로 가다

Gehen Sie diese Straße immer *geradeaus*!

이 길을 곧장 가십시오!

*** in et.[4] geraten :** (무엇)속에 빠지다

Er ist *in* Gefahr (Not) *geraten.*

그는 위험(곤궁)에 빠졌다.

Er *geriet in* Wut.

그는 화가 났다.

*** vor Gericht[4] kommen :** 법정으로 이송되다

Die Sache *kam vor Gericht.*

그 사건은 법정으로 이송되었다 (재판을 받게 되었다).

*** jn. vor Gericht fordern :** (누구)를 법정으로 소환하다

Er wurde *vor Gericht gefordert.*

그는 법정에 소환되었다.

*** nicht im geringsten : 조금도 … 않다**

Daran zweifle ich *nicht im geringsten.*

그것을 나는 조금도 의심하지 않는다.

*** jn. gern (lieb) haben (=jn. gern mögen) : (누구)를 좋아하다**

Ich *habe* ihn sehr *gern.*

(=Ich *mag* ihn sehr *gern.*)

나는 그를 매우 좋아한다.

*** ein Gerücht verbreiten : 소문을 퍼뜨리다**

Du sollst solch *ein Gerücht* nicht *verbreiten.*

너는 그러한 소문을 퍼뜨려서는 안된다.

*** es geht (läuft) das Gerücht, daß … : …한 소문이 떠돌고 있다**

Es geht das Gerücht, daß er Geld gestohlen hat.

그가 돈을 훔쳤다는 소문이 떠돌고 있다.

*** ein gutes Geschäft (gute Geschäfte) machen : 돈을 벌다**

Ich habe heute *ein gutes Geschäft gemacht*

(=Ich habe heute Geld verdient.)

나는 오늘 돈을 벌었다.

*** viel Geschäft (viele Geschäfte) haben : 바쁘다**

Ich *habe viel Geschäft.*

(=Ich bin beschäftigt.)

나는 바쁘다.

*** ins Geschäft gehen : 출근하다**

Er *geht* jetzt *ins Geschäft.*

그는 지금 출근한다.

*** ein Geschenk bekommen (erhalten) : 선물을 받다**

Ich *bekam ein Geschenk* von meinem Freund.

나는 내 친구로부터 선물을 받았다.

Zu seinem Geburtstag *erhielt* er viele *Geschenke*

그의 생일에 그는 많은 선물을 받았다.

*** jm. eine Geschichte erzählen :** (누구)에게 이야기를 들려 주다

Er *erzählte* uns *eine* lustige *Geschichte.*

그는 우리들에게 재미있는 이야기를 들려 주었다.

Der Vater *erzählte* uns *die Geschichte* von Robinson Crusoe.

아버지는 우리들에게 로빈손쿠루소의 이야기를 해 주셨다.

*** an et.[3] Geschmack finden :** (무엇)에 취미를 갖게 되다

Allmählich habe ich *Geschmack an* der Sache *gefunden.*

점차로 나는 그 일에 취미를 갖게 되었다.

*** nach js. Geschmack sein :** (누구)의 취미에 맞다

Das *ist* nicht *nach meinem Geschmack.*

그것은 내 취미에 맞지 않는다.

*** mit voller Geschwindigkeit (=in (mit) vollem Tempo) fahren :** 전속력으로 달리다

Auf der Autobahn bin ich *mit voller Geschwindigkeit gefahren.*

고속도로에서 나는 전속력으로 달렸다.

Das Auto *fährt in vollem Tempo.*

자동차가 전속력으로 달린다.

*** mit einer Geschwindigkeit von … :** …의 속도로

Er fuhr *mit einer Geschwindigkeit von* 100 Kilometern in der Stunde.

그는 시속 100 km의 속도로 달렸다.

*** in js. Gesellschaft (=in Gesellschaft mit jm.) :** (누구)와 함께 · 공동으로

Er ging *in Gesellschaft seines Freundes.* ins Kino.

(=Er ging *in Gesellschaft mit* seinem Freund ins Kino.)

그는 자기 친구와 함께 영화관에 갔다.

*** in Gesellschaft[4] gehen :** 모임 · 회합에 가다

Ich *gehe* heute *in Gesellschaft.*

나는 오늘 모임에 간다.

*** gegen das Gesetz :** 법에 어긋나게

Er handelt *gegen das Gesetz.*

그는 법에 어긋나게 행동한다.

* **nach dem Gesetz :** 법에 따라

Der Richter urteilte *nach dem Gesetz.*

재판관은 법에 따라 판결했다.

* **ein böses (schiefes) Gesicht machen :** 화난(찌푸린) 얼굴을 하다

Er *machte ein* sehr *böses Gesicht.*

그는 매우 화난 얼굴을 했다.

Sie *machte ein schiefes Gesicht.*

그녀는 얼굴을 찌푸렸다.

* **jm. ins Gesicht sehen :** (누구)를 똑바로 쳐다보다

Sie *sah* ihm *ins Gesicht.*

그녀는 그를 똑바로 쳐다보았다.

* **jm. et.[4] ins Gesicht sagen :** (누구)에게 (무엇)을 정면에 대고 말하다

Ich habe es ihm *ins Gesicht gesagt.*

나는 그것을 그의 정면에다 대고 말했다.

* **jn. ins Gesicht (übers Ohr) hauen :** (누구)의 얼굴(따귀)을 때리다

Er hat mich *ins Gesicht gehauen* (*geschlagen*)

그는 내 얼굴을 때렸다.

* **mit jm. ein Gespräch führen :** (누구)와 대화를 나누다

Ich *führte mit* ihm unter vier Augen *ein Gespräch.*

나는 그와 단둘이서 대화를 나누었다.

* **offen gestanden (gesagt) :** 솔직히 말해서, 터놓고 말하면

Offen gestanden, ich mag ihn nicht gern.

솔직히 말해서 나는 그를 좋아하지 않는다.

* **gestern morgen (abend) :** 어제 아침에(저녁에)

Gestern morgen (*früh*) ist er abgefahren.

어제 아침에 그는 떠났다.

Gestern abend ist er in Seoul[3] angekommen.

어제 저녁에 그는 서울에 도착했다.

* **seit gestern :** 어제부터

Seit gestern warte ich auf dich.

어제부터 나는 너를 기다리고 있다.

* **bei guter Gesundheit sein :** 건강이 좋다

Ich *bin bei guter Gesundheit*

나는 건강이 좋다.

* **auf js. Gesundheit trinken :** (누구)의 건강을 위해 축배를 들다

Trinken Wir *auf unsere Gesundheit*!

우리의 건강을 위해 축배를 듭시다!

Auf Ihre Gesundheit!

(=Auf Ihr Wohl!)

당신의 건강을 위해서! (축배의 말)

* **gegen jn. Gewalt gebrauchen (anwenden) :** (누구)에게 폭력을 쓰다

Sie *gebrauchten Gewalt gegen* ihn.

그들은 그에게 폭력을 썼다.

* **mit Gewalt (Zwang) :** 강제로, 억지로

Er wurde *mit Gewalt* zu einem Geständnis gezwungen.

그는 억지로 자백하도록 강요당했다.

* **mit dem Gewehr schießen :** 총을 쏘다

Der Soldat *schoß mit dem Gewehr*

그 군인은 총을 쏘았다.

Er *schoß mit einem Gewehr* auf den Mann.

그는 총으로 그 남자를 쏘았다.

* **et.⁴ nach Gewicht verkaufen :** (무엇)을 달아서 팔다

Das Fleisch wird *nach Gewicht verkauft*.

고기는 달아서 판다.

* **et.⁴ mit Gewinn verkaufen :** (무엇)을 이익을 남기고 팔다

Er hat sein Geschäft *mit Gewinn verkauft*

그는 자기의 가게를 이익을 남기고 팔았다.

* **et.**[2] **gewiß sein :** (무엇)을 확신하고 있다

Ich bin des Sieges *gewiß.*

나는 승리를 확신하고 있다.

* **ein reines (gutes) Gewissen haben :** 양심에 거리낌없다

Ich *habe ein reines Gewissen.*

나는 양심에 부끄럽지 않다.

Er *hat* kein *Gewissen.*

그는 양심이 없다.

* **mit gutem Gewissen :** 양심에 거리낌없이

Ich habe das *mit gutem Gewissen* getan.

나는 양심에 거리낌없이 그것을 했다.

* **sich**[4] **an et.**[4] **gewöhnen :** (무엇)에 익숙해지다

Ich habe *mich an* die Arbeit *gewöhnt.*

나는 그 일에 익숙해졌다.

Er *gewöhnte sich* allmählich *an* das Leben auf dem Land.

그는 점차 시골생활에 익숙해졌다.

* **eine Gewohnheit annehmen (ablegen) :** 어떤 습관을 기르다(버리다)

Ich *nahm die Gewohnheit an,* früh aufzustehen.

나는 일찍 일어나는 습관을 길렀다.

Du mußt *die Gewohnheit ablegen.*

너는 그 습관을 버려야만 한다.

* **jm. zur Gewohnheit werden :** (누구)에게 습관이 되다

Das ist mir *zur Gewohnheit geworden.*

그것은 나의 습관이 되어 버렸다.

* **aus Gewohnheit :** 습관적으로

Er tut es immer *aus Gewohnheit.*

그는 그것을 언제나 습관적으로 한다.

* **wie gewöhnlich :** 여느때와 같이

Wie gewöhnlich kam er am späten Abend nach Hause.

여느때와 같이 그는 저녁 늦게 집으로 왔다.

Alles war *wie gewöhnlich.*

모든 것이 여전하였다.

*** gewohnt sein, ... zu 부정형 : ...하는 버릇 · 습관이 있다**

Ich *bin gewohnt*, morgens früh auf*zu*stehen.

나는 아침에 일찍 일어나는 버릇이 있다.

*** es gibt et.[4] (Sg. 또는 Pl.) : (무엇)이 있다**

Gibt es einen Gott?

신(神)은 존재하는가?

In diesem See *gibt es* viele Fische.

이 호수에는 고기가 많다.

Was *gibt's*?

무슨 일이냐?

Was *gibt's* Neues?

무슨 새로운 소식이라도 있느냐?

Es gibt viel zu tun.

할 일이 많다.

*** das Glas leer trinken (austrinken) : 잔을 마셔서 비우다**

Er *trank* sein *Glas leer* (*aus*).

(=Er leerte sein Glas.)

그는 자기의 잔을 다 마셨다.

*** et.[4] in ein Glas gießen : (무엇)을 유리잔에 붓다**

Er *gießt* Wasser (Wein) *ins Glas.*

그는 글라스에 물(포도주)을 따른다.

Sie *goß* Kaffee *in* meine *Tasse.*

그녀는 나의 잔에 커피를 따루었다.

*** et.[4] aus einem Glas trinken : (무엇)을 유리잔으로 마시다**

Wir *trinken* Wein *aus Gläsern.*

우리는 글라스로 포도주를 마신다.

Er *trank aus der Flasche.*

그는 병체로 마셨다.

*** jm. glauben : (누구)의 말을 믿다**

Ich *glaube* ihm nicht.

나는 그의 말을 믿지 않는다.

*** an et.⁴ glauben :** (무엇)을 믿다

Ich *glaube an* Gott.

나는 신(의 존재)을 믿는다.

Du mußt *an* dich selbst *glauben.*

너는 너 자신을 믿어야 한다.

Dar*an* hat er fest *geglaubt.*

그것을 그는 굳게 믿었다.

*** an allen Gliedern (am ganzen Leibe) zittern :** 온 몸이 떨리다

Ich *zitterte* vor Kälte[3] *an allen Gliedern.*

나는 추워서 온몸이 떨렸다.

*** die Glocke läuten :** 종을 울리다

Der Kirchendiener hat *die Glocke geläutet.*

교회지기가 종을 울렸다.

Man *läutet die Glocke.*

(=Die Glocke läutet.)

종이 울린다.

*** Glück haben :** 운이 좋다

Du *hast* immer (in allem) *Glück.*

너는 언제나 (만사에) 운이 좋다.

Du *hast* kein *Glück.*

너는 운이 없다.

Er hat noch *Glück* im Unglück *gehabt.*

그는 불행중 다행이었다.

*** zum Glück (=glücklicherweise) :** 다행히도

Zum Glück war die Tür offen.

다행히도 문이 열려 있었다.

Glücklicherweise war er zu Hause.

다행히도 그는 집에 있었다.

*** jm. zu et. Glück wünschen :** (누구)에게 (무엇)에 대한 축하의 말을 하다

Ich *wünsche* Ihnen *Glück zum* Geburtstag.

(=Ich gratuliere Ihnen zum Geburtstag.)

당신의 생일을 축하합니다.

＊ jn. glücklich machen : (누구)를 행복하게 하다

Er hat seine Frau sehr *glücklich gemacht.*

그는 자기의 부인을 매우 행복하게 했다.

＊ aus (von) Gold : 금으로 된

Der Ring ist *aus Gold.*

그 반지는 금반지이다.

Der Ring, den sie trägt, ist *aus* reinem *Gold.*

그녀가 끼고 있는 반지는 순금반지이다.

＊ zu Gott beten : 하나님께 기도하다

Er kniet nieder und *betet zu Gott* (*zum lieben Gott*).

그는 무릎을 꿇고 하느님께 기도드린다.

＊ Gott weiß : 아무도 모른다

Das *weiß Gott*[1].

그것은 아무도 모른다.

Wann er kommt, das *weiß* nur *Gott.*

그가 언제 올지는 신(神)만이 알고 있다.

＊ Gott sei Dank : 고맙게도, 아이 고마와라

Es ist *Gott sei Dank* nichts geschehen.

고맙게도 아무일도 일어나지 않았다.

Gott sei Dank!

신이여 감사하옵니다!

＊ bis ins Grab (=bis zum Tode) : 죽을 때까지

Er lebte *bis ins Grab* im Ausland.

그는 죽을 때까지 외국에서 살았다.

＊ jn. ins Grab legen (=jn. zu Grabe tragen) : (누구)를 매장하다

Wir *legten* den Toten *ins Grab.*

(=Wir *trugen* den Toten *zu Grabe.*)

우리는 죽은 사람을 매장했다.

＊ im höchsten Grade : 극도로

Er ist *im höchsten Grade* kaputt.

그는 극도로 쇠약하다.

* **in gewissem Grade :** 어느정도

Ich kann es *in gewissem Grade* verstehen.

나는 그것을 어느정도 이해할 수 있다.

* **bis zu einem gewissen Grade :** 어느정도까지

Ich will dir *bis zu einem gewissen Grade* helfen.

나는 어느정도까지 너를 돕겠다.

* **sich⁴ ins Gras legen :** 풀밭에 눕다

Er *legte sich ins Gras.*

그는 잔디밭에 누웠다.

* **jm. zu et. gratulieren :** (누구)의 (무엇)을 축하하다

Ich *gratuliere* Ihnen *zur* Verlobung (Vermählung).

당신의 약혼 (결혼)을 축하합니다.

Wir *gratulierten* ihm *zum* Geburtstag

우리는 그의 생일을 축하했다.

* **nach et. greifen :** (무엇)을 잡으려고 손을 뻗치다

Er *greift nach* dem Buch.

그는 책을 잡으려고 손을 뻗친다.

Ein Ertrinkender *greift nach* einem Strohhalme.

물에 빠진 사람은 지푸라기라도 붙잡으려고 한다.

* **in et.⁴ greifen :** (무엇)에 손을 넣다

Ich *griff* mir *in* die Tasche.

나는 호주머니에 손을 넣었다.

Er *griff* mir *in* die Tasche.

그는 내 호주머니에 손을 넣었다.

* **über die Grenze (das Alter) hinaus :** 국경(연령)을 초월하여

Alle ehren den großen Künstler *über die Grenze hinaus.*

모든 사람들은 국경을 초월하여 그 위대한 예술가를 존경한다.

* **〔die〕 Grippe (〔den〕 Schnupfen) haben :** 유행성감기(코감기)에 걸려 있다

Ich *habe Grippe.*

나는 유행성감기에 걸려 있다.

Ich *hatte* (*bekam*) nur *einen* leichten *Schnupfen.*

나는 가벼운 코감기에 걸렸을 뿐이다.

*** auf [den] Grund geraten : 좌초하다**

Das Schiff *geriet auf Grund*[4].

배가 좌초했다 (바닥에 빠졌다).

*** bis auf den Grund : 밑바닥까지**

Das Wasser war so klar, daß man *bis auf den Grund* sehen konnte.

물이 맑아서 밑바닥까지 볼 수 있었다.

Er tauchte *bis auf den Grund* der See.

그는 바다의 밑바닥까지 잠수했다.

Das Gebäude ist *bis auf den Grund* abgebrannt.

그 건물은 완전히 불타버렸다.

*** et.[3] auf den Grund gehen (kommen) : (무엇)의 근본을 규명하다**

Ich will der Sache[3] *auf den Grund gehen.*

나는 그 사건을 철저하게 규명하겠다.

*** aus welchem Grunde (=aus welcher Ursache) : 어떤 이유로**

Aus welchem Grunde bist du mir böse?

무슨 이유로 너는 내게 화를 내느냐?

Er hat die Einladung *aus gesundheitlichen Gründen* abgelehnt.

그는 건강상의 이유로 초대를 거절했다.

*** ohne Grund : 까닭없이**

Er nahm *ohne* jeden *Grund* an dem Ausflug nicht teil.

그는 아무런 이유없이 소풍에 참가하지 않았다.

*** keinen Grund haben, … zu 부정형 : …할 이유가 없다**

Du *hast keinen Grund zu* weinen.

너는 울만한 이유가 없다.

Er *hat keinen Grund zu* klagen (zum Klagen).

그는 불평할 까닭이 없다.

*** im Grunde :** 근본에 있어서, 실제로는

Im Grunde hat er recht.

실제로는 그가 옳다.

*** von Grund aus (=aus dem Grunde) :** 근본적으로, 철저하게

Jeden Samstag macht sie die Wohnung *von Grund aus* sauber.

토요일마다 그녀는 집을 철저하게 소제한다.

*** von Grund auf :** 기초부터

Du mußt alles *von Grund auf* wieder anfangen.

너는 모든 것을 기초부터 다시 시작해야 한다.

Das Haus ist *von Grund auf* neu gebaut.

그 집은 토대부터 개축(改築)되었다.

*** in Gruppen[3] (Haufen) :** 집단으로, 때를 지어

Die Menschen stehen *in Gruppen* zusammen.

사람들이 때를 지어 모여 있다.

Wir besichtigten *in Gruppen* das Rathaus

우리는 집단으로 시청을 견학했다.

*** jn. grüßen :** (누구)에게 인사하다

Sie *grüßt* mich immer höflich.

그녀는 나에게 언제나 공손히 인사한다.

Grüßen Sie ihn von mir!

그에게 내 안부를 전해 주십시오!

*** aus Gummi :** 고무로 된

Der Reifen ist *aus Gummi.*

타이어는 고무로 만들어진다.

*** jm. günstig sein :** (누구)에게 호의를 갖고 있다

Er ist dir *günstig.*

그는 너에게 호의를 갖고 있다.

Das Glück ist uns nicht *günstig.*

우리는 불운하다.

*** in (mit) Güte :** 호의적으로

Er hat mich immer *in Güte* behandelt.

그는 나를 언제나 호의적으로 대했다.

* **Gymnastik treiben :** 체조를 하다

Ich *treibe* jeden Morgen *Gymnastik*.

나는 아침마다 체조를 한다.

Der Arzt hat mir empfohlen. *Gymnastik* zu *treiben*.

의사는 나에게 체조를 하도록 권했다.

H

*** sich³ die Haare schneiden lassen :** 이발을 하다

Zweimal monatlich (im Monat) *läßt* er *sich die Haare schneiden.*

매달 두번 그는 이발을 한다.

Er geht zum Friseur, um *sich die Haare schneiden* zu *lassen.*

그는 이발을 하기 위해 이발사에게 간다.

Ich habe *mir die Haare schneiden lassen.*

나는 이발을 했다.

Haarschneiden, bitte!

이발 좀 해 주세요!

*** um ein Haar (beinahe, fast)**+접속법 Ⅱ식 과거 : 하마터면 (…할 뻔 했다)

Ich hätte *um ein Haar* den Zug versäumt

나는 하마터면 기차를 놓칠 뻔 했다.

Um ein Haar wäre ich gefallen.

하마터면 나는 넘어질 뻔 했다.

*** et.⁴ bei sich haben :** (무엇)을 휴대하다

Er *hat* viel Geld *bei sich.*

그는 많은 돈을 지니고 있다.

Ich *habe* kein Geld *bei mir.*

내 수중에는 돈이 없다.

*** im Hafen liegen :** 항구에 정박해 있다

Viele Schiffe *liegen im Hafen.*

많은 배들이 항구에 정박해 있다.

*** aus dem Hafen auslaufen :** 출항하다

Das Schiff *lief aus dem Hafen aus.*

그 배는 출항했다.

* **in den Hafen einlaufen** : 입항하다

Das Schiff *lief in den Hafen ein.*

그 배는 항구로 입항했다.

* **den Hahn aufdrehen (zudrehen)** : 꼭지를 돌려서 열다(잠그다)

Ich *drehte den Hahn* (*den Wasserhahn*) *auf* und wusch mir die Hände.

나는 수도꼭지를 돌려서 열고 손을 씻었다.

Drehen Sie *den Hahn zu*!

꼭지를 잠그십시오!

* **et.⁴ zur Hälfte teilen** : (무엇)을 절반으로 나누다

Wir haben das Geld je *zur Hälfte geteilt.*

우리는 그돈을 절반씩 나누었다.

* **einen schlimmen Hals haben (=Halsschmerzen haben)**: 목이 아프다

Ich *habe einen schlimmen Hals.*

(=Der Hals tut mir weh.)

나는 목이 아프다.

Er *hat Halsschmerzen.*

그는 목이 아프다.

* **jm. um den Hals fallen** : (누구)의 목을 부둥켜 안다

Sie *fiel* ihm vor Freude *um den Hals* und küßte ihn.

그녀는 기쁜 나머지 그의 목을 부둥켜 안고 그에게 키스를 했다.

* **Hals über Kopf (=über Hals und Kopf)** : 낭황하여, 급히 서둘러

Er floh *Hals über Kopf.*

그는 혼비백산하여 달아났다.

* **et.⁴ für et. halten** : (무엇)을 (무엇)으로 생각·간주하다

Hältst du mich *für* einen Narren?

너는 나를 바보로 생각하느냐?

Ich *halte* es *für* richtig.

나는 그것을 옳다고 생각한다.

* **an der nächsten Haltestelle : 다음 정류장에서**

Du mußt *an der nächsten Haltestelle* aussteigen.

너는 다음 정류장에서 내려야 한다.

Lassen Sie mich bitte *an der nächsten Haltestelle* aussteigen!

다음 정류장에서 나를 내려 주십시오!

* **jm. die Hand drücken (schütteln) : (누구)와 악수하다**

Sie *drückt* ihm *die Hand.*

그녀는 그와 악수한다.

* **jn. an (bei) der Hand fassen : (누구)의 손을 잡다**

Er *faßte* mich *an der Hand* (*am Arm*).

그는 내 손(팔)을 잡았다.

* **jn. an der Hand (am Arm) führen : (누구)의 손(팔)을 잡고 인도하다**

Er *führte* mich *an der Hand* über die Straße.

(=Er griff mich bei der Hand und überquerte die Straße.)

그는 내 손을 잡고 길을 건넜다.

* **die Hand 〔er〕heben : 손을 들다**

Er *hob die Hände* über den Kopf.

그는 머리위로 양손을 올렸다.

Wer eine Frage hat (dafür ist), *hebe* bitte *die Hand*!

질문있는 (찬성하는) 사람은 손을 들어라!

Er *erhob* seine rechte (linke) *Hand.*

그는 오른(왼) 손을 들었다.

* **et.[4] mit der Hand erreichen : (무엇)에 손이 닿다**

Ich kann den Zweig *mit der Hand* nicht *erreichen.*

나는 그 가지에 손이 닿지 않는다.

* **sich[3] die Hände (das Gesicht) waschen : 손(얼굴)을 씻다**

Ich *wusch mir die Hände.*

나는 손을 씻었다.

Wascht euch die Hände!

손들을 씻어라!

*** sich[4] an der Hand verletzen :** 손에 부상을 입다

Ich habe *mich* bei der Arbeit *an der Hand verletzt.*

(=Ich habe mir bei der Arbeit die Hand verletzt.)

나는 일하다가 손을 다쳤다.

*** mit beiden Händen :** 두 손으로

Ich hielt den Dieb am Arm fest *mit beiden Händen.*

나는 그 도둑의 팔을 두손으로 단단히 붙잡았다.

*** mit der flachen Hand :** 손바닥으로

Er schlug *mit der flachen Hand* auf den Tisch.

그는 손바닥으로 책상을 쳤다.

*** mit leeren Händen :** 빈 손으로(선물없이)

Er kam *mit leeren Händen.*

그는 빈 손으로 왔다.

*** Hand in Hand :** 손을 맞잡고

Wir gingen *Hand in Hand.*

우리는 손을 맞잡고 걸었다.

Wir arbeiten *Hand in Hand.*

우리는 제휴하여 일한다.

*** es friert jn. an den Händen (Füßen) :** (누구)는 손(발)이 시리다

Es friert mich *an den Händen.*

(=Mich *friert an den Händen.*)

나는 손이 시리다.

*** mit et. Handel treiben :** (무슨) 장사를 하다

Er *treibt Handel mit* Zucker

그는 설탕장사를 한다.

Er *treibt Handel mit* Radioapparaten.

(=Er handelt mit Radioapparaten.)

그는 라디오상을 한다.

*** einen Handel abschließen :** 거래의 계약을 맺다

Die beiden Kaufleute *schlossen einen Handel ab*

두 상인은 거래의 계약을 체결했다.

Ich habe *den Handel* unter günstigen Bedingungen *abgeschlossen.*

나는 유리한 조건으로 거래의 계약을 맺었다.

*** mit et. handeln :** (무슨) 장사를 하다

Er *handelt mit* Fisch.

(=Er treibt Handel mit Fisch.)

그는 생선 장사를 한다.

Er *handelt mit* Radioapparaten.

그는 라디오상을 한다.

*** von et. (über et.[4]) handeln :** (무엇)을 논하다

Das Buch *handelt von* der Politik.

그 책은 정치를 논하고 있다.

Er *handelt* in diesem Buch *von* der deutchen Außenpolitik.

그는 이 책에서 독일의 대외정책을 논하고 있다.

Wo*von handelt* der Aufsatz?

그 논문은 제목이 무엇이냐?

*** es handelt sich um et. :** (무엇)이 문제이다

Es handelt sich um Geld.

돈이 문제이다.

Wor*um handelt es sich*?

무엇이 문제이냐?

*** 〔sich[3]〕 die Handschuhe anziehen (ausziehen) :** 장갑을 끼다(벗다)

Er *zog sich die Handschuhe an* (*aus*)

그는 장갑을 끼었다(벗었다).

*** die Handschuhe tragen :** 장갑을 끼고 있다

Sie *trägt* wollene *Handschuhe*

그녀는 털 장갑을 끼고 있다.

*** an et.[3] hängen :** (무엇)에 걸려 있다

Das Bild *hängt an* der Wand

그림이 벽에 걸려 있다.

Die Lampe *hing an* der Decke.

램프가 천정에 달려 있었다.

*** et.[4] an et.[4] hängen :** (무엇)을 (무엇)에 걸다

Er *hängt* das Bild *an* die Wand.

그는 그림을 벽에 건다.

Er *hängte* seinen Hut *an* den Haken.

그는 모자를 걸이 못에 걸었다.

*** gegen (auf) jn. einen Haß haben (hegen) :** (누구)에게 증오를 품다

Er *hat einen Haß gegen* dich.

그는 너에게 증오를 품고 있다.

Sie *hegt einen* ewigen *Haß auf* ihn.

그녀는 그에게 천추의 원한을 품고 있다.

*** in großer Hast (=in aller Eile) :** 매우 급히

Er lief *in großer Hast* an uns vorbei

그는 황급히 우리 옆을 달려갔다.

*** in Haufen[3] (Gruppen) :** 떼를 지어

Die Vögel fliegen durch die Luft *in Haufen.*

새들이 떼를 지어 공중을 날아간다.

*** mit entblößtem Haupt (=mit bloßem Kopf) :** 모자를 쓰지 않고

Er ging heute abend *mit entblößtem Haupt* aus.

그는 오늘 저녁 모자를 쓰지 않고 외출했다.

*** mit gesenktem Haupt (Kopf) :** 고개를 숙이고

Mit gesenktem Haupt ging sie an mir vorbei..

고개를 숙이고 그녀는 내 옆을 지나갔다.

*** nach Haus〔e〕 gehen :** 집으로 가다

Wir *gehen nach Hause.*

우리는 집으로 간다.

Ich muß gleich *nach Hause gehen*

나는 곧 집으로 가야 한다.

*** von Haus aus (=von Natur) :** 천성적으로, 선천적으로

Er ist *von Haus aus* faul.

그는 천성이 게으르다.

*** von Haus zu Haus : 이집저집으로, 집집마다**

Der Verkäufer ging *von Haus zu Haus.*

그 판매원은 이집저집으로 다녔다.

Viele Grüße *von Haus zu Haus*!

온 집안 식구에게 안부 전해 주세요!

*** von 〔zu〕 Hause : 집에서부터**

Ich komme *von zu Hause.*

나는 집에서부터 온다.

*** zu Haus〔e〕 sein (bleiben) : 집에 있다**

Ich *bin* heute den ganzen Tag *zu Hause.*

나는 오늘 온종일 집에 있다.

Ich *bin* morgen nicht *zu Hause.*

나는 내일은 집에 없다.

*** den Haushalt führen : 살림 · 가사를 맡아보다**

Seit dem Tod seiner Frau *führt* seine Tochter *den Haushalt.*

그의 부인이 죽고난 이래로 그의 딸이 살림을 맡아본다.

*** naß bis auf die Haut : 흠뻑 젖은**

Wir wurden alle *naß bis auf die Haut.*

우리는 모두 흠뻑 젖었다.

*** im Heer (bei der Armee) dienen : 군(軍)에 복무중이다**

Er *dient im Heer.*

(=Er steht beim Heer.)

그는 군에 복무중이다.

*** ins Heft schreiben : 노트에 쓰다**

Er *schrieb* meine Worte *ins Heft.*

그는 내 말을 노트에 적었다.

*** in die Heimat zurückkehren : 고향으로 돌아가다**

Er *kehrt* aus der Fremde *in die Heimat zurück.*

그는 타향에서 고향으로 돌아간다.

*** jn. heiraten (=sich[4] mit jm. verheiraten) : (누구)와 결혼하다**

Er will sie *heiraten.*

(=Er will *sich mit* ihr *verheiraten.*)

그는 그녀와 결혼하려고 한다.

Sie hat letzte Woche[4] einen Ausländer *geheiratet*.

그녀는 지난 주에 한 외국인과 결혼했다.

*** jn. et.[4] heißen (nennen) :** (누구)를 (무엇)이라고 부르다

Alle *hießen* (*nannten*) ihn einen Betrüger.

모두가 그를 사기군이라고 불렀다.

*** das heißt (d. h.) :** 즉, 다시 말하면

Ich komme morgen, *das heißt*, wenn ich Zeit habe.

나는 내일 간다. 다시 말하면, 시간이 있으면 가겠다.

*** jn. willkommen heißen :** (누구)를 환영하다

Wir *heißen* Sie herzlich *willkommen*

우리는 당신을 진심으로 환영합니다.

*** jm. helfen :** (누구)를 돕다

Er *hilft* mir.

그는 나를 돕는다.

Er *hilft* mir bei der Arbeit.

그는 나의 일을 돕는다.

Er *hilft* mir den Koffer tragen.

그는 내가 트렁크를 운반하는 것을 도와준다.

Ich kann mir nicht *helfen*.

나는 어쩔 수 없다.

Das *hilft* nichts.

그것은 아무 소용이 없다.

*** das Hemd anziehen (ausziehen) :** 내의를 입다(벗다)

Ich *zog das* frische *Hemd an*

나는 새 내의를 입었다.

*** im Herbst (Frühling) :** 가을(봄)에

Im Herbst werden die Tage kürzer und kälter.

가을에는 낮이 짧아지고 추워진다.

In diesem Herbst sind die Trauben besonders süß.

금년 가을에는 포도가 특히 달다.

* **hinter jm. hergehen : (누구)의 뒤를 따라가다**

Sie *ging* dicht *hinter* ihm *her*.

그녀는 바로 그의 뒤를 따라갔다.

* **über et.⁴ herrschen : (무엇)을 지배하다**

Er wollte *über* die ganze Welt *herrschen*.

그는 전 세계를 지배하려고 했다.

* **um et. herum :** (무엇)의 주위에, (무엇)을 돌아서

Sie sitzen *um* den Tisch *herum*.

그들은 탁자 주위에 빙둘러 앉아 있다.

Um die Stadt *herum* gibt es keine Berge.

그 도시 주위에는 산이 없다.

Er kam *um* die Ecke *herum*.

그는 모퉁이를 돌아서 왔다.

Er wohnt gleich *um* die Ecke *herum*.

그는 모퉁이를 돌면 바로 집이 있다.

Um Weihnachten *herum* kommt er zurück.

크리스마스 무렵에 그는 돌아온다.

* **von 〔ganzem〕 Herzen (=herzlich) :** 진심으로

Ich danke dir *von ganzem Herzen*.

나는 너에게 진심으로 감사한다.

Das kam mir *von Herzen*.

그것은 나의 진심에서 우러 나온 것이다.

* **schweren (leichten) Herzens :** 무거운(가벼운) 마음으로

Schweren Herzens nahmen sie voneinander Abschied.

무거운 마음으로 그들은 서로 작별을 고했다.

* **von heute ab (an) :** 오늘부터

Von heute ab rauche ich nicht mehr.

오늘부터 나는 금연한다.

Von heute an will ich fleißiger sein.

오늘부터 나는 좀더 부지런해 지겠다.

* **heute morgen (abend) :** 오늘 아침에(저녁에)

Ich bin *heute morgen* (*früh*) angekommen.

나는 오늘 아침에 도착했다.

Heute abend gehen wir ins Kino.

오늘 저녁에 우리는 영화관에 간다.

* **heute oder morgen :** 오늘 내일안으로

Er kommt *heute oder morgen.*

그는 오늘 내일안으로 온다.

* **von heute auf morgen :** 오늘부터 내일까지

Es geht nicht *von heute auf morgen.*

그것은 오늘 내일 되지는 않는다.

* **von hier (wo) aus :** 여기(어디)에서부터

Von hier aus müssen wir zu Fuß gehen.

여기에서부터 우리는 걸어가야 한다.

Von wo aus hat man die schönste Aussicht?

어디에서 가장 아름다운 전망을 가질 수 있는가?

* **bis hierher :** 이곳까지

Bis hierher bin ich mit dem Bus gekommen.

이곳까지 나는 버스를 타고 왔다.

* **um Hilfe schreien (rufen) :** 구해달라고 · 사람살리라고 소리치다

Der Ertrinkende *schrie (rief) um Hilfe.*

물에 빠진 사람이 구해달라고 소리쳤다.

* **bei jm Hilfe suchen :** (누구)에게 도움을 구하다

Sie *suchte bei* ihm *Hilfe.*

(=Sie bat ihn um Hilfe.)

그녀는 그에게 도움을 구했다.

* **jn. zu Hilfe eilen :** (누구)를 구하러 달려가다

Er *eilte* ein Kind *zu Hilfe,* das ins Wasser gefallen ist.

그는 물에 빠진 아이를 구하러 달려갔다.

* **mit Gottes Hilfe :** 신(神)의 도움으로

Mit Gottes Hilfe sind wir alle außer Gefahr.

신의 도움으로 우리는 모두 안전하다.

* **am Himmel :** 하늘에

Am Himmel war keine Wolke zu sehen.

하늘에는 구름한점 볼 수 없었다.

Die Sonne steht hoch *am Himmel.*

태양은 하늘높이 떠 있다.

* **unter freiem Himmel :** 노천(露天)에서

Er schläft *unter freiem Himmel.*

그는 한데서 잠잔다.

Ich war den ganzen Tag *unter freiem Himmel.*

나는 온종일 밖에 있었다.

* **Himmel und Erde schaffen :** 천지를 창조하다

Im Anfang *schuf* Gott *Himmel und Erde.*

태초에 하나님이 천지를 창조하셨다.

* **hin und her :** 여기저기, 이리저리

Er geht im Zimmer *hin und her* (*auf und ab*).

그는 방안에서 왔다갔다한다.

Er lief *hin und her.*

그는 여기저기 뛰어 다녔다.

* **hin und wieder :** 때때로 (=**dann und wann**) ; 여기저기 (=**hin und her**)

Hin und wieder treffe ich ihn in der Universität.

때때로 나는 그를 대학에서 만난다.

* **hin und zurück :** 왕복

Einmal Köln *hin und zurück*!

쾰른 왕복 1회분 차표 주세요 !

Eine Fahrkarte 〔für〕 *hin und zurück*!

왕복 차표 주세요 !

* **jn. an (bei) et.³ hindern :** (누구)의 (무엇)을 방해하다

Er *hindert* mich *an* der Arbeit.

그는 나의 일을 방해하고 있다.

Der Lärm auf der Straße *hindert* mich *am* (*beim*) Schlafen.

거리의 소음이 나의 수면을 방해한다.

* **durch et. hindurch :** (무엇)을 통과·관통하여

Durch dieses Tor *hindurch* führt der Weg zum Park.

이문을 통하여 길은 공원으로 통한다.

Durch den Berg *hindurch* führt ein Tunnel.

산을 뚫고 턴넬이 통해 있다.

* **in dieser Hinsicht :** 이점에 있어서는

In dieser Hinsicht kann man sich auf ihn verlassen.

이점에 있어서는 그를 믿을 수 있다.

* **in Hinsicht (Rücksicht) auf et.[4] :** (무엇)을 고려·참작하여

Du mußt *in Hinsicht auf* deine Gesundheit arbeiten.

너는 너의 건강을 생각해서 일해야 한다.

* **nach hinten (=rückwärts) :** 뒤로

Er geht *nach hinten*

그는 뒤로 간다.

* **von hinten und von vorn :** 앞뒤에서, 사방에서(=**von allen Seiten**)

Von hinten und von vorn haben sich die Studenten versammelt.

사방에서 학생들이 모였다.

* **Hochzeit halten (feiern) :** 결혼식을 올리다

Sie *halten* heute *Hochzeit*.

그들은 오늘 결혼식을 올린다.

Sie *feiern* im nächsten Monat ihre silberne (goldene) *Hochzeit*.

그들은 다음달에 은(금)혼식을 올린다.

* **auf dem Hof :** 뜰에서 ; 농장에서

Die Kinder spielen *auf dem (im) Hof*

아이들이 뜰에서 놀고 있다.

Spielt *auf dem Hof*!

뜰에서 놀아라!

Die Bauern arbeiten *auf dem Hof*

농부들이 농장에서 일을 한다.

* **auf et.[4] hoffen :** (무엇)을 기대하다·바라다

Ich *hoffe auf* gute Noten

나는 좋은 점수를 기대하고 있다.

Er *hoffte auf* ein Wunder.

그는 기적을 바랬다.

* **et.[4] von jm. hoffen :** (누구)에게서 (무엇)을 기대하다

Man kann *von* ihm nichts *hoffen.*

그에게서는 아무것도 기대할 수 없다.

* **die Hoffnung aufgeben :** 희망을 버리다

Man soll *die Hoffnung* nicht *aufgeben.*

사람은 희망을 버려서는 안된다.

Ich habe *die Hoffnung* noch nicht *aufgegeben.*

나는 아직 희망을 버리지 않았다.

* **auf jn. die Hoffnung setzen :** (누구)에게 희망·기대를 걸다

Ich *setze* meine *Hoffnung auf* dich.

나는 너에게 기대를 건다.

* **gegen jn. höflich sein :** (누구)에게 공손하다

Sie ist *höflich gegen* alle (jeden).

그녀는 누구에게나 공손하다.

* **in die Höhe :** 높이, 높은 곳으로

Er hob das Glas *in die Höhe.*

그는 잔을 높이 들었다.

Die Preise stiegen *in die Höhe.*

값이 높이 뛰었다.

Er kletterte *in die Höhe.*

그는 꼭대기에 기어 올라갔다.

* **jn. holen lassen :** (누구)를 데려오게 하다

Er *ließ* den Arzt *holen.*

그는 의사를 불러오게 했다.

* **aus Holz :** 목재로 된

Der Schrank ist *aus Holz.*

그 장농은 목재로 되어 있다.

* **Holz hacken :** 장작을 빠개다

Hinter dem Haus *hackte* er *Holz.*

집 뒤에서 그는 장작을 빠갰다.

* **auf jn. horchen :** (누구)의 말에 귀를 기울이다

Er *horcht auf* dich.

(=Er *horcht auf* deine Worte.)

그는 너의 말에 귀를 기울이고 있다.

* **schwer (scharf) hören :** 귀가 어둡다(밝다)

Meine Großmutter *hört schwer.*

나의 할머니는 귀가 어둡다.

* **auf jn. hören :** (누구)의 말에 따르다

Du sollst *auf* mich *hören.*

너는 내 말을 들어야 한다.

Höre nicht *auf* ihn!

그의 말을 듣지 마라!

* **von sich hören lassen :** 소식을 알리다

Lassen Sie *von sich hören!*

소식을 알려 주십시오!

Er hat nichts mehr *von sich hören lassen.*

그는 더이상 아무런 소식도 알려주지 않았다.

* **den Hörer abnehmen (auflegen) :** 수화기를 들다(놓다)

Er *nahm den Hörer ab.*

그는 수화기를 들었다.

Sie *legte den Hörer auf.*

그녀는 수화기를 놓았다.

* **die Hose[n] anziehen (ausziehen) :** 바지를 입다(벗다)

Sie *zieht die Hosen an.*

(=Sie *hat die Hosen an.*)

그녀는 바지를 입는다.

Er *zog die Hosen aus.*

그는 바지를 벗었다.

* **eine Hose tragen :** 바지를 입고 있다

Er *trägt eine* kurze *Hose* (kurze *Hosen*).

그는 짧은 바지를 입고 있다.

* **im Hotel übernachten : 호텔에서 숙박하다**

Auf unserer Reise *übernachteten* wir *in einem Hotel*.

여행중에 우리는 한 호텔에서 숙박했다.

* **et.⁴ in et.⁴ hüllen : (무엇)을 (무엇)에 싸다**

Er *hüllte* das Geschenk *in* Papier.

그는 선물을 종이에 쌌다.

Nach dem Bad *hüllte* sie ihr Kind *in* warme Tücher.

목욕후 그녀는 아이를 따뜻한 수건으로 쌌다.

* **Hunger (Durst) haben : 배가 고프다 (목이 마르다)**

Ich *habe* großen (mächtigen) *Hunger*.

(=Ich bin sehr hungrig.)

나는 몹시 배가 고프다.

Ich *habe* keinen *Hunger*.

나는 배가 고프지 않다.

* **Hunger leiden : 굶주리다**

Damals mußten wir *Hunger leiden*.

그 당시 우리는 굶주려야만 했다.

* **Husten haben : 기침을 하다**

Er *hat Husten*.

(=Er hustet.)

그는 기침을 한다.

* **den Hut aufsetzen (abnehmen) : 모자를 쓰다(벗다)**

Er *setzte den Hut auf*.

그는 모자를 썼다.

Er *nimmt den Hut ab*.

그는 모자를 벗는다.

* **einen Hut tragen (aufhaben) : 모자를 쓰고 있다**

Er *trägt einen* neuen *Hut*.

(=Er *hat einen* neuen *Hut auf*.)

그는 새 모자를 쓰고 있다.

* **sich⁴ vor et.³ hüten : (무엇)을 조심·경계하다**

Hüten Sie *sich vor* dem Hund!

(=*Nehmen* Sie *sich vor* dem Hund *in acht*!)

개를 조심하십시오!

Hüte dich vor ihm!

그를 경계해라!

I

*** immer noch (=noch immer) :** 여전히

Er ist *immer noch* nicht da.

그는 여전히 오지 않았다.

Bist du denn mit dieser Arbeit *noch immer* nicht fertig?

너는 도대체 이 일을 지금도 끝내지 않았느냐?

*** immer wieder :** 몇번이고 되풀이하여, 거듭거듭

Ich habe dich *immer wieder* vergebens (vergeblich) angerufen.

나는 너에게 몇번이고 전화를 걸었지만 허사였다.

Du mußt *immer wieder* an meine Worte denken.

너는 거듭거듭 내 말을 생각해야 한다.

*** immer**+비교급=비교급 **und** 비교급 **:** 점점 ~한

Es wird *immer kälter*

(=Es wird *kälter und kälter.*)

날씨가 점점 추워진다.

Die Situation wird *immer schlimmer*.

사태는 점점 악화되어 간다.

*** auf (für) immer (=auf ewig) :** 영원히

Er schloß seine Augen *auf immer*.

그는 영원히 눈을 감았다.

Er hat seine Heimat *für immer* verlassen

그는 영원히 고향을 떠났다.

*** nicht immer :** 언제나 · 반드시 ...은 아니다

Er ist *nicht immer* (immer nicht) zu Hause.

그는 언제나 집에 있지는 않다 (언제나 집에 없다).

Der Lehrer hat *nicht immer* recht.

선생님〔의 말씀〕이라고 해서 반드시 옳은 것은 아니다.

*** imstande sein, ... zu 부정형 : ...할 수 있다**

Ich *bin* nicht mehr *imstande*, dir weiter *zu* helfen.

나는 더이상 계속해서 너를 도울 수가 없다.

Ich *bin* nicht *imstande* auf*zu*stehen.

나는 일어설 수가 없다.

*** nach innen (außen) : 안(밖)으로**

Das Fenster geht *nach innen* auf.

그 창문은 안으로 열린다.

Sie machte *nach außen* 〔*hin*〕 ein frohes Gesicht.

그녀는 밖으로는 즐거운 표정을 지었다.

*** von innen (außen) : 안(밖)에서부터**

Jemand muß die Tür *von innen* abgeschlossen haben.

누군가가 문을 안에서부터 채웠음에 틀림없다.

Das Haus sieht *von außen* ganz klein aus, aber innen ist es sehr geräumig.

그 집은 밖에서 보면 아주 작아 보이지만 안은 매우 넓다.

*** von innen und außen : 안팎으로**

Wir kennen ihn *von innen und außen*.

우리는 그를 안팎으로 알고 있다.

*** jn. innig lieben : (누구)를 진정으로 사랑하다**

Ich *liebe* sie *innig*.

나는 그녀를 진정으로 사랑한다.

*** auf einer Insel : 한·어느 섬에서**

Wir verbrachten unsere Ferien *auf einer Insel*.

우리는 우리의 휴가를 한 섬에서 보냈다.

Auf jener *Insel* wohnt niemand.

저 섬에는 아무도 살지 않는다.

*** ein Instrument spielen : 악기를 연주하다**

Er *spielt ein Instrument*.

그는 악기를 연주한다.

*** an et.[3] (für et.) Interesse haben : (무엇)에 흥미·관심을**

가지다

Er *hat Interesse an* der (*für* die) Musik.

(=Er *interessiert sich für* die Musik).

그는 음악에 흥미를 갖고 있다.

Ich *habe Interesse an* ihm (*für* ihn).

나는 그에게 관심을 갖고 있다.

Ich *habe* gar kein *Interesse* da*für*.

나는 그것에는 전혀 흥미가 없다.

* **sich⁴ für et. interessieren :** (무엇)에 흥미 · 관심을 가지다

Sie *interessiert sich* nie *für* die Mathematik.

그녀는 수학에는 결코 흥미를 갖지 못한다.

Er *interessiert sich für* das Mädchen.

그는 그 처녀에게 관심을 갖고 있다.

* **jn. für et. interessieren :** (누구)로 하여금 (무엇)에 흥미 · 관심을 갖게 하다

Er *interessierte* mich da*für*.

그는 나로 하여금 그것에 관심을 갖게 했다.

* **sich⁴ in et.³ irren :** (무엇)을 잘못 알다

Ich habe *mich im* Datum (*in* der Zeit) *geirrt*.

나는 날짜를(시간을) 잘못 알았다.

Ich habe *mich in* der Person *geirrt*.

나는 사람을 잘못 알아보았다.

Wir haben *uns im* Weg (*in* der Straße) *geirrt*.

우리는 길을 잘못 들었다.

* **den Irrtum begehen :** 과오를 범하다

Ich *beging den Irrtum*, mein Versprechen zu brechen.

나는 약속을 어기는 잘못을 저질렀다.

* **im Irrtum sein :** 잘못〔생각〕하고 있다

Leider *ist* er *im Irrtum*.

유감스럽게도 그는 잘못 생각하고 있다.

J

* **die Jacke anziehen (ausziehen) :** 상의 · 자케트를 입다(벗다)

Er *zieht die Jacke an* (*aus*).

그는 상의를 입는다(벗는다).

* **eine Jacke tragen :** 상의 · 자케트를 입고 있다

Er *trägt eine* neue *Jacke.*

그는 새 자케트를 입고 있다.

Er *trägt Jacke und Hose.*

그는 자케트와 바지를 입고 있다.

* **auf die Jagd gehen :** 사냥하러 가다

Er *ging* mit einem Hund *auf die Jagd.*

그는 개 한마리를 데리고 사냥하러 갔다.

* **auf et.[4] Jagd machen :** (무엇)을 뒤쫓다

Wir *machten Jagd auf* Hasen.

우리는 토끼 사냥을 했다.

* **nach et. jagen :** (무엇)을 추구하다

Der Mensch *jagt nach* dem Glück.

인간은 행복을 추구한다.

* **dieses Jahr[4] (=dieses Jahres[2], in diesem Jahr) :** 금년에

Dieses Jahr fahre ich nach Deutschland.

금년에 나는 독일에 간다.

* **Jedes Jahr[4] (=alle Jahre[4], Jahr für Jahr, von Jahr zu Jahr) :** 매년, 해마다

Jedes Jahr fahren wir in die Alpen.

매년 우리는 알프스에 간다.

*** jedes zweite Jahr**[4] **(=alle zwei Jahre**[4]**) :** 2년마다

Er besucht uns *jedes zweite Jahr*

그는 2년마다 우리를 방문한다.

*** das ganze Jahr**[4] **hindurch :** 일년내내

Ich habe *das ganze Jahr hindurch* auf dich gewartet.

나는 일년내내 너를 기다렸다.

*** auf ein Jahr (zwei Jahre) :** 1년(2년) 예정으로

Er fährt *auf ein Jahr* nach England.

그는 1년 예정으로 영국에 간다.

*** im Jahre 2000 :** 2000년에

Dieser Tempel wurde *im Jahre 200* vor Christi gebaut.

이 사원은 서력기원전 200년에 세워졌다.

*** im nächsten Jahr (=nächstes Jahr**[4]**) :** 내년에

Im nächsten Jahr fahre ich nach Amerika.

내년에 나는 미국에 간다.

*** im vorigen Jahr (=voriges Jahr**[4]**) :** 지난 해에

Im vorigen Jahr war ich zum ersten Mal in Deutschland.

지난 해에 나는 처음으로 독일에 갔었다.

*** einmal im Jahr (=einmal jährlich) :** 1년에 한번

Ich besuche ihn *einmal im Jahr*.

나는 1년에 한번 그를 방문한다.

*** in den besten Jahren (=in der Blüte der Jahre) :** 한창 나이에

Er starb *in den besten Jahren*.

그는 한창 나이에 죽었다.

*** mit 20 Jahren (=im Alter von 20 Jahren) :** 20세에

Ich heiratete *mit 25 Jahren*.

(=Ich heiratete *im Alter von 25 Jahren*.)

나는 25세에 결혼했다.

*** seit einem Jahr (seit vielen Jahren) :** 1년 전부터 (여러해 전부터)

Wir wohnen *seit einem Jahr* in Seoul.

우리는 1년 전부터 서울에 살고 있다.

* **zum neuen Jahr : 새해에**

Ich wünsche Ihnen alles Gute *zum neuen Jahr*

새해에 복많이 받으세요.

* **am Ende des Jahres (des Monates) : 년(월)말에**

Am Ende des Jahres reise ich nach Frankreich.

년말에 나는 프랑스로 여행한다.

* **nach Verlauf eines Jahres : 1년이 경과한 후에**

Ihr Mann erschien erst *nach Verlauf eines Jahres.*

그녀의 남편은 1년이 지난 후에 비로소 나타났다.

* **in (zu) dieser Jahreszeit : 이 계절에는**

In dieser Jahreszeit regnet es oft.

이 계절에는 비가 자주 온다.

* **im 20. (zwanzigsten) Jahrhundert : 20세기에**

Wir leben *im 20. Jahrhundert.*

우리는 20세기에 살고 있다.

Die Kapelle wurde *im 15. Jahrhundert* gebaut.

그 예배당은 15세기에 건립되었다.

* **am 1. (ersten) Januar : 1월 1일에**

Am 1. Januar feiert man Neujahr (das neue Jahr).

1월 1일에는 신년을 축하한다.

* **im [Monat] Januar : 1월에**

Im Monat Januar waren wir verreist.

1월에 우리는 여행을 떠났다.

* **je+비교급..., desto (umso, je)+비교급... ; ...하면할수록 더욱 ...하다**

Je mehr man hat, *desto* mehr will man haben.

사람은 가지면 가질수록 더욱 많이 가지려고 한다.

Je schneller du kommst, *umso* besser ist es.

네가 빨리오면 올수록 더욱 좋다.

Je eher, *je* besser.

빠르면 빠를수록 좋다.

* **je nachdem ... :** ...여하에 따라서

Je nachdem ich Zeit habe, lese ich mehr oder weniger.

시간여하에 따라서 나의 독서는 증감된다.

* **jedesmal, wenn ... :** ...할 때마다

Jedesmal, wenn ich ihn besuchte, war er nicht zu Hause.

내가 그를 방문할 때마다 그는 집에 없었다.

* **jemand anders :** 누군가 다른 사람

Ich habe das Kleid schon an *jemand anders* verkauft.

나는 그 옷을 이미 누군가 다른 사람에게 팔았다.

* **bis jetzt :** 지금까지

Ich habe *bis jetzt* keine Nachricht von ihm erhalten.

나는 지금까지 그이로부터 아무런 소식도 받지 못했다.

* **für jetzt :** 지금으로서는, 당장에

Für jetzt kann ich dir nicht helfen.

지금으로서는 나는 너를 도울 수 없다.

* **von jetzt (nun) an :** 지금부터

Ich werde *von jetzt an* sparsam sein.

나는 지금부터 절약할 것이다.

* **eben jetzt (=eben erst) :** 지금 막, 방금

Ich bin *eben jetzt* angekommen.

나는 방금 도착했다.

* **noch jetzt (heute) :** 지금(오늘)도

Ich kann es *noch jetzt* tun.

나는 지금도 그것을 할 수 있다.

* **in der Jugend :** 젊었을 적에

Lerne *in der Jugend*!

젊었을 때 배우라!

In meiner Jugend machten wir oft Ausflüge mit dem Rad.

내가 젊었을 적에는 우리는 자주 자전거로 소풍을 갔다.

* **von Jugend auf (an) :** 젊을 때부터

Er war *von Jugend* (*jung*) *auf* immer sehr höflich.

그는 어려서부터 항상 예의가 발랐다.

K

* **Kaffee kochen :** 커피를 끓이다

Die Mutter *kocht Kaffee.*

어머니가 커피를 끓인다.

* **eine Tasse Kaffee (einen Kaffee) trinken :** 한잔의 커피를 마시다

Ich möchte *eine Tasse Kaffee trinken*

나는 커피를 한잔 마시고 싶다.

Darf ich Ihnen *eine Tasse Kaffee* anbieten?

커피 한잔 드릴까요?

Ich *trank* im Café *einen Kaffee.*

나는 카페에서 커피 한잔을 마셨다.

* **eine Tasse (zwei Tassen) Kaffee bestellen :** 한 잔(두 잔)의 커피를 주문하다

Ich *bestellte zwei Tassen Kaffee.*

나는 두잔의 커피를 주문했다.

* **jn. zum Kaffee〔trinken〕 einladen :** (누구)를 커피마시자고 초대하다

Sie hat mich *zum Kaffee eingeladen.*

그녀는 나를 커피마시자고 초대했다.

* **bei et. kalt bleiben :** (무엇)에 냉담하다

Er *blieb bei* meiner Bitte *kalt.*

그는 나의 부탁에 냉담했다.

* **gegen jn. kalt (kühl) sein :** (누구)에 대하여 냉담하다

Sie ist *kalt gegen* ihn.

그녀는 그에 대해 냉담하다.

* **vor Kälte[3] zittern (beben) :** 추워서 떨다

Sie *zitterte vor Kälte* am ganzen Leib.

그녀는 추워서 온 몸을 떨었다.

Meine Knie *bebten vor Kälte.*

나의 무릎이 추워서 떨렸다.

* **〔sich[3]〕 mit dem Kamm durch das Haar fahren :** 빗으로 머리를 빗다

Sie *fährt sich mit dem Kamm durch das Haar.*

그녀는 빗으로 머리를 빗는다.

Sie *fuhr* ihm *mit dem Kamm durchs Haar.*

그녀는 빗으로 그의 머리를 빗어 주었다.

* **den (im) Kampf bestehen :** 싸움・시합에 이기다

Er hat *den Kampf bestanden.*

그는 싸움에 이겼다.

* **für et. kämpfen :** (무엇)을 위하여 싸우다

Die Soldaten *kämpfen für* das Vaterland.

군인들은 조국을 위해 싸운다.

Die Frauen *kämpfen für* ihre Gleichberechtigung.

여성들은 남녀 동등권을 위해 싸운다.

* **mit jm. (gegen jn.) kämpfen :** (누구)와 싸우다

Er *kämpfte mit* dem (*gegen* den) Feind.

그는 적과 싸웠다.

Er hat lange *mit* dem (*gegen* das) Schicksal zu *kämpfen*

그는 오랫동안 운명과 싸워야만 했다.

* **um et. kämpfen :** (무엇)을 얻으려고 싸우다

Wir *kämpfen um* die Freiheit (den Sieg).

우리는 자유(승리)를 얻으려고 싸운다.

Die Sportler *kämpfen um* die Meisterschaft.

선수들은 선수권을 얻으려고 싸운다.

* **kaputt gehen :** 부서지다, 망가지다

Das Radio ist *kaputt gegangen.*

라디오가 고장났다.

*** et.⁴ kaputt machen (schlagen) : (무엇)을 부수다**

Er hat den Spiegel *kaputt gemacht* (*geschlagen*).

그는 거울을 부셔버렸다.

*** Karten (Spielkarten) spielen : 트럼프 놀이를 하다**

Wir *spielten* den ganzen Abend *Karten*.

우리는 저녁내내 트럼프 놀이를 했다.

Sie trafen sich, um *Karten* zu *spielen*.

그들은 트럼프 놀이를 하기 위해 서로 만났다.

*** Kartoffeln kochen (braten) : 감자를 삶다(굽다)**

Ißt du lieber *gekochte* cder *gebratene Kartoffeln*?

너는 삶은 감자를 좋아하니, 구운 감자를 좋아하니?

*** kaum ..., als (so, da)... : ...하자마자**

Kaum hatte ich Platz genommen, *als* das Telefon klingelte.

(=*Kaum* hatte ich Platz genommen, *so* (*da*) klingelte das Telefon.)

내가 앉자마자 전화 벨소리가 울렸다.

Kaum waren die Kinder erschienen, *als* sie auch schon das Essen auf den Tisch stellte.

아이들이 나타나자마자 그녀는 음식을 식탁에 차려 놓았다.

*** in den Keller hinabsteigen : 지하실로 내려가다**

Er *stieg in den Keller hinab*.

그는 지하실로 내려갔다.

*** an et.³ et.⁴ kennen : (무엇을) 보고 · 듣고 (무엇)을 알다**

An den Federn *kennt* man den Vogel.

날개를 보면 무슨 새인가를 알 수 있다.

An der Stimme *kannte* ich ihn.

음성을 듣고 나는 그를 알아 보았다.

*** jn. kennenlernen : (누구)를 알게 되다**

Ich habe ihn zufällig *kennengelernt*.

나는 그를 우연히 알게 되었다.

Wir haben uns in Deutschland *kennengelernt*.

우리는 독일에서 서로 알게 되었다.

Ich freue mich, Sie *kennenzulernen.*

당신을 알게 되어 기쁩니다.

* **in et.³ gute Kenntnisse haben (besitzen) :** (무엇)에 훌륭한 지식을 갖고 있다 · 정통하다

Er *hat gute Kenntnisse in* diesem Fach.

그는 이 분야에 훌륭한 지식을 갖고 있다.

Er *besitzt in* der deutschen Literatur *hervorragende Kenntnisse.*

그는 독일문학에 탁월한 지식을 갖고 있다.

* **die Kerze anzünden (auslöschen) :** 양초불을 켜다(끄다)

Er *zündete die Kerze an.*

그는 양초에 불을 붙였다.

Sie *löschte die Kerze aus.*

그녀는 양초불을 껐다.

* **eine Kette tragen :** 목걸이를 하고 있다

Sie *trägt eine* goldene *Kette* um den Hals.

그녀는 목에 금목걸이를 하고 있다.

* **ein Kind gebären (bekommen) :** 아이를 낳다

Sie *gebiert (bekommt)* bald *ein Kind.*

그녀는 곧 아이를 낳는다.

* **in js. Kindheit³ :** (누구)의 유년시절에

In meiner Kindheit wohnten wir auf dem Lande.

나의 유년시절에 우리는 시골에 살았다.

* **von Kindheit an (auf) (=von klein auf) :** 어릴 때부터

Wir kennen uns *von Kindheit an.*

우리는 어릴 때부터 서로 알고 있다.

Ich kenne ihn *von klein auf.*

나는 어릴 때부터 그를 알고 있다.

* **das Kinn auf die Hand stützen :** 턱을 손으로 괴다

Er *stützte das Kinn auf die Hand.*

그는 턱을 손으로 괴었다.

* **ins Kino gehen :** 영화관에 가다

Gestern abend *ging* ich *ins Kino.*

(=Gestern abend war ich im Kino.)

어제 저녁에 나는 영화관에 갔었다.

Gehst du oft *ins Kino*?

너는 자주 영화관에 가니?

* **in die (zur) Kirche gehen :** 교회에 가다

Sonntags *gehen* wir *in die Kirche.*

일요일에 우리는 교회에 간다.

Jeden Sonntag *geht* die ganze Familie *zur Kirche.*

일요일마다 온가족이 교회에 간다.

* **jm. et.[4] klagen :** (누구)에게 (무엇)을 하소연하다 · 호소하다

Er *klagte* mir sein Leid (sein Unglück).

그는 나에게 자기의 슬픔 (자기의 불행)을 하소연했다.

* **über et.[4] klagen :** (무엇)을 슬퍼하다 · 탄식하다

Er *klagte über* einen schweren Verlust seines Geldes.

그는 자기돈의 큰 손실을 슬퍼했다.

Sie *klagte über* ihr Schicksal (ihre Krankheit).

그녀는 자기의 운명 (자기의 병)을 탄식했다.

* **erster (zweiter) Klasse[2] fahren :** 1등(2등) 차로 가다

Er *fährt erster Klasse.*

그는 1등 차로 간다.

* **Klavier spielen (üben) :** 피아노를 치다(연습하다)

Sie *spielt Klavier* sehr gut.

그녀는 피아노를 매우 잘 친다.

Er lernt *Klavier spielen.*

그는 피아노 치는 법을 배운다.

Sie *übt* täglich zwei Stunden[4] *Klavier.*

그녀는 매일 2시간 피아노 연습을 한다.

* **zum Klavier singen :** 피아노 반주로 노래하다

Sie *sang* ein Lied *zum Klavier.*

그녀는 피아노 반주로 노래를 불렀다.

* **jn. auf dem Klavier begleiten :** (누구)의 피아노 반주를

하다

Er *begleitete* die Sängerin *auf dem Klavier*

그는 그 여가수의 피아노 반주를 했다.

* **an et.³ kleben : (무엇)에 달라붙다**

Die nassen Kleider *klebten an* seinem Körper

젖은 옷이 그의 몸에 착 달라붙었다.

* **et.⁴ an (auf) et.⁴ kleben : (무엇)을 (무엇)에 붙이다**

Er *klebte* das Plakat *an* die Wand.

그는 포스터를 벽에 붙였다.

Er *klebte* eine Briefmarke *auf* den Brief (den Umschlag)

그는 우표를 편지(봉투)에 붙였다.

* **das Kleid anziehen (ausziehen) : 옷을 입다(벗다)**

Er *zieht die Kleider an* (*aus*).

그는 옷을 입는다(벗는다).

* **ein Kleid tragen (anhaben) : 옷을 입고 있다**

Sie *trägt ein* weißes *Kleid*.

(=Sie *hat ein* weißes *Kleid an.*)

그녀는 흰 옷을 입고 있다.

* **sich³ ein Kleid machen lassen : 옷을 맞추다**

Ich *ließ mir ein* Sommer*kleid machen*

나는 여름옷을 맞추었다.

Ich *ließ mir* bei dem Schneider *einen* neuen *Anzug machen*

나는 그 재단사에게서 새 양복을 맞추었다.

* **von klein auf (an) (=von Kindheit auf (an)) : 어릴 때부터**

Ich kenne sie *von klein auf*.

나는 어릴 때부터 그녀를 알고 있다.

* **die (das) Knie beugen : 무릎을 굽히다**

Er *beugte* seine (sein) *Knie*.

그는 무릎을 굽혔다.

* **auf die (aufs) Knie fallen : 무릎을 꿇다**

Er *fiel* vor dem Altar *auf die Knie.*

그는 제단앞에 무릎을 꿇었다.

* **auf den Knien liegen** : 무릎을 꿇고 있다

Sie *lagen auf den Knien* und beteten.

(=Sie knieten und beteten.)

그들은 무릎을 꿇고 기도했다.

* **bis an die Knie (=bis zu den Knien)** : 무릎까지

Das Wasser ging mir *bis an die Knie*.

물이 내 무릎까지 올라왔다.

* **einen Knopf annähen** : 단추를 달다

Sie *näht den Knopf* des Mantels (den Hemdenknopf) *an*.

그녀는 외투의 단추 (샤쓰단추)를 단다.

* **auf den Knopf drücken** : (초인종의) 단추를 누르다

Er *drückte auf den Knopf*.

그는 초인종의 단추를 눌렀다.

Auf den Knopf drücken!

그 단추를 누르세요!

* **den Koffer packen** : 트렁크를 꾸리다

Er *packte den Koffer*.

그는 트렁크에 짐을 챙겨 넣었다.

Schon eine Woche vor ihrer Abreise fing sie an, *die Koffer* zu *packen*.

여행 떠나기 일주일 전에 벌써 그녀는 짐을 꾸리기 시작했다.

* **zu sich 〔selbst〕 kommen** : 정신이 들다, 제정신이 나다

Nach kurzer Zeit *kam* er wieder *zu sich*.

잠시 후에 그는 다시 정신을 차렸다.

* **ins Konzert gehen** : 음악회에 가다

Wir *gehen* heute abend *ins Konzert*.

우리는 오늘 저녁 음악회에 간다.

* **einen guten (klugen) Kopf haben** : 머리가 좋다(영리하다)

Er *hat einen guten Kopf*.

그는 머리가 좋다.

* **den Kopf schütteln** : 머리를 가로젓다(부정하다)

Er *schüttelte* auf meine Frage *den Kopf.*

그는 나의 물음에 머리를 가로저었다.

*** den Kopf verlieren :** 당황하다, 제 정신을 잃다

Selbst in der größten Gefahr darf man nicht *den Kopf* ***verlieren.***

아무리 큰 위험에 처하더라도 제 정신을 잃어서는 안된다.

*** im Kopf rechnen :** 암산하다

Er *rechnete* die Mathematikaufgabe *im Kopf.*

그는 수학문제를 암산했다.

*** mit dem Kopf nicken :** 고개를 끄덕이다(긍정하다)

Sie *nickte mit dem Kopf.*

그녀는 고개를 끄덕였다.

*** jm. durch den Kopf fahren** (**schießen**) **:** (누구)의 머리를 스치다 · 머리에 떠오르다

Der Gedanke *fuhr* (*schoß*) mir plötzlich *durch den Kopf.*

그 생각이 갑자기 내 머리에 떠올랐다.

*** aus dem Kopf :** 외워서, 암기하여

Das hat er *aus dem Kopf* gesagt.

그것을 그는 외워서 말했다.

*** mit bloßem Kopf :** 모자를 쓰지 않고

Er ging *mit bloßem Kopf* aus.

그는 모자를 쓰지 않고 나갔다.

*** mit gesenktem Kopf** (**Haupt**) **:** 고개를 숙이고

Er ging *mit gesenktem Kopf* an mir vorbei

그는 고개를 숙이고 내옆을 지나갔다.

*** von Kopf bis Fuß (=vom Kopf bis zu den Füßen) :** 머리부터 발까지

Er maß mich *von Kopf bis Fuß* (*von oben bis unten*).

그는 나를 머리끝에서 발끝까지 훑어 보았다.

*** Kopfschmerzen (Kopfweh) haben :** 머리가 아프다

Ich *habe Kopfschmerzen.*

(=Mir tut der Kopf weh.)

나는 머리가 아프다.

* **in den Korb legen :** 바구니에 담다

Sie *legte* Äpfel *in den Korb.*

그녀는 사과를 바구니에 담았다.

* **das Korn säen :** 씨를 뿌리다

Der Bauer *sät das Korn* auf dem Acker.

농부가 밭에서 씨를 뿌린다.

* **das Korn (das Getreide) ernten :** 곡식을 거두어 들이다

Die Bauern *ernten* auf den Feldern *das* reife *Korn.*

농부들은 들에서 익은 곡식을 거두어 드린다.

* **am ganzen Körper (Leib) zittern :** 온 몸을 떨다

Sie *zitterte* vor Kälte[3] (Angst) *am ganzen Körper.*

그녀는 추워서(무서워서) 온몸을 떨었다.

* **die Kosten tragen :** 비용을 부담하다

Wer *trägt die Kosten*?

누가 그 비용을 부담하는가?

* **auf js. Kosten[4] :** (누구)가 비용을 부담하여, (누구)의 부담으로

Die Rechnung geht *auf meine Kosten.*

계산은 내가 한다.

Das geht *auf seine Kosten.*

이 비용은 그가 치른다.

* **aus (mit) allen Kräften (=mit aller Kraft) :** 온 힘을 다하여

Ich habe es *aus allen Kräften* getan.

나는 전력을 다하여 그것을 했다.

* **aus eigener Kraft (=auf eigene Faust) :** 자기의 힘으로, 혼자 힘으로

Er hat die Aufgabe *aus eigener Kraft* gelöst.

그는 그 문제를 자기의 힘으로 풀었다.

* **in meinen Kräften (in meiner Macht) stehen :** 내 힘에 미치다

Ich habe alles getan, was *in meinen Kräften steht.*

나는 내 힘에 미치는 모든 일을 다했다.

Das *steht* nicht *in meinen Kräften.*

(=Das geht über meine Kräfte.)

그것은 내 힘에 겹다.

* **in Kraft treten :** (법률 따위가) 효력을 발생하다

Das Gesetz *tritt* am 1. Mai *in Kraft.*

그 법률은 5월 1일에 발효한다.

* **krank werden :** 병이 나다

Er ist vor Ärger[3] *krank geworden*

그는 홧병이 났다.

* **den Kranken heilen (pflegen) :** 환자를 치료하다(간호하다)

Der Arzt *heilt den Kranken.*

의사가 환자를 치료한다.

Der Kranke wurde von seiner Frau gut *gepflegt.*

그 환자는 자기 부인에 의해 간호를 잘 받았다.

* **ins Krankenhaus gehen :** 병원에 가다

Er *ging ins Krankenhaus.*

그는 병원에 갔다.

* **ins Krankenhaus gebracht werden :** 병원으로 옮겨지다

Er *wurde ins Krankenhaus gebracht*

그는 병원으로 옮겨졌다.

* **an einer Krankheit leiden (sterben) :** 어떤 병에 걸려 있다 (어떤 병으로 죽다)

Er *leidet an einer* schweren *Krankheit.*

그는 중병을 앓고 있다.

Er ist mit 45 Jahren *an* Krebs *gestorben*

그는 45세에 암으로 죽었다.

* **jn. von der Krankheit heilen :** (누구)의 병을 고치다

Der Arzt *heilte* den Kranken *von der Krankheit.*

의사가 그 환자의 병을 고쳤다.

* **sich[4] von einer Krankheit erholen (=von einer Krank-**

heit genesen) : 병이 낫다

Ich habe *mich* schon *von* der Grippe *erholt.*

나는 벌써 감기가 나았다.

Er ist *von* seiner *Krankheit genesen*

그는 병이 나았다.

* **eine Krawatte tragen :** 넥타이를 매고 있다

Er *trägt* zu seinem weißen Hemd *eine* rote *Krawatte*

그는 흰샤쓰에 붉은 넥타이를 매고 있다.

* **〔sich³〕 die Krawatte binden :** 넥타이를 매다

Ich *binde mir die Krawatte.*

나는 넥타이를 맨다.

* **auf Kredit (〔in〕 bar) :** 외상으로 (현금으로)

Er kaufte die Waren *auf Kredit.*

그는 그 상품들을 외상으로 샀다.

* **mit Kreide schreiben :** 분필로 쓰다

Er *schreibt* den Satz *mit Kreide* an die Tafel.

그는 문장을 분필로 칠판에 쓴다.

* **einen Kreis bilden :** 원형을 이루다

Die Kinder nehmen sich bei den Händen und *bilden einen Kreis.*

아이들은 서로 손을 잡고 동그라미를 만든다.

Wir *bildeten einen Kreis* um den Tisch

우리는 탁자를 둘러섰다.

* **im Kreise :** 둥글게, 원형으로

Wir saßen *im Kreise.*

우리는 빙 둘러 앉았다.

Das Kind bewegt sich *im Kreise.*

그 아이는 빙빙돈다.

* **im Krieg fallen :** 전사(戰死)하다

Er ist *im Krieg gefallen.*

그는 전사했다.

* **gegen ein Land Krieg führen :** 어떤 나라와 전쟁을 하다

Damals *führte* Korea *Krieg gegen* Japan.

그 당시 한국은 일본과 전쟁을 했다.

* **in der Küche arbeiten :** 부엌에서 일하다

Die Mutter *arbeitet in der Küche.*

어머니는 부엌에서 일하신다.

* **Kuchen (Brot) backen :** 과자(빵)를 굽다

Die Mutter *backte* (*buk*) *einen* wunderbaren *Kuchen.*

어머니는 훌륭한 케이크를 구우셨다.

Den Kuchen zum Geburtstag der Kinder *backte* die Mutter immer selber.

아이들의 생일 케이크를 어머니는 항상 손수 구우셨다.

* **jn. zu Kaffee und Kuchen einladen :** (누구)를 다과에 초대하다

Wir haben ihn *zu Kaffee und Kuchen eingeladen.*

우리는 그를 다과에 초대했다.

* **mit dem Kugelschreiber schreiben :** 볼펜으로 쓰다

Statt mit dem Füller *schreibt* er *mit dem Kugelschreiber.*

만년필 대신에 그는 볼펜으로 쓴다.

* **sich[4] um et. kümmern :** (무엇)에 마음쓰다

Kümmere dich nicht *um* meine Sachen!

나의 일은 걱정마라!

Kümmere dich nur *um* deine eigenen Angelegenheiten!

네 자신의 일이나 걱정해라!

* **seit kurzem (=seit kurzer Zeit) :** 얼마 전부터, 근래

Wir kennen uns erst *seit kurzem.*

우리가 서로 알게 된 것은 최근의 일이다.

* **vor kurzem (=vor kurzer Zeit) :** 조금 전에

Er war *vor kurzem* bei uns.

그는 조금 전에 우리집에 있었다.

* **über kurz oder lang (=früher oder später) :** 조만간에

Ich werde dich *über kurz oder lang* besuchen.

나는 조만간에 너를 방문할 것이다.

* **um es kurz (nochmals) zu sagen :** 간단히(한번 더) 말하

자면

Um es kurz zu sagen, ich liebe dich nicht.

간단히 말해서, 나는 너를 사랑하지 않는다.

* **kurz darauf :** 그후 얼마 안되어, 곧이어

Kurz darauf habe ich ihn angerufen.

그후 곧 나는 그에게 전화를 걸었다.

* **jm. einen Kuß geben :** (누구)에게 키스를 하다

Er *gab* ihr *einen Kuß.*

그는 그녀에게 키스를 했다.

Sie *gab* ihm *einen Kuß* auf den Mund (auf die Stirn).

그녀는 그의 입술에(이마에) 키스를 했다.

* **an die Küste gehen :** 해안으로 가다

Im Sommer *fahren* wir *an die Küste.*

여름에 우리는 해안으로 간다.

L

*** über et.⁴ lachen : (무엇)을 비웃다**

Er *lachte* heimlich *über* ihre Dummheit.

그는 그녀의 어리석음을 몰래 비웃었다.

Sie *lachten über* seine Rede.

그들은 그의 연설을 비웃었다.

Er *lachte über* mich.

그는 나를 비웃었다.

Niemand *lachte über* seinen Witz.

그의 농담에는 아무도 웃지 않았다.

*** zum Lachen sein : 웃음 거리이다**

Das *ist* wirklich *zum Lachen.*

그것은 정말 웃음 거리이다.

Das *ist* nicht *zum Lachen.*

그것은 웃을 일이 아니다.

*** jn. zum Lachen bringen (=jn. lachen machen) : (누구)를 웃기다**

Er *brachte* uns mit seinen lustigen Erzählungen *zum Lachen.*

그는 재미있는 이야기로 우리를 웃겼다.

Seine Worte *machten* uns alle *lachen.*

그의 말은 우리 모두를 웃겼다.

*** in lautes Lachen ausbrechen : 웃음을 터뜨리다**

Er *brach* plötzlich *in lautes* (*heftiges*) *Lachen aus*

그는 갑자기 웃음(폭소)을 터뜨렸다.

*** sich⁴ des Lachens enthalten : 웃음을 참다**

Ich konnte *mich* des Lachens nicht *enthalten.*

나는 웃음을 참을 수가 없었다.

*** den Laden öffnen (schließen) :** 가게를 열다(닫다)

Der Laden wird um 8 Uhr *geöffnet.*

그 상점은 8시에 문이 열린다.

In Deutschland sind *die Läden* am Sonntag *geschlossen.*

독일에서는 일요일에는 상점문이 닫혀 있다.

*** in der Lage sein, ... zu** 부정형 **:** ...할 수 〔있는 위치·상태에〕 있다

Ich *bin in der Lage,* dir *zu* helfen.

나는 너를 도울 수 〔있는 상태에〕 있다.

*** an〔s〕 Land gehen (steigen) :** 상륙하다

Nach einer langen Fahrt *gingen* wir endlich *ans Land.*

오랜 항해 끝에 우리는 마침내 상륙했다.

*** auf dem Land〔e〕 :** 시골에서

Er wohnt *auf dem Land.*

그는 시골에 살고 있다.

Ich verbrachte die Ferien *auf dem Land.*

나는 시골에서 휴가를 보냈다.

*** auf das (aufs) Land gehen :** 시골에 가다

Im Sommer *fahren* wir *aufs Land.*

여름에 우리는 시골에 간다.

*** ins fremde Land (ins Ausland) fahren :** 외국으로 가다

Er *fuhr ins fremde Land*

그는 외국으로 갔다.

*** fremde Länder besuchen :** 외국을 방문하다

Der Präsident *besucht* auf neun Tage *fremde Länder.*

대통령께서는 9일 예정으로 외국을 방문하신다.

*** von Land zu Land :** 이 지방에서 저 지방으로

Er flüchtet *von Land zu Land.*

그는 이 지방에서 저 지방으로 피해 다닌다.

*** zu Wasser und zu Land〔e〕 :** 해로(海路)와 육로(陸路)로

Die beiden Heere kämpften *zu Wasser und zu Land.*

양군(兩軍)은 바다와 육지에서 싸웠다.

* **eine Landschaft malen :** 풍경화를 그리다

Er *malt* gern *Landschaften.*

그는 풍경화를 즐겨 그린다.

* **in der Landwirtschaft arbeiten :** 농업에 종사하고 있다

Die meisten Leute hier *arbeiten in der Landwirtschaft.*

이곳에 있는 대부분의 사람들은 농업에 종사하고 있다.

* **seit langem (=seit langer Zeit) :** 오래전부터

Wir kennen uns schon *seit langem.*

우리는 이미 오래전부터 서로 알고 있다.

Ich habe es schon *seit langem* gemerkt.

나는 그것을 벌써 오래전에 알아챘다.

* **es ist schon lange her, daß (seit) ... :** ...한지는 벌써 오래되다

Es ist schon lange her, daß wir uns zum letzten Mal sahen.

우리가 서로 마지막 본지가 벌써 오래되었다.

Es ist schon *lange her.*

그것은 벌써 오래전의 일이다.

Es ist noch nicht *lange her.*

그것은 요 얼마전의 일이다.

* **die Länge (die Breite, die Höhe, die Tiefe) messen :** 길이(넓이, 높이, 깊이)를 재다

Er *maß die Länge* mit den Augen.

그는 눈으로 길이를 쟀다.

* **Lang〔e〕weile haben :** 지루하다, 심심하다

Ich *habe Langeweile.*

나는 지루하다.

Er *hatte Langeweile.*

나는 권태증이 났다.

* **aus Langweile :** 지루해서

Ich kann *aus Langweile* nicht mehr hier bleiben.

나는 지루해서 더이상 여기에 머물 수가 없다.

*** Lärm machen :** 떠들다, 소란을 피우다

Mache keinen *Lärm*!

떠들지 마라!

Macht nicht solchen *Lärm*!

그렇게 소란을 피우지 마라!

*** lassen+sich ... zu** 없는 부정형 **: ...될 수 있다(수동의 가능)**

Das Brot *läßt sich* nicht *essen.*

그 빵은 먹을 수 없다.

Es *läßt sich* nicht *leugnen.*

그것은 부정할 여지가 없다.

Mit Geld *läßt sich* alles *machen.*

돈만 있으면 뭐든지 할 수 있다.

Er *ließ sich* nicht *überreden.*

그는 설득에 응하지 않았다.

*** eine Last tragen :** 짐을 나르다

Er *trägt eine* große (schwere) *Last.*

그는 큰(무거운) 짐을 나른다.

*** jm. zur Last fallen :** (누구)의 짐·부담이 되다

Er *fiel* ihr *zur Last.*

그는 그녀의 짐이 되었다.

Ich möchte Ihnen nicht *zur Last fallen.*

나는 당신에게 부담이 되고 싶지 않습니다.

*** den Lauf gewinnen :** 경주에서 이기다

Er *gewann den Lauf* in der Rekordzeit von 10 Sekunden.

그는 10초의 기록으로 경주에서 이겼다.

*** guter Laune[2] (guten (gutes) Mutes) sein :** 기분이 좋다

Heute *ist* er 〔*in* (*bei*)〕 *guter Laune.*

(=Heute *ist* er *guten Mutes.*)

오늘 그는 기분이 좋다.

*** et.[3] lauschen :** (무엇)에 귀를 기울이다

Er *lauschte* meinen Worten.

(=Er lauschte mir.)

그는 내말에 귀를 기울였다.

Sie *lauschte* dem Tropfen des Regens.

그녀는 빗방울 소리에 귀를 기울였다.

*** ein Leben führen :** 어떤 생활을 하다

Er *führt ein* glückliches (elendes) *Leben.*

그는 행복한(비참한) 생활을 하고 있다.

*** das Leben verlieren (=ums Leben kommen) :** 생명을 잃다

Er *verlor* im Krieg sein *Leben.*

(=Er *kam* im Krieg *ums Leben.*)

그는 전쟁에서 생명을 잃었다.

Alle *verloren* ihr *Leben*

모두가 생명을 잃었다.

*** jm. das Leben retten :** (누구)의 생명을 구하다

Er hat dem Jungen *das Leben gerettet.*

그는 소년의 목숨을 구했다.

*** mein 〔ganzes〕 Leben lang :** 나의 일생동안

Ich werde diesen Tag *mein Leben lang* nicht vergessen

나는 이날을 내 일생동안 잊지 않을 것이다.

Er widmete sich *sein ganzes Leben lang* (*hindurch*) der Wissenschaft[3].

그는 일생동안(일생을 통해) 학문에 전념했다.

*** am Leben sein (bleiben) :** 살아있다

Er *ist* noch *am Leben.*

그는 아직 살아있다.

Bleibt er noch *am Leben?*

그는 아직도 살아 있느냐?

*** ums Leben kommen :** 생명을 잃다

Er *kam* bei einem (durch einen) Verkehrsunfall *ums Leben.*

그는 교통사고로 생명을 잃었다.

*** auf Leben und Tod :** 생사(生死)를 걸고

Wir kämpften *auf Leben und Tod.*

우리는 생사를 걸고 싸웠다.

Es war der Kampf *auf Leben und Tod.*

그것은 생사를 건 싸움이었다.

* **aus Leder :** 가죽으로 된

Die Handtasche sind *aus Leder.*

이 핸드백은 가죽 제품이다.

* **ins Leere starren :** 허공을 응시하다

Er *starrte ins Leere.*

그는 허공을 응시했다.

* **sich⁴ legen :** 눕다

Er *legte sich* aufs (ins) Bett.

그는 침대에 누웠다.

Ich *lege mich* einen Moment aufs Sofa.

나는 잠간동안 소파에 눕겠다.

* **an et.³ (gegen et.) lehnen :** (무엇)에 기대어 있다

Er *lehnt an* der Wand.

그는 벽에 기대어 있다.

Der Leiter *lehnt* dort *an* der Wand.

사다리는 저기 벽에 세워져 있다.

* **et.⁴ an (gegen) et.⁴ lehnen :** (무엇)을 (무엇)에 기대어 놓다

Sie *lehnte* den Kopf *an* seine Schulter.

그녀는 머리를 그의 어깨에 기대었다.

Er *lehnte* den Stock *an* die Wand.

그는 지팡이를 벽에 세워 놓았다.

* **sich⁴ an et.⁴ lehnen :** (무엇)에 기대다

Ich *lehnte mich an* das Geländer.

나는 난간에 기대었다.

Er hat *sich an* die Wand *gelehnt.*

그는 벽에 기대었다.

* **jn. et.⁴ lehren :** (누구)에게 (무엇)을 가르치다

Er *lehrt* mich Deutsch.

그는 나에게 독일어를 가르쳐 준다.

Mein Vater hat mich *gelehrt*, stets höflich zu sein.

나의 아버지는 나에게 언제나 공손할 것을 가르치셨다.

*** jn. lehren ... zu** 없는 부정형 **:** (누구)에게 ...을 가르치다

Er *lehrt* mich Deutsch *sprechen*.

그는 나에게 독일어를 말하는 법을 가르쳐 준다.

Der Lehrer *lehrt* die Schüler *lesen* und *schreiben*.

선생님이 학생들에게 읽기와 쓰기를 가르쳐 준다.

*** am ganzen Leibe (an allen Gliedern) zittern :** 온 몸을 떨다

Sie *zitterte* vor Kälte[3] (vor Angst) *am ganzen Leibe*.

그녀는 추워서(무서워서) 온몸을 떨었다.

*** an Leib und Seele[3] (an Körper und Geist) gesund sein:** 심신이 모두 건강하다

Er ist *gesund an Leib und Seele*.

그는 심신이 모두 건강하다.

*** mit Leib und Seele :** 몸과 마음을 다하여

Er widmete sich *mit Leib und Seele* der Wissenschaft[3]

그는 전심을 다하여 학문에 몰두했다.

Er ist *mit Leib und Seele* bei der Sache (dabei).

그는 그일에 전심 전력을 기울이고 있다.

*** Leibschmerzen haben :** 복통이 나다

Ich *habe Leibschmerzen*.

(=Der Magen tut mir weh.)

나는 배가 아프다.

*** jm. leid tun :** (누구)의 동정을 받다

Du *tust* mir *leid*.

(=*Es tut* mir *leid um* dich.)

나는 너를 동정한다.

Sie *tut* mir sehr *leid*.

(=Ich *habe* großes *Mitleid mit* ihr.)

나는 그녀를 매우 동정한다(딱하게 여긴다).

* **es tut mir leid, daß ... :** 나는 ...을 유감으로 생각한다

Es tut mir leid, daß ich dir nicht helfen kann.

나는 너를 도울 수 없는 것이 유감이다.

Es tut mir leid, daß Sie auf mich warten mußten.

나를 기다리게 해서 죄송합니다.

* **in Freud und Leid :** 기쁠 때나 슬플 때나

Sie hielten *in Freud und Leid* zusammen.

(=Sie teilten Freud und Leid miteinander.)

그들은 고락을 함께했다 (동고동락했다).

* **jm. ein Leid 〔an〕tun :** (누구)에게 해(害)를 가하다

Er *tat* ihr *ein Leid* 〔*an*〕.

그는 그녀에게 해를 가했다.

* **jm. et.⁴ leihen :** (누구)에게 (무엇)을 빌려주다

Kannst du mir das Buch *leihen*?

너는 나에게 그 책을 빌려 줄 수 있니?

Er hat mir zehn Mark *geliehen.*

그는 나에게 10마르크를 빌려주었다.

* **et.⁴ von jm. leihen :** (무엇)을 (누구)에게서 빌리다

Ich *leihe* oft Bücher *von* ihm.

나는 종종 그에게서 책을 빌린다.

Ich habe *von* ihm Geld *geliehen.*

나는 그에게서 돈을 빌렸다.

* **auf die Leiter steigen (klettern) :** 사다리에 오르다

Er *steigt auf die Leiter.*

그는 사다리에 올라간다.

* **lernen ... zu** 없는 부정형 **:** ...하는 것을 배우다

Er *lernt schwimmen.*

그는 수영을 배운다.

Sie *lernt* Klavier *spielen.*

그녀는 피아노 치는 법을 배운다.

Ich habe Auto *fahren gelernt* (*lernen*).

나는 자동차 운전을 배웠다.

Ich habe ihn *lieben gelernt.*

(=Ich habe gelernt, ihn zu lieben.)

나는 그를 좋아하게 되었다.

*** auswendig lernen :** 암기하다

Hast du das Gedicht *auswendig gelernt?*

너는 그 시(詩)를 외웠니?

*** das Licht (an)machen (ausmachen) :** 전등을 켜다(끄다)

Er *machte das Licht an (aus).*

(=Er *schaltete das Licht ein (aus)).*

그는 전등을 켰다(껐다).

Mache doch bitte *das Licht an!*

전등을 좀 켜 다오!

Vergiß nicht, *das Licht auszumachen!*

전등불 끄는 것을 잊지 마라!

*** das Licht anzünden (auslöschen) :** 촛불을 켜다(끄다)

Sie *zündete das Licht an.*

그녀는 촛불을 켰다.

Sie *löschte das Licht aus.*

그녀는 촛불을 껐다.

*** jn. lieb (gern) haben :** (누구)를 사랑하다 · 좋아하다

Ich *habe* dich *lieb.*

(=Ich liebe dich.)

나는 너를 사랑한다.

Sie *hatte* ihn sehr *lieb.*

그녀는 그를 매우 사랑했다.

*** aus Liebe :** 사랑하는 마음에서

Sie tat es *aus Liebe.*

그녀는 사랑하는 마음에서 그것을 했다.

Sie hat ihn *aus Liebe* geheiratet.

그녀는 그와 연애결혼을 했다.

Sie heirateten *aus Liebe.*

그들은 연애결혼을 했다.

*** als (zum) Zeichen der Liebe : 사랑의 표시로서**

Ich schenkte ihr einen goldenen Ring *als Zeichen der Liebe.*

나는 사랑의 표시로 그녀에게 금반지를 선사했다.

*** ein Lied singen : 노래를 부르다**

Er *sang ein Lied.*

그는 노래 한 곡을 불렀다.

Sie *sang ein Lied* von Schubert (Schuberts *Lied*).

그녀는 슈베르트의 노래를 불렀다.

Ich hörte ihn Schuberts *Lied singen.*

나는 그가 슈베르트의 노래를 부르는 것을 들었다.

*** jm. an et.[3] liegen : (누구)에게는 (무엇)이 중요하다**

Mir *liegt* viel (nichts) dar*an.*

나에게는 그것이 매우 중요하다 (조금도 중요하지 않다).

Ihm *liegt* nichts *an* Geld.

그에게는 돈이 조금도 문제가 되지 않는다.

Es *liegt* mir dar*an,* daß ihr glücklich werdet.

너희들이 행복해지는 것이 나에게는 중요하다.

*** eine Linie ziehen : 선을 긋다**

Er *zog eine* gerade *Linie..*

그는 직선을 그었다.

*** in einer Linie : 일렬로**

Die Häuser stehen *in einer Linie.*

집들이 일직선으로 나란히 서 있다.

*** in erster Linie : 먼저, 첫째로**

Du mußt *in erster Linie* an dein Studium denken.

너는 먼저 너의 공부를 생각해야 한다.

*** zur Linken : 왼쪽에**

Sie sitzt ihm *zur Linken.*

(=Sie sitzt links von ihm.)

그녀는 그의 왼쪽에 앉아 있다.

Zur Linken sehen Sie den Fluß

왼쪽에 강이 보이지요.

*** links (rechts) von et.** : (무엇)의 왼쪽에(오른쪽에)

Links von der Tür steht der Schrank.

문 왼쪽에 장농이 있다.

Ich saß *rechts von* ihm.

나는 그의 오른쪽에 앉아 있었다.

*** von links nach rechts** : 왼쪽에서 오른쪽으로

Er geht *von links nach rechts.*

그는 왼쪽에서 오른쪽으로 간다.

*** eine Liste aufstellen** : 목록을 작성하다

Er *stellte eine Liste* der Leute *auf*, die an der Reise teilnehmen wollten.

그는 여행에 참가하려는 사람들의 목록을 작성했다.

*** ein Lob bekommen (erhalten)** : 칭찬을 받다

Ich habe heute *ein Lob* von dem Lehrer *bekommen* (*erhalten*).

나는 오늘 선생님으로부터 칭찬을 받았다.

*** jm. ein Lob geben (erteilen)** : (누구)를 칭찬하다

Der Lehrer *gab* (*erteilte*) mir heute *ein Lob.*

선생님이 오늘 나를 칭찬하셨다.

*** jn. für (um, wegen) et. loben** : (누구)를 (무슨일)로 칭찬하다

Wir *lobten* ihn *für* (*um*) seinen Fleiß.

(=Wir *lobten* ihn *wegen* seines Fleißes.)

우리는 그를 근면 탓으로 칭찬했다.

Er *lobte* mich *für* meine Arbeit.

그는 나의 일로 해서 나를 칭찬했다.

*** ein Loch bohren** : 구멍을 뚫다

Er *bohrte ein Loch* in (durch) das Brett.

그는 널판지에 구멍을 뚫었다.

*** ein Loch graben** : 구멍을 파다

Er *gräbt ein Loch* in die Erde.

그는 땅에 구멍을 판다.

*** mit dem Löffel essen** : 스푼으로 먹다

Wir *essen* die Suppe *mit dem Löffel.*

우리는 수우프를 스푼으로 먹는다.

* **jm. et.[4] lohnen :** (누구)의 (무엇)에 보답하다

Sie *lohnte* ihm die Freundlichkeit mit einem Lächeln.

그녀는 그의 친절에 미소로 보답했다.

Gott wird es dir *lohnen.*

하나님이 너에게 그 보상을 해 주실 것이다.

* **los sein :** (일이) 일어나다

Was *ist los?*

무슨 일이냐?

Was *ist* denn *los* mit dir?

도대체 너에게 무슨 일이 일어났느냐?

* **et.[4] los sein :** (무엇)을 면하다

Ich *bin* endlich meine Schulden[4] *los!*

나는 드디어 빚을 다 갚았다.

Ich *bin* eine große Gefahr[4] *los.*

나는 큰 위험을 면했다.

* **tief Luft holen :** 심호흡을 하다

Er *holte tief Luft.*

그는 심호흡을 했다.

* **frische Luft (ein)atmen :** 신선한 공기를 (들이)마시다

Wir *atmeten frische Luft ein.*

우리는 신선한 공기를 들이 마셨다.

* **in die Luft fliegen :** 공중으로 날아가다 ; 폭발하다

Die Vögel *fliegen in die Luft.*

새들이 공중으로 날아간다.

Die Brücke *flog in die Luft.*

다리가 폭파됐다.

* **mit (per) Luftpost :** 항공우편으로

Ich schicke den Brief *mit Luftpost.*

나는 이 편지를 항공우편으로 보낸다.

Schicken Sie dieses Paket bitte *per Luftpost!*

이 소포를 항공편으로 보내 주십시오!

* **wie gedruckt lügen :** 그럴듯하게 거짓말을 하다

Er *lügt wie gedruckt.*

그는 정말 그럴듯하게 거짓말을 한다.

* **Lust an et.[3] haben :** (무엇)을 즐기다

Ich *hatte Lust an* der Arbeit.

나는 그 일을 즐겨서 했다.

* **(keine) Lust haben, ... zu** 부정형 **:** ...할 생각이 있다(없다)

Hast du *Lust*, das *zu* tun?

너는 그것을 할 생각이 있느냐?

Haben Sie *Lust*, heute mit mir ins Kino *zu* gehen? — Nein, ich *habe* keine *Lust* da*zu*.

오늘 나와 같이 영화관에 가실 생각이 있읍니까? — 아니오, 나는 그럴 생각이 없읍니다.

* **mit Lust und Liebe :** 마음을 다바쳐

Er arbeitete *mit Lust und Liebe.*

그는 마음을 다해서 일했다.

* **sich[4] über jn. lustig machen :** (누구)를 놀리다

Er *machte sich lustig über* seinen Freund.

그는 자기의 친구를 놀렸다.

M

* **Macht über jn. haben :** (누구)를 지배하는 권력을 가지다

Er *hat Macht über* das Volk.

그는 민중을 지배하는 권력을 갖고 있다.

* **an die Macht kommen (gelangen) :** 권력을 잡다

〔Im Jahre〕 1933 *kam* (*gelangte*) Hitler in Deutschland *an die Macht.*

1933년에 히틀러는 독일에서 권력을 잡았다.

Friedrich Ⅱ. (der Zweite) *kam* mit 28 Jahren *an die Macht.*

프리드리히 2세는 28세에 권력의 자리에 올랐다.

* **nicht in js. Macht stehen (liegen) :** (누구)의 힘에 겹다

Das *steht nicht in meiner Macht.*

(=Das geht über meine Kräfte.)

그것은 내 힘에 겹다.

Es *steht nicht in meiner Macht*, dir zu helfen.

나에게는 너를 도울 힘이 없다.

* **aus eigener Macht (=aus eigener Kraft) :** 혼자 힘으로

Er hat es *mit eigener Macht* getan.

그는 그것을 혼자 힘으로 했다.

* **mit aller Macht (=mit aller Kraft) :** 온 힘을 다하여

Wir sollen armen Leuten *mit aller Macht* helfen.

우리는 온 힘을 다하여 가난한 사람들을 도와야 한다.

* **et.² mächtig sein :** (무엇)을 지배하다 · 마음대로 하다

Er war seiner Sinne² (seiner selbst²) nicht mehr *mächtig.*

그는 자기의 감정(자기 자신)을 더이상 억누를 수 없었다.

* **einen guten (schlechten) Magen haben :** 잘 먹다(잘 먹

지 못하다)

Ich *habe einen guten Magen.*

나는 잘 먹는다.

* **einen vollen (leeren) Magen haben :** 배가 부르다 (공복이다)

Ich *habe einen vollen Magen.*

(=Ich bin satt.)

나는 배가 부르다.

* **sich³ den Magen verderben :** 배탈이 나다

Ich habe *mir den Magen verdorben.*

나는 배탈이 났다.

* **jm. der Magen weh tun :** (누구)는 배가 아프다

Mir *tut der Magen weh.*

(=Ich habe Leibschmerzen.)

나는 배가 아프다.

* **eine Mahlzeit halten (vorbereiten) :** 식사를 하다 (준비하다)

Er *hielt* seine *Mahlzeit.*

그는 식사를 했다.

Sie *bereitet eine Mahlzeit vor.*

그녀는 식사를 준비한다.

* **jn. an et.⁴ mahnen :** (누구)에게 (무엇)을 생각나게 하다

Er *mahnte* mich *an* mein Versprechen.

그는 나의 약속을 상기시켰다.

Dieses Bild *mahnt* mich *an* meine Mutter.

이 초상(肖像)은 나의 어머니를 생각나게 한다.

* **manches Mal⁴ (=mehrere Male) :** 여러번, 몇번

Er war schon *manches Mal* in Deutschland.

그는 벌써 여러번이나 독일에 갔었다.

Er hat mich schon *mehrere Male* besucht.

그는 나를 벌써 몇번 방문했다.

* **das nächste Mal⁴ :** 다음 번에

Wenn ich *das nächste Mal* nach Pusan komme, werde ich dich besuchen.

내가 다음 번에 부산에 오면 너를 방문하겠다.

* **voriges Mal**[4] **:** 전번에

Voriges Mal hatte ich leider keine Zeit, dich zu besuchen.

전번에는 유감스럽게도 나는 너를 방문할 시간이 없었다.

* **zum ersten Mal[e] (=zum erstenmal) :** 처음으로

Ich habe ihn *zum ersten Mal* gesehen.

나는 그를 처음 보았다.

Sind Sie *zum ersten Mal* in Korea?

당신은 한국이 처음이십니까?

* **zum letzten Mal[e] (=zum letztenmal) :** 마지막으로

Als ich ihn *zum letzten Mal* sah, wohnte er noch in Pusan.

내가 그를 마지막으로 보았을 때 그는 아직 부산에 살았다.

* **Mangel an et**[3]**. haben :** (무엇)이 부족하다 · 없다

Ich *habe Mangel an* Geld.

(=*Es mangelt* (*fehlt*) mir *an* Geld.)

나는 돈이 모자란다.

Er *hat Mangel an* Mut.

(=*Es mangelt* ihm *an* Mut.)

그는 용기가 없다.

* **aus Mangel an et.**[3] **:** (무엇)이 부족하여 · 없어서

Ich habe es *aus Mangel an* Geld getan.

나는 돈이 궁하여 그것을 했다.

Der Angeklagte wurde *aus Mangel an* Beweisen freigesprochen.

피고는 증거 불충분으로 무죄 석방되었다.

* **es mangelt (fehlt) jm. an et.**[3] **:** (누구)는 (무엇)이 부족하다 · 없다

Es mangelt mir *an* Geld.

나는 돈이 모자란다.

Es mangelt mir *an* Zeit.

나에게는 시간이 없다.

* **den Mantel anziehen (ausziehen) :** 외투를 입다(벗다)

Er *zieht den Mantel an* (*aus*).

그는 외투를 입는다(벗는다).

Es ist kalt draußen, *zieh* deinen *Mantel an*!

밖은 춥다. 외투를 입어라!

* **jm. ein Märchen erzählen :** (누구)에게 동화를 들려주다

Die Großmutter *erzählte* den Kindern *ein Märchen.*

할머니는 아이들에게 동화를 들려 주셨다.

* **auf dem Markt :** 시장에서

Ich habe Gemüse und Obst *auf dem Markt* gekauft.

나는 야채와 과일을 시장에서 샀다.

Warst du schon *auf dem Markt*?

너는 벌써 시장에 갔었니?

* **auf den (zum) Markt gehen :** 시장에 가다

Sie *geht* jeden Tag *auf den Markt*.

그녀는 매일 시장에 간다.

* **einen Marsch spielen :** 행진곡을 연주하다

Die Kapelle *spielt einen* lustigen *Marsch.*

악대가 유쾌한 행진곡을 연주한다.

* **sich[4] in Marsch setzen :** 행진을 하다

Wir *setzten uns* um 6 Uhr morgens *in Marsch.*

우리는 아침 6시에 행진을 시작했다.

* **mit der Maschine (Schreibmaschine) schreiben :** 타이프라이터로 치다

Sie *schreibt* den Brief *mit* (*auf*) *der Maschine.*

그녀는 편지를 타이프라이터로 친다.

* **Maß nehmen :** 치수를 재다

Der Schneider *nahm Maß* für meinen neuen Anzug.

재단사가 나의 새 양복의 치수를 재었다.

* **nach Maß :** 치수에 알맞게

Der Anzug ist *nach Maß* gemacht worden.

이 양복은 맞춘 옷이다.

Ich ließ mir einen Anzug *nach Maß* beim Schneider machen.

나는 양복점에서 맞춤양복을 맞추었다.

* **Maß halten :** 절도(節度)를 지키다

Man muß stets das rechte *Maß halten.*

사람은 언제나 바른 절도를 지켜야 한다.

Er versteht, *Maß* zu *halten.*

그는 절도를 지킬 줄 안다.

* **mit Maß〔en〕:** 적당하게, 알맞게

Er ißt und trinkt *mit Maßen.*

그는 절제있게 먹고 마신다.

* **über alle Maßen :** 도(度)를 넘어서, 지나치게

Er freute *über alle Maßen.*

그는 유달리 기뻐했다.

* **in hohem Maß〔e〕:** 심히, 극도로

Er geriet *in hohem Maße* in Wut.

그는 극도로 화가 났다.

* **in großer Masse** (=**in Massen**) **:** 큰 무리를 이루어, 다량으로

Die Menschen versammelten sich *in großer Masse* auf dem Platz.

사람들이 큰 무리를 이루어 광장에 모였다.

Alle Waren sind *in Massen* verkauft.

모든 상품이 다량으로 팔렸다.

* **Maßnahmen treffen (ergreifen) :** 조처를 취하다

Die Regierung *traf die* notwendigen *Maßnahmen* gegen die Einfuhr ausländischer Waren.

정부는 외국상품의 수입에 대하여 필요한 조처를 취했다.

Es wurden geeignete *Maßnahmen ergriffen,* um die Sicherheit im Verkehr zu erhöhen.

교통안전을 촉진시키기 위하여 적절한 조처가 취해졌다.

* **matt und müde :** 기진맥진한

Wir kehrten ganz *matt und müde* nach Hause zurück.

우리는 완전히 기진맥진하여 집으로 돌아왔다.

* **Mäuse fangen :** 쥐를 잡다

Die Katze hat im Keller *eine Maus gefangen.*

고양이가 지하실에서 쥐 한마리를 잡았다.

* **mit Mann und Maus :** 사람 짐승할 것없이 모두

Das Schiff ging *mit Mann und Maus* unter.

배는 사람 짐승할 것 없이 모두 침몰했다.

* **Medizin (Arznei) 〔ein〕nehmen :** 약을 복용하다

Hast du heute deine *Medizin genommen?*

너는 오늘 약을 먹었니 ?

Du mußt deine *Arznei* dreimal täglich nach dem Essen *einnehmen.*

너는 약을 매일 3번 식후에 복용해야 한다.

* **Medizin studieren :** 의학을 공부하다

Er *studiert* in Köln *Medizin.*

그는 쾰른〔대학〕에서 의학을 공부하고 있다.

* **am Meer :** 해변에서

Er wohnt *am Meer.*

그는 바닷가에 살고 있다.

* **auf dem Meer :** 해상에서

Er ist *auf* allen *Meeren* gefahren.

그는 바다라는 바다는 모조리 항해했다.

* **ans Meer (an die See) fahren :** 바다로 가다

In den Sommerferien *fahren* wir *ans Meer.*

여름방학에 우리는 바다로 간다.

* **ins Meer fließen :** 바다로 흘러 들어가다

Der Fluß *fließt ins Meer.*

강물은 바다로 흘러 들어간다.

* **immer mehr (=mehr und mehr) :** 점점 더〔많이〕

Es wird mir *immer mehr* gleichgültig.

나는 그것에 점점 더 무관심해진다.

Es ärgerte mich *mehr und mehr.*

나는 점점 더 화가 났다.

* **noch mehr : 더욱더**

Er strebt nach seinem Ziele *noch mehr.*

그는 자기의 목표를 달성하려고 더한층 노력한다.

Was willst du *noch mehr?*

너는 더이상 무엇을 원하느냐?

* **mehr oder weniger(minder) : 다소간에, 많든 적든간에**

Mehr oder weniger hat er recht.

다소간에 그는 옳다.

Je nachdem ich Zeit habe, lese ich *mehr oder weniger.*

시간여하에 따라 나의 독서는 증감된다.

* **es gut mit jm. meinen : (누구)에게 호의를 가지다**

Sie *meint es gut mit* dir.

그녀는 너에게 호의를 갖고 있다.

* **anderer (verschiedener) Meinung² sein : 의견이 다르다**

Ich *bin anderer Meinung²* als du.

나는 너와는 의견이 다르다.

In dieser Sache *sind* wir ganz *verschiedener Meinung².*

이 문제에 있어서는 우리는 완전히 의견이 다르다.

* **js. Meinung² sein : (누구)와 의견이 같다**

Ich *bin Ihrer Meinung².*

(=Ich habe dieselbe Meinung wie Sie.)

나는 당신과 같은 의견이다.

Ich *bin* ganz *seiner Meinung².*

나는 그와 똑같은 의견이다.

Wir *sind* alle *derselben Meinung².*

우리는 모두 같은 의견이다.

* **der Meinung² sein, daß ... : ...하다는 의견이다**

Er *ist der Meinung², daß* du unrecht hast.

그는 네가 옳지 않다는 의견이다.

Ich *bin der Meinung², daß* er recht hat.

그가 옳다는 것이 나의 의견이다.

* **meiner Meinung³ nach (=nach meiner Meinung) : 나의 의**

견·생각으로는

Meiner Meinung nach hat er recht.

내 생각으로는 그가 옳다.

Nach meiner Meinung hast du alles falsch gemacht.

내 생각으로는 네가 모든 것을 잘못했다.

*** am meisten :** 가장 많이

Er aß *am meisten.*

그가 가장 많이 먹었다.

Das freute mich *am meisten.*

그것은 나를 가장 기쁘게 했다.

*** eine Menge von ～ :** 많은 ～

Er hat *eine Menge von* Büchern gekauft.

(=Er hat eine Menge Bücher gekauft.)

그는 많은 책을 샀다.

Eine Menge von Menschen war da.

(=Eine Menge Menschen waren da.)

많은 사람들이 거기에 있었다.

*** in 〔großer〕 Menge (=in großen Mengen) :** 많이, 다량으로

Das habe ich *in großer Menge.*

그것을 나는 많이 가지고 있다.

*** sich[3] et.[4] merken :** (무엇)을 기억하다·명심하다

Ich habe *mir* deine Adresse *gemerkt.*

나는 너의 주소를 외워두었다.

Ich werde es *mir merken.*

나는 그것을 기억해 두어야겠다.

Merke dir das 〔gut〕.!

그것을 명심해 두어라!

Merkt euch, was ich sage!

내가 말하는 것을 명심들 해 두어라!

*** mit dem Messer schneiden :** 나이프로 자르다

Er *schnitt* es *mit dem Messer.*

그는 그것을 칼로 잘랐다.

*** eine böse (ernste) Miene machen :** 화난(진지한) 얼굴 표정을 짓다

Er *machte eine böse Miene.*

(=Er machte ein böses Gesicht).

그는 화난 얼굴을 했다.

*** Miene machen, … zu** 부정형 **:** …을 할 듯한 기색을 보이다

Er *machte Miene,* sich auf mich *zu* stürzen.

그는 나에게 덤빌듯한 기색을 보였다.

Sie *machte Miene,* ihn *zu* verlassen.

그녀는 그의 곁을 떠날 기색을 보였다.

*** zur (in) Miete wohnen :** 세들어 살다

Er *wohnt* bei uns *zur Miete.*

그는 우리집에 세들어 살고 있다.

*** beim Militär sein :** 군(軍) 복무중이다

Er *ist beim Militär.*

그는 군복무중이다.

Nach der Schule *war* ich zwei Jahre *beim Militär.*

학교 졸업후 나는 2년동안 군에 복무했다.

*** zum Militär gehen :** 군대에 가다, 입대하다

Er *ging zum Militär.*

그는 군대에 갔다.

*** zum mindesten (=mindestens, wenigstens) :** 적어도, 최소한

Das Kleid kostet *zum mindesten* 100 DM.

이 옷은 적어도 100마르크는 나간다.

Seine Mutter ist *mindestens* 50 Jahre alt.

그의 어머니는 적어도 50세는 된다.

*** nicht im mindesten :** 조금도 …않다

Ich denke *nicht im mindesten* daran.

나는 조금도 그것을 생각하지 않는다.

*** alle zehn Minuten (=jede zehnte Minute) :** 10분마다

Der Bus kommt *alle zehn Minuten.*

버스는 10분마다 온다.

* **et.⁴ in et.⁴ mischen :** (무엇)에 (무엇)을 타다 · 섞다

Er *mischt* Wasser *in* den Wein.

(=Er *mischt* Wein *mit* Wasser.)

그는 술에 물을 탄다.

* **sich⁴ in et.⁴ mischen :** (무엇)에 개입하다 · 간섭하다

Er *mischte sich in* meine Angelegenheiten.

그는 나의 일에 간섭했다.

Du darfst *dich* nicht *in* fremde Angelegenheiten *mischen*.

너는 남의 일에 간섭해서는 안된다.

* **auf einem Mißverständnis beruhen :** 오해에서 기인되다

Unser Streit *beruhte auf einem Mißverständnis*.

우리의 싸움은 오해에서 기인되었다.

* **jn. mißverstehen :** (누구)를 오해하다

Du hast mich (meine Worte) *mißverstanden*.

너는 나를(나의 말을) 오해했다.

* **Mitleid mit jm. haben :** (누구)를 동정하다

Er *hatte* großes *Mitleid mit* ihr.

그는 그녀를 매우 동정했다.

* **aus Mitleid für jn. :** (누구)에 대한 동정에서

Ich tat es *aus Mitleid für* ihn.

나는 그에 대한 동정에서 그것을 했다.

* **am (bis, gegen) Mittag :** 정오에(까지, 경에)

Am Mittag ist er immer im Büro.

정오에는 그는 언제나 사무실에 있다.

Bitte warten Sie *bis Mittag*!

정오까지 기다려 주십시오!

Gegen Mittag begann es zu regnen.

정오경에 비가 오기 시작했다.

* **zu Mittag (zu Abend) essen :** 점심(저녁)식사를 하다

Er *aß* bei uns *zu Mittag*.

그는 우리 집에서 점심을 먹었다.

Hast du schon *zu Mittag gegessen?*

너는 벌써 점심을 먹었니?

Ich habe noch nicht *zu Mittag gegessen.*

나는 아직 점심을 먹지 않았다.

Wir *essen* gewöhnlich um 6 Uhr *zu Abend.*

우리는 보통 6시에 저녁식사를 한다.

* **eines Mittags :** 어느날 정오에

Eines Mittags kam er auf Besuch.

어느날 정오에 그가 찾아왔다.

* **heute mittag :** 오늘 정오에

Heute mittag war ich in der Schule.

오늘 정오에 나는 학교에 있었다.

* **jn. zum Mittagessen einladen :** (누구)를 점심에 초대하다

Sie hat uns *zum Mittagessen eingeladen.*

그녀는 우리를 점심에 초대했다.

* **Mitte (Anfang, Ende) Mai :** 5월 중순에(초순에, 하순에)

Er fährt *Mitte Mai* nach Deutschland.

그는 5월 중순에 독일로 간다.

* **in der Mitte :** 한가운데에

Er wohnt *in der Mitte* der Stadt.

그는 도시의 중심부에 살고 있다.

Er ging *in der Mitte* des Weges.

그는 길 한가운데를 걸어갔다.

* **jm. et.⁴ mitteilen :** (누구)에게 (무엇)을 알리다·전하다

Er *teilte* mir seine neue Adresse *mit.*

그는 나에게 자기의 새 주소를 알려 주었다.

Das hat er mir *mitgeteilt.*

그것을 그는 나에게 알려 주었다.

Er hat mir *mitgeteilt*, daß er das Examen bestanden habe.

(=Er machte mir die Mitteilung, daß er das Examen bestanden habe.)

그는 자기가 시험에 합격했다고 나에게 전했다.

* **Mittel und Wege finden (suchen) :** 수단방법을 강구하다

Er *fand* (*suchte*) *Mittel und Wege,* um sein Ziel zu erreichen.

그는 자기의 목적을 달성하기 위하여 수단방법을 강구했다.

* **als Mittel zum Zweck :** 목적을 위한 수단으로

Er hat mich *als Mittel zu* seinem *Zweck* gebraucht.

그는 나를 자기의 목적을 위한 수단으로 이용하였다.

* **um (nach, kurz vor) Mitternacht :** 자정에(지나서, 바로 전에)

Erst *um Mitternacht* kamen wir in der Stadt an.

자정에야 비로소 우리는 그 도시에 도착했다.

Nach Mitternacht kam er nach Hause.

자정이 지나서 그는 집으로 왔다.

* **aus der Mode kommen :** 유행이 지나다, 한물가다

Kurze Röcke sind *aus der Mode gekommen.*

짧은 스커어트는 유행이 지났다.

* **in Mode sein :** 유행하고 있다

Lange Röcke *sind* augenblicklich sehr *in Mode.*

긴 스커어트가 현재 대유행이다.

* **nach der (neuesten) Mode :** (최신)유행에 따라

Sie kleidet sich stets *nach der neuesten Mode.*

그녀는 항상 최신 유행에 따라 옷을 입는다.

* 의문사+**auch**+**mögen :** ...하더라도, …하든

Was er *auch* sagen *mag,* ich glaube ihm nicht.

그가 무슨 말을 하더라도 나는 그를 믿지 않는다.

Wer es *auch* sein *mag,* der muß bestraft werden.

그것이 누구이든 벌을 받아야 한다.

* **jn. gern mögen (haben) :** (누구)를 좋아하다

Ich *mag* ihn sehr *gern.*

나는 그를 매우 좋아한다.

* **so ~ wie (als) möglich :** 가능한 ~하게

Kommen Sie bitte *so* schnell *wie möglich* (möglichst schnell)!

가능한 빨리 오십시오!

Ich gehe *so* oft *wie möglich* ins Konzert.

나는 가능한 자주 음악회에 간다.

* **nach Möglichkeit :** 가능한 한, 될 수 있는대로

Ich will *nach Möglichkeit* dorthin gehen.

나는 될 수 있는대로 그리로 가겠다.

* **auf einen Monat (auf ein Jahr) :** 1개월 예정으로 (1년 예정으로)

Er reist *auf einen Monat* nach Europa.

그는 1개월 예정으로 구라파로 여행한다.

* **im [Monat] März :** 3월에

Im Monat März waren wir verreist.

3월에 우리는 여행을 떠났다.

* **in diesem Monat (=dieses Monats) :** 이 달에

Ich zahlte meine Schulden *in diesem Monat.*

나는 이 달에 나의 빚을 갚았다.

* **im nächsten Monat (nächsten Monat[s]) :** 다음 달에

Das Haus wird *im nächsten Monat* fertig sein.

이 집은 다음 달에 완성될 것이다.

* **im vorigen Monat (=vorigen Monat[s]) :** 지난 달에

Im vorigen Monat war ich im Ausland.

지난 달에 나는 외국에 있었다.

* **Anfang (Mitte, Ende) dieses Monats :** 이달 초순에 (중순에, 하순에)

Er kommt *Anfang dieses Monats* zurück.

그는 이달 초에 돌아온다.

* **am Montag (Sonntag) :** 월요일(일요일)에

Das Konzert findet *am Montag* statt.

음악회는 월요일에 열린다.

* **am Morgen :** 아침에

Er kam früh *am Morgen* (am frühen Morgen).

그는 아침 일찍 왔다.

Ich stand früh *am Morgen* (früh morgens) **auf.**

나는 아침 일찍 일어났다.

Er fuhr *am* nächsten (folgenden) *Morgen* ab.

그는 다음날 아침에 떠났다.

* **vom Morgen bis zum Abend (=von morgens bis abends) :** 아침부터 저녁까지

Sie arbeitet *vom Morgen bis zum Abend.*

그녀는 아침부터 저녁까지 일한다.

* **eines Morgens :** 어느날 아침에

Eines Morgens machte er einen Besuch bei uns.

어느날 아침에 그가 우리 집을 방문했다.

* **jeden Morgen :** 매일 아침에

Ich steige *jeden Morgen* auf den Berg.

나는 매일아침 산에 올라간다.

* **heute morgen (früh) :** 오늘 아침에

Der Brief ist erst *heute morgen* angekommen.

그 편지는 오늘 아침에야 비로소 도착했다.

* **morgen früh (abend) :** 내일 아침에(저녁에)

Morgen früh fährt er mit dem Zug ab.

내일 아침에 그는 기차로 떠난다.

Wir gehen *morgen abend* ins Theater.

우리는 내일 저녁에 극장에 간다.

* **früh morgens (=morgens früh, früh am Morgen) :** 아침 일찍

Er kam *früh morgens* (frühmorgens).

그는 아침 일찍 왔다.

* **et.[2,4] müde sein :** (무엇)에 지치다 · 싫증이 나다

Ich bin des Lebens *müde.*

나는 삶에 싫증이 난다.

Ich bin es *müde.*

나는 그것에 지쳤다.

* **vor Müdigkeit[3] :** 지쳐서

Er ist bald *vor Müdigkeit* eingeschlafen.

그는 지쳐서 곧 잠이 들었다.

* **jm. Mühe machen : (누구)에게 수고를 끼치다**

Ich habe Ihnen viel *Mühe gemacht.*

나는 당신에게 많은 수고를 끼쳤읍니다.

* **sich³ die Mühe machen : 수고를 하다**

Er *machte sich die Mühe,* uns zu besuchen.

그는 우리를 방문하는 수고를 했다.

Bitte *machen* Sie *sich* keine weitere *Mühe*!

제발 더이상 수고하지 마시오 (내버려 두시오)!

* **sich³ mit (bei) et. Mühe geben : (무엇)때문에 애를쓰다**

Ich habe *mir mit* der Sache große *Mühe gegeben.*

나는 그 일 때문에 큰 고생을 했다.

Er *gab sich bei* deiner Arbeit viel *Mühe.*

그는 너의 일 때문에 많은 애를 썼다.

* **mit vieler (großer) Mühe : 많은 애를 써서**

Er hat seinen Doktor *mit vieler Mühe* gemacht.

그는 많은 노력을 하여 독토르 학위를 받았다.

* **mit Mühe und Not : 간신히, 겨우**

Sie hat *mit Mühe und Not* das Examen bestanden.

그녀는 간신히 시험에 합격했다.

Er hat sein Ziel *mit Mühe und Not* erreicht.

그는 자기의 목적을 간신히 달성했다.

* **ohne Mühe : 힘들이지 않고**

Ich habe *ohne Mühe* seine Wohnung gesucht.

나는 힘들이지 않고 그의 거처를 찾았다.

* **den Mund halten : 입을 다물다**

Halt den Mund!

입을 다물어라!

Du sollst *den Mund halten*!

너는 입을 다물어야 한다.

* **js. Mund⁴ (jn. auf den Mund) küssen : (누구)의 입술에 키스하다**

Er *küßte* ihren *Mund.*

(=Er *küßte* sie *auf den Mund.*)

그는 그녀의 입술에 키스했다.

* **mit offenem Munde :** (놀라서 · 기가 막혀서) 입을 딱 벌리고

Sie stand *mit offenem Munde* da.

그녀는 입을 딱 벌리고 거기 서 있었다.

* **von Mund zu Mund gehen :** 입에서 입으로 전해지다

Die Nachricht *ging* schnell *von Mund zu Mund.*

그 소식은 재빨리 입에서 입으로 전해졌다.

* **ins Museum gehen (=das Museum besuchen) :** 박물관에 가다

Gestern bin ich *ins Museum gegangen.*

(=Gestern habe ich *das Museum besucht.*)

어제 나는 박물관에 갔다.

* **Musik hören :** 음악을 듣다

Ich mag gern *Musik hören.*

나는 음악 듣기를 좋아한다.

Hören Sie gern klassische *Musik*?

당신은 고전음악을 좋아하십니까?

* **Musik machen :** 음악을 연주하다

Die Kapelle *macht Musik.*

악대가 음악을 연주한다.

* **Mut fassen :** 용기를 내다

Fasse Mut!

용기를 내라!

Sie *faßte Mut*, ihn danach zu fragen.

그녀는 그에게 그것을 물을 용기가 났다.

* **den Mut verlieren :** 용기를 잃다

Du darfst *den Mut* nicht *verlieren.*

너는 용기를 잃어서는 안된다.

* **jm. Mut machen :** (누구)에게 용기를 나게 하다

Das *macht* mir wieder *Mut.*

그것으로 나는 다시 용기가 났다.

* **guten (gutes) Mutes sen :** 기분이 좋다

Heute *bin* ich *guten Mutes.*

(=Heute bin ich guter Laune[2].)

오늘 나는 기분이 좋다.

Er *war* immer *guten Mutes.*

그는 언제나 기분이 좋았다.

* **zum Muttertag :** 어머니날에

Was schenkt man gewöhnlich *zum Muttertag*?

어머니날에 사람들은 보통 무엇을 선사하는가?

N

*** nach und nach (=allmählich) : 점차로, 차츰**

Er gewöhnte sich *nach und nach* an die neue Arbeit.

그는 점차로 새 일에 익숙해졌다.

Der Zustand des Patienten besserte sich *nach und nach*.

환자의 용태가 차츰 좋아졌다.

*** nach wie vor (=immer noch) : 여전히**

Nach wie vor besucht er mich jeden Morgen.

여전히 그는 아침마다 나를 방문한다.

Er hat *nach wie vor* nicht geschrieben.

그는 여전히 편지를 쓰지 않았다.

*** je nachdem ... : ...함에 따라서**

Die Sache ist gut oder schlecht, *je nachdem* wie man sie ansieht.

그 물건은 어떻게 보느냐에 따라서 좋기도 하고 나쁘기도 하다.

*** über et.[4] nachdenken : (무엇)을 숙고하다**

Dar*über dachte* ich lange *nach.*

그것을 나는 오랫동안 숙고했다.

Ich habe lange *über* das Problem (die Frage) *nachgedacht*, ohne eine Lösung zu finden.

나는 오랫동안 그 문제를 심사숙고했지만 해결책을 찾지 못했다.

*** bald nachher (=bald darauf) : 그 후 곧**

Bald nachher starb er.

그 후 곧 그는 죽었다.

*** am Nachmittag (=nachmittags) : 오후에**

Er kam spät *am Nachmittag* (am späten Nachmittag).

그는 오후 늦게 왔다.

*** heute nachmittag :** 오늘 오후에

Heute nachmittag habe ich schulfrei.

오늘 오후에 나는 수업이 없다.

*** eine Nachricht von jm. erhalten :** (누구)로부터 소식을 받다

Ich habe lange schon keine *Nachricht von* ihm *erhalten.*

나는 그에게서 아무런 소식도 받지 못한지가 벌써 오래되었다.

*** eines Nachts :** 어느날 밤에

Eines Nachts brannte das Haus ab.

어느날 밤에 그집이 타 버렸다.

*** die ganze Nacht[4]〔hindurch〕 :** 밤새도록

Ich habe *die ganze Nacht* nicht geschlafen.

나는 밤새도록(하루밤 꼬박) 잠을 자지 못했다.

Es regnete *die ganze Nacht hindurch.*

밤새도록 비가 왔다.

*** in der Nacht (=bei Nacht) :** 밤에

In der Nacht vom Sonntag zum Montag war ich nicht zu Hause.

일요일에서 월요일에 걸친 밤에는 나는 집에 없었다.

Tief (Mitten) *in der Nacht* klingelte das Telefon.

한밤중에 전화벨이 울렸다.

*** bis tief in die Nacht 〔hinein〕 :** 밤늦게까지

Er arbeitete *bis tief (spät) in die Nacht hinein.*

그는 밤늦게까지 일했다.

*** über Nacht (=die Nacht über) :** 밤사이에

Über Nacht wurde es Frühling.

밤사이에 봄이 되었다.

*** heute nacht (=diese Nacht[4]) :** 오늘 밤에 ; 어제 밤에

Er fährt *heute nacht* ab.

그는 오늘 밤에 떠난다.

Heute nacht hat es geschneit.

간밤에 눈이 왔다.

*** im Nachteil sein :** 불리한 입장에 있다

Du *bist* ihm gegenüber *im Nachteil.*

너는 그에 비하면 불리하다.

*** sich³ die Nägel schneiden :** 손톱을 깎다

Ich *schnitt mir die Nägel.*

나는 손톱을 깎았다.

*** den Nagel schlagen (herausziehen) :** 못을 박다(뽑다)

Er *schlug einen Nagel* in die Wand.

그는 벽에 못을 하나 박았다.

Er *zog den Nagel heraus.*

그는 못을 뽑았다.

*** von nah und fern :** 원근(遠近)에서부터

Von nah und fern kamen die Menschen zum Treffen.

원근에서부터 사람들이 집회에 왔다.

*** aus der Nähe (Ferne) :** 가까운 곳(먼 곳)에서부터

Ich sah den Schauspieler *aus der Nähe.*

나는 그 배우를 가까이에서 보았다.

Er kam *aus der Ferne.*

그는 먼 곳에서 왔다.

*** in der Nähe (Ferne) :** 가까운 곳〔먼 곳〕에서

Er wohnt ganz *in der Nähe.*

그는 아주 가까이에 살고 있다.

Wo ist hier *in der Nähe* ein Parkplatz?

이 부근 어디에 주차장이 있읍니까?

*** sich⁴ et.³ nähern :** (무엇)에 가까이 가다

Wir *näherten uns* dem Ziel (dem Bahnhof).

우리는 목적지(역)에 가까이 왔다.

Er *näherte sich* ihr.

그는 그녀에게 가까이 갔다.

*** jn. nur dem Namen nach kennen :** (누구)를 이름만 알다

Ich *kenne* ihn *nur dem Namen nach.*

(=Er ist mir nur dem Namen nach bekannt.)

나는 그를 이름만 알고 있다.

*** sich[3] die Nase putzen (abwischen) :** 코를 풀다 · 닦다

Er *putzte sich die Nase.*

그는 코를 풀었다.

Hans, *putz dir die Nase!*

한스야, 코를 닦아라!

*** die Natur beobachten :** 자연을 관찰하다

Wir haben *die Natur beobachtet.*

우리는 자연을 관찰했다.

*** in freier Natur (=im Freien) :** 야외에서

Wir waren den ganzen Tag *in freier Natur.*

우리는 온종일 야외에 있었다.

*** von Natur [aus] :** 천성적으로, 원래

Er ist *von Natur aus* schüchtern.

그는 천성이 수줍어한다.

Sie ist *von Natur* ängstlich.

그녀는 원래 겁이 많다.

*** jm. et.[4] nehmen :** (누구)에게서 (무엇)을 빼앗다

Du hast *mir* alle Hoffnung *genommen.*

너는 나에게서 모든 희망을 빼앗아갔다.

Er *nahm mir* das Buch aus der Hand.

그는 내 손에서 책을 빼앗았다.

*** aus Neid :** 질투심에서

Sie tat es *aus Neid* gegen mich.

그녀는 내게 질투가 나서 그것을 했다.

*** zu et. neigen :** (무엇)의 경향이 있다

Er *neigt zum* Leichtsinn.

그는 경솔한 경향이 있다.

Sie *neigt zur* Verschwendung.

그녀는 낭비성이 있다.

Du *neigst dazu,* leicht allen zu vertrauen.

너는 쉽게 모든 사람을 믿는 경향이 있다.

*** jn. et.[4] nennen :** (누구)를 (무엇)이라고 부르다

Man *nannte* ihn einen Dummkopf (einen Narren).

사람들은 그를 바보라고 불렀다.

Sokrates *nennt* man mit Recht den Weisen.

소크라테스가 현인(賢人)으로 불리워지는 것은 당연하다.

*** jm. auf die Nerven gehen (fallen) :** (누구)의 신경을 거슬리게 하다

Das Geräusch *geht* (*fällt*) mir *auf die Nerven.*

소음이 내 신경을 거슬리게 한다.

*** jn. nervös machen :** (누구)를 신경질나게 하다

Der Lärm auf der Straße *macht* mich ganz *nervös.*

거리의 소음이 나를 아주 신경질나게 한다.

*** ein Nest bauen :** 둥지를 짓다

Ein Vogel hat in den Zweigen sein *Nest gebaut.*

새 한마리가 나무가지에 자기의 둥지를 지었다.

Die Schwalben *bauen* ihre *Nester* gern an den Wänden der Häuser.

제비는 그들의 둥지를 즐겨 가옥의 벽에 짓는다.

*** von neuem (=aufs neue) :** 새로이

Wir müssen die Arbeit (mit der Arbeit) *von neuem* beginnen.

우리는 일을 새로 시작해야 한다.

*** aus Neugier (Neugierde) :** 호기심에서

Er tat es *aus Neugier.*

그는 호기심에서 그것을 했다.

Ich fragte ihn *aus* reiner *Neugier.*

나는 순수한 호기심에서 그에게 물었다.

*** eine Neuigkeit erfahren :** 새로운 소식을 듣다

Ich habe *eine* wichtige *Neuigkeit erfahren.*

나는 중요한 뉴우스를 들었다.

*** zu Neujahr (=zum neuen Jahr) :** 새해에

Ich wünsche Ihnen viel Glück *zu Neujahr*!

새해에 복 많이 받으세요!

*** nie und nimmer :** 결단코 · 절대로 …하지 않다

Dich zu verletzen war *nie und nimmer* meine Absicht.

너의 마음을 상하게 한 것은 절대로 나의 의도가 아니었다.

* **auf und nieder :** 아래위로, 이리저리

Unruhig ging er im Zimmer *auf und nieder* (*hin und her*).

불안하여 그는 방안에서 왔다갔다 했다.

* **eine Niederlage erleiden :** 패배하다

Unsere Faßballmannschaft hat *eine* schwere *Niederlage erlitten*.

우리 축구팀은 참패했다.

* **niemand anders :** 다른 어떤 사람도 …(않다)

Hast du *niemand anders* gesehen?

너는 다른 사람은 아무도 보지 못했느냐?

* **noch immer (=immer noch) :** 여전히

Er ist *noch immer* nicht da.

그는 여전히 거기에 없다.

* **noch+비교급 :** 더욱 …한

Dein Haus ist *noch größer*, als ich dachte.

너의 집은 내가 생각했던 것보다 더욱 크다.

* **nach Norden :** 북쪽으로

Wir fuhren *nach Norden.*

우리는 북쪽으로 달렸다.

Das Zimmer geht *nach Norden.*

그 방은 북향이다.

* **von Norden :** 북쪽에서부터

Der Wind kommt *von Norden.*

바람이 북쪽에서 불어온다.

* **im Norden von et. :** (무엇)의 북쪽에

Schweden liegt *im Norden von* Europa (*im Norden* Europas).

스웨덴은 유럽의 북쪽에 있다.

* **Not leiden :** 가난에 시달리다

Seine Familie *leidet Not.*

그의 가족은 가난에 시달리고 있다.

* **in Not[3] sein :** 곤궁에 처해 있다

Immer, wenn ich *in Not war*, half er mir.

내가 곤궁에 처해 있을 때는 언제나 그가 나를 도와주었다.

* **in Not[4] geraten :** 곤궁에 빠지다

Er ist *in Not geraten.*

그는 곤궁에 빠졌다.

* **jn. aus der Not retten :** (누구)를 곤경에서 구해내다

Er *rettete* sie *aus der Not.*

그는 그녀를 곤경에서 구해내었다.

* **aus Not :** 필연적으로, 부득이

Ich habe es *aus Not* getan.

나는 부득이해서 그것을 했다.

* **ohne Not :** 필요없이

Ohne Not tue ich das nicht.

필요없이 나는 그것을 하지 않는다.

* **zur Not (=mit Mühe und Not) :** 간신히, 겨우

Sie hat *zur Not* das Examen bestanden.

그녀는 간신히 시험에 합격했다.

* **et.[4] nötig haben :** (무엇)을 필요로 하다

Ich *habe* Geld *nötig.*

나는 돈이 필요하다.

Ich *habe* es nicht *nötig.*

나는 그것이 필요치 않다.

Wenn Sie etwas *nötig haben*, sagen Sie es mir!

무엇이 필요하시면 저에게 말씀해 주십시오!

* **über (unter) Null :** 영상(하)

Es ist jetzt 10 Grad *über* (*unter*) *Null.*

지금은 영상(하) 10도이다.

* **die Nummer (die Telefonnummer) wählen :** 전화 번호를 돌리다

Er *wählte die Nummer* seines Freundes.

그는 자기 친구의 번호를 돌렸다.

Welche *Nummer* haben Sie *gewählt*?

몇번을 돌리셨나요?

* **von nun (jetzt) an :** 지금부터

Von nun an werde ich noch fleißiger studieren.

지금부터 나는 더욱 열심히 공부할 것이다.

* **nicht nur ..., sondern 〔auch〕 ...:** ...뿐만 아니라 ...도

Er ist *nicht nur* dumm, *sondern auch* faul.

그는 우둔할 뿐만 아니라 게으르기도 하다.

Ich habe es *nicht nur* gehört, *sondern auch* gesehen.

나는 그것을 들었을 뿐만 아니라 보기도 했다.

* **aus et. Nutzen ziehen :** (무엇)을 이용하다

Er *zog aus* der Sache *Nutzen.*

그는 그 일을 이용했다.

Er *zieht* keinen *Nutzen aus* seiner Begabung.

그는 자기의 재능을 이용하지 못하고 있다.

* **von Nutzen sein :** 유용·유익하다

Das Buch *ist* für Sie bestimmt *von* großem *Nutzen.*

이 책은 당신에게 틀림없이 매우 유용할 것이다.

Es *ist von* keinem *Nutzen.*

그것은 쓸모가 없다.

* **jm. nützen (nutzen) :** (누구)에게 소용되다·유익하다

Das *nützt* mir 〔zu〕 nichts.

그것은 나에게는 아무 소용이 없다.

Es *nützt* nichts.

그것은 아무짝에도 소용이 없다.

Deine Hilfe hat mir viel *genützt.*

너의 도움은 나에게 매우 유익했다.

* **jm. nützlich sein :** (누구)에게 유용·유익하다

Er ist mir *nützlich.*

그는 나에게는 유용한 사람이다.

Kann ich Ihnen mit etwas *nützlich* sein?

나는 무엇으로 당신에게 도움이 될 수 있을까요?

O

*** ob ... oder nicht:** ...하든지 안하든지

Es ist mir gleichgültig (einerlei), *ob* du kommst *oder nicht.*

네가 오든지 안오든지 나에게는 아무래도 좋다.

*** als ob (als wenn, wie wenn)+주어 ... 동사(접속법 Ⅱ 식):** 마치 ...처럼

Er spricht Deutsch, *als ob* er ein Deutscher wäre.

(=Er spricht Deutsch, *als* wäre er ein Deutscher.)

그는 마치 독일인처럼 독일말을 한다.

*** nach oben 〔hin〕:** 위로, 위층으로

Er ging *nach oben.*

그는 위층으로 올라갔다.

*** von oben 〔her〕:** 위에서부터

Er sah mich *von oben.*

그는 위에서 나를 내려다 보았다.

*** von oben bis unten:** 위에서 아래까지

Er hat mich *von oben bis unten* gemustert.

그는 나를 머리끝에서 발끝까지 훑어보았다.

*** das Obst ernten:** 과일을 수확하다

Wir haben viel *Obst* in unserem Garten selbst *geerntet.*

우리는 많은 과일을 우리 정원에서 직접 수확했다.

*** den Ofen heizen:** 난로를 피우다

Im Winter *heizen* wir *den Ofen.*

겨울에 우리는 난로를 피운다.

Der Ofen wird mit Kohle (Öl) *geheizt.*

이 난로에는 석탄(석유)을 땐다.

* **offen gesagt (gestanden) :** 솔직이 말해서

Offen gesagt, ich bin enttäuscht.

솔직이 말해서, 나는 실망했다.

Offen gestanden, habe ich ihn lieb.

솔직이 말해서, 나는 그를 사랑한다.

* **in der Öffentlichkeit :** 공개석상에서

Er trat *in der Öffentlichkeit* auf.

그는 공개석상에 나타났다.

* **ohne … zu** 부정형 **:** …하지 않고

Er ging, *ohne* ein Wort *zu* sagen.

(=Er ging, ohne daß er ein Wort sagte.)

그는 한 마디 말도 없이 갔다.

Sie ging vorbei, *ohne* mich *zu* grüßen

그녀는 나에게 인사도 하지 않고 지나갔다.

Der Zug fuhr, *ohne* auch nur einmal *zu* halten.

기차는 단 한 번도 정지하지 않고 달렸다.

* **aus der Ohnmacht erwachen :** 제 정신이 들다

Er *erwachte aus der Ohnmacht.*

(=Er kam wieder zu Bewußtsein.)

그는 제 정신이 들었다(의식을 회복했다).

* **in Ohnmacht fallen :** 실신·기절하다

Sie *fiel in Ohnmacht.*

(=Sie verlor das Bewußtsein.)

그녀는 실신했다(의식을 잃었다).

* **ein feines (scharfes) Ohr haben :** 귀가 밝다

Unsere Großmutter *hat ein feines Ohr*

우리 할머니는 귀가 밝다.

* **auf einem Ohr schwer (schlecht) hören :** 한쪽 귀가 잘 들리지 않다

Er *hört auf dem rechten Ohr schwer.*

그는 오른쪽 귀가 잘 들리지 않는다.

* **auf einem Ohr taub sein :** 한쪽 귀가 멀다

Er ist *auf dem linken Ohr taub*

그는 왼쪽 귀가 멀었다.

* **bis an (hinter) die Ohren erröten :** 귀밑까지 빨개지다

Sie *errötete* vor Scham[3] *bis an die Ohren.*

그녀는 부끄러워서 귀밑까지 빨개졌다.

* **mit den Ohren hören :** 귀로 듣다

Wir *hören mit den Ohren*

우리는 귀로 듣는다.

* **jm. ins Ohr flüstern :** (누구)의 귀에다 속삭이다

Sie *flüsterte* ihm etwas (einige Worte) *ins Ohr.*

그녀는 그의 귀에다 대고 뭔가를(몇마디를) 속삭였다.

* **jn. (jm.) übers Ohr hauen (schlagen) :** (누구)의 따귀를 때리다

Er hat mich *übers Ohr gehauen (geschlagen)*

그는 내 따귀를 때렸다.

* **mit Öl (Kohle) heizen :** 기름(석탄)을 때다

Bei uns zu Hause *heizen* wir *mit Öl*

우리집에서는 기름을 땐다.

* **et.[4] in Öl braten :** (무엇)을 기름에 튀기다

Sie hat den Fisch *in Öl gebraten*

그녀는 생선을 기름에 튀겼다.

* **in die Oper gehen :** 오페라를 보러 가다

Ich *gehe* heute zum ersten Mal *in die Oper.*

나는 오늘 처음으로 오페라를 보러 간다.

* **et.[3] zum Opfer fallen :** (무엇)의 희생이 되다

Viele Menschen *fielen* der Katastrophe[3] *zum Opfer.*

많은 사람들이 그 대참사의 희생이 되었다.

* **in Ordnung[3] sein :** 정돈되어 있다

Alles *ist in Ordnung.*

(=Es *ist* alles *in Ordnung.*)

모든 것이 정돈되어 있다.

* **et.[4] in Ordnung[4] bringen :** (무엇)을 정리·정돈하다

Er *brachte* seinen Haushalt *in Ordnung*

그는 가사를 정리했다.

Ich *bringe* die Angelegenheit bis morgen *in Ordnung*.

나는 그 일을 내일까지 처리한다.

* **der Ordnung[3] nach :** 질서있게

Die Menschen stehen *der Ordnung nach* an der Haltestelle.

사람들이 질서정연하게 정류장에 서 있다.

* **an diesem Ort (=an dieser Stelle) :** 이 장소에서

An diesem Ort wurde der Mann umgebracht.

이 장소에서 그 남자가 살해되었다.

* **an allen Orten :** 어느 곳에서나

Man kann es *an allen Orten* sehen.

그것은 어느 곳에서나 볼 수 있다.

* **an Ort und Stelle :** 현장에서, 그 자리에서

Die Verletzten wurden *an Ort und Stelle* behandelt.

부상자들은 현장에서 치료를 받았다.

Als ich ankam, waren alle schon *an Ort und Stelle.*

내가 도착했을 때는 벌써 모두가 그 자리에 와 있었다.

Lege es wieder *an Ort und Stelle* (an seinen Ort)!

그것을 다시 제자리에 갖다 놓아라!

* **im (nach, von) Osten :** 동쪽에서 (으로, 에서부터)

Die Sonne geht *im Osten* auf.

태양은 동쪽에서 떠오른다.

Die Stadt liegt *im Osten* Deutschlands (von Deutschland)

그 도시는 독일의 동부에 있다.

Das Haus geht *nach Osten*

그 집은 동향이다.

Der Wind kommt *von Osten.*

바람이 동쪽에서 불어온다.

* **von Ost nach West :** 동(東)에서 서(西)로

Die Vögel fliegen *von Ost nach West.*

새들이 동쪽에서 서쪽으로 날아간다.

*** zu Ostern (Weihnachten) :** 부활절(성탄절)에

Zu Ostern bekomme ich Urlaub.

부활절에 나는 휴가를 얻는다.

Wir fahren *zu Ostern* zum Skifahren in die Alpen.

우리는 부활절에 스키이타러 알프스로 간다.

P

*** ein paar (=einige) : 2, 3의, 몇몇의**

Ich traf ihn vor *ein paar* Tagen auf der Straße.

나는 그를 2, 3일 전에 길에서 만났다.

Ich bin schon *ein paar* Male in Deutschland gewesen.

나는 이미 두세번(몇번) 독일에 갔었다.

Warten Sie bitte *ein paar* Minuten!

몇분만 기다려 주십시오!

*** ein Paket bekommen (erhalten) : 소포를 받다**

Ich *bekam* (*erhielt*) zum Geburtstag *ein* großes *Paket* mit Geschenken.

나는 생일에 선물이 든 커다란 소포를 받았다.

*** et.[4] in Papier[4] einpacken : (무엇)을 종이에 싸다**

Packen Sie es *in* dieses *Papier ein*!

그것을 이 종이에 싸 주십시오!

*** die Papiere verlieren : 서류 · 신분증명서를 잃다**

Ich habe meine *Papiere verloren*.

나는 내 신분증명서(여권)를 잃어버렸다.

*** im Park spazierengehen : 공원을 산보하다**

Nach dem Essen *gingen* wir *im Park spazieren*.

식후에 우리는 공원을 산보했다.

*** das Auto (den Wagen) auf einen Parkplatz stellen : 자동차를 주차장에 세우다**

Er *stellte das Auto auf einen Parkplatz*.

그는 차(車)를 주차장에 세웠다.

*** aus einer Partei austreten : 탈당(脫黨)하다**

Er *trat aus der Partei aus.*

그는 정당에서 탈퇴했다.

* **in eine Partei eintreten :** 입당(入黨)하다

Er *trat in die* regierende (führende) *Partei ein.*

그는 여당에 입당했다.

* **für jn. Partei nehmen (ergreifen) :** (누구)의 편을 들다

Er *nahm* (*ergriff*) *Partei für* mich

그는 내 편을 들었다.

* **jm. passen :** (누구)에게 맞다

Der Mantel *paßt* mir

이 외투는 내 몸에 맞는다.

Der Hut *paßt* mir nicht.

이 모자는 나에게 맞지 않는다.

Diese Schuhe *passen* mir gut (schlecht).

이 구두는 나의 발에 잘 맞는다(잘 맞지 않는다).

Das *paßt* mir nicht.

그것은 내 성미에 맞지 않는다.

* **zu et. passen :** (무엇)에 어울리다

Die gelbe Krawatte *paßt* gut *zu* dem blauen Hemd

황색 넥타이는 청색 샤쓰에 잘 어울린다.

Er *paßt* nicht *zum* Lehrer.

그는 교사에는 적합하지 않다.

* **einen Patienten (einen Kranken) pflegen :** 환자를 간호하다

Die Krankenschwester *pflegt die Patienten* (*die Kranken*).

간호원이 환자를 간호한다.

* **Pause machen :** (중간에 쉬는) 휴식을 취하다

Wir *machen eine Pause* von zehn Minuten.

우리는 10분간의 휴식을 취한다.

Auf dem Marsch *machten* wir *eine* kurze *Pause.*

행진중에 우리는 짧은 휴식을 취했다.

* **ohne Pause :** 휴식없이

Wir arbeiteten *ohne Pause.*

우리는 쉬지않고 일했다.

* **einen Pelz (Pelzmantel) tragen :** 모피외투를 입고 있다

Sie *trägt einen* teueren (kostbaren) *Pelz.*

그녀는 값비싼 모피외투를 입고 있다.

* **mit voller (halber) Pension :** 하루 3식 (조식과 석식)을 포함하여

Das Zimmer kostet *mit voller Pension* 250 Mark im Monat.

그 방의 하숙비는 하루 3식을 포함하여 월에 250마르크이다.

* **in (eigener) Person (=selbst) :** 자신이, 스스로, 몸소

Ich traf ihn *in Person.*

나는 직접 그를 만났다.

* **pro Person (Kopf) :** 1인당

Der Eintritt kostet (beträgt) zwei Mark *pro Person.*

입장료는 1인당 2마르크이다.

* **ich für meine Person :** 나 일 개인으로서는

Ich für meine Person kann damit nicht einverstanden sein.

나 일 개인으로서는 그것에 동의할 수 없다.

* **Pfeife rauchen :** 파이프 담배를 피우다

Er *raucht Pfeife.*

그는 파이프 담배를 피운다.

* 〔**auf der**〕 **Pfeife blasen :** 피리·호각을 불다

Er *bläst Pfeife.*

그는 피리를 분다.

* **aufs Pferd (Fahrrad) steigen :** 말(자전거)에 올라타다

Er *stieg aufs Pferd.*

(=Er setzte sich aufs Pferd.)

그는 말에 올라탔다.

* **vom Pferd (Fahrrad) absteigen :** 말(자전거)에서 내리다

Er *stieg vom Pferd ab.*

그는 말에서 내렸다.

* **zu Pferde :** 말을 타고

Er ritt *zu Pferde* durch Felder und Wälder.

그는 말을 타고 들과 숲을 지나갔다.

*** pflegen ... zu** 부정형 **:** ...하는 버릇이 있다

Er *pflegt* früh auf*zu*stehen.

그는 일찍 일어나는 버릇이 있다.

Er *pflegt* jeden Morgen einen Spaziergang *zu* machen.

그는 매일 아침 산보하는 버릇이 있다.

*** die Pflicht tun (erfüllen) :** 의무를 다하다

Du sollst deine *Pflicht tun.*

너는 너의 의무를 다해야 한다.

Er hat seine *Pflicht getan (erfüllt)*.

그는 자기의 의무를 다했다.

*** die Pflicht versäumen :** 의무를 게을리하다

Du hast deine *Pflicht versäumt.*

(=Du hast deine Pflicht nicht getan.)

너는 너의 의무를 게을리했다.

*** aus Pflicht :** 의무감에서

Ich tat es nur *aus Pflicht.*

나는 오직 의무감에서 그것을 했다.

*** einen Plan aufstellen :** 계획을 세우다

Wir *stellten den Plan auf,* im Sommer nach der Schweiz **zu** reisen.

우리는 여름에 스위스로 여행할 계획을 세웠다.

*** einen Plan ausführen (verwirklichen) :** 계획을 실행하다(실현하다)

Der Plan wurde nicht *ausgeführt.*

그 계획은 실행되지 않았다.

Er hat seine *Pläne verwirklicht.*

그는 그의 계획을 실현했다.

*** Platz nehmen :** 자리를 잡다, 앉다

Bitte *nehmen* Sie *Platz*!

(=Bitte *setzen* Sie *sich*!)

앉으십시오!

*** miteinander plaudern : 서로 잡담을 나누다**

Wir *plauderten* lange *miteinander.*

우리는 오랫동안 서로 잡담을 나누었다.

*** sich⁴ bei der Polizei melden : 경찰에 출두하다**

Sie müssen *sich bei der Polizei melden.*

당신은 경찰에 출두해야 합니다.

*** auf die (zur) Post gehen : 우체국에 가다**

Er *ging auf die Post* und gab ein Paket auf.

그는 우체국에 가서 소포를 부쳤다.

*** et.⁴ mit der (durch die) Post schicken : (무엇)을 우편으로 보내다**

Er *schickte* das Paket *mit der Post.*

그는 소포를 우편으로 보냈다.

Ich *schicke* es dir nachher *mit der Post.*

나는 그것을 너에게 나중에 우송하겠다.

*** eine Predigt halten : 설교를 하다**

Der Pfarrer hat uns *eine* langweilige *Predigt gehalten.*

목사는 우리에게 지루한 설교를 했다.

*** um jeden Preis : 어떤 희생을 치르더라도**

Ich will es *um jeden Preis* kaufen.

나는 그것을 값이 얼마든간에 사겠다.

*** zu billigem (hohem) Preise : 싼(비싼) 값으로**

Er verkaufte es *zu billigem Preise*

그는 그것을 싼 값으로 팔았다.

*** zum Preise von ... : ...의 값으로**

Sie kaufte das Kleid *zum Preise von* 100 Mark.

그녀는 그 옷을 100마르크의 값으로 샀다.

*** einen Preis gewinnen : 상(賞)을 타다**

Er hat *den* ersten *Preis gewonnen*

그는 일등상을 탔다.

Er hat im Sport *einen Preis gewonnen.*

그는 스포츠에서 입상했다.

* **im Prinzip : 원칙적으로**

Im Prinzip bin ich damit einverstanden.

원칙적으로 나는 그것에 동의한다.

* **nach einem Prinzip : 원칙에 따라**

Er handelt immer *nach Prinzipien.*

그는 언제나 원칙대로 행동한다.

* **das Problem (die Aufgabe, die Frage) lösen : 문제를 풀다**

Das Problem ist nicht so leicht zu *lösen.*

(=Das Problem läßt sich nicht so einfach lösen.)

그 문제는 그렇게 간단히는 풀리지 않는다.

Er hat *das Problem gelöst.*

그는 그 문제를 해결했다.

* **als Professor berufen werden : 교수로 초빙되다**

Er *wurde als Professor* der Physik an die Universität Köln *berufen.*

그는 쾰른대학에 물리학 교수로 초빙되었다.

* **zum Professor (Minister) ernannt werden : 교수(장관)에 임명되다**

Er *wurde zum Professor ernannt.*

그는 교수에 임명되었다.

* **die Prüfung (in der Prüfung) bestehen : 시험에 합격하다**

Er hat *die Prüfung bestanden.*

그는 시험에 합격했다.

* **bei (in) der Prüfung durchfallen : 시험에 낙제하다**

Er ist *bei der Prüfung durchgefallen.*

(=Er hat die Prüfung nicht bestanden.)

그는 시험에 낙제했다.

* **eine Prüfung machen : 시험을 치다**

Ich *mache* morgen *eine* mündliche (schriftliche) *Prüfung.*

나는 내일 구술(필기)시험을 친다.

* **mitten im Publikum : 관중 · 청중의 한가운데에**

Er saß *mitten im Publikum.*

그는 관중의 한가운데에 앉아 있었다.

* **jm. den Puls fühlen :** (누구)의 맥을 짚다

Der Arzt *fühlte* mir *den Puls.*

의사는 나의 맥을 짚었다.

* **in diesem Punkt :** 이 점에 있어서

In diesem Punkt hast du unrecht.

이 점에 있어서는 네가 옳지 않다.

* **Punkt für Punkt :** 하나하나, 자세하게

Wir diskutierten die Angelegenheit *Punkt für Punkt.*

우리는 그 일을 자세히 토론했다.

* **mit Puppen spielen :** 인형을 가지고 놀다

Das Kind *spielt mit Puppen.*

그 아이는 인형을 가지고 놀고 있다.

Q

* **Qualen ertragen (leiden) :** 고통을 참다 · 견디다

Der Kranke mußte große körperliche *Qualen* (Schmerzen) *ertragen.*

그 환자는 커다란 육체적 고통을 견뎌야만 했다.

Er *litt Qualen* des Hungers (des Durstes).

그는 배고픔의(갈증의) 고통을 견뎠다.

* **für Qualität bürgen :** 품질을 보증하다

Der Name dieser Firma *bürgt für Qualität.*

이 상호는 품질을 보증한다.

* **von guter (schlechter) Qualität sein :** 품질이 좋다(나쁘다)

Die Erzeugnisse dieser Betriebes *sind von guter Qualität.*

이 공장의 제품은 품질이 좋다.

Die Ware *ist von schlechter Qualität.*

이 물건은 품질이 나쁘다.

* **aus guter (zuverlässiger) Quelle :** 정통한(믿을만한) 소식통으로부터

Ich habe es *aus guter Quelle* erfahren.

나는 그것을 정통한 소식통으로부터 들었다.

* **quer über et.[4] :** (무엇)을 가로질러

Der Hund läuft *quer über* die Straße.

개가 길을 가로질러(횡단하여) 달려간다.

* **kreuz und quer :** 가로세로로, 사방팔방으로

Wir fuhren *kreuz und quer* durch Deutschland.

우리는 독일을 사방팔방(종횡무진)으로 달렸다.

*** eine Quittung ausstellen :** 영수증을 교부하다

Ich ließ mir *eine Quittung* über 100 Mark *ausstellen.*

나는 100마르크의 영수증을 교부받았다.

R

*** sich⁴ an jm. 〔für et.〕 rächen :** (누구)에게 〔무엇의〕 복수를 하다

Ich werde *mich an* ihm *rächen*

나는 그에게 복수할 테다.

Sie hat *sich für* die Beleidigung *an* ihm *gerächt*.

그녀는 그에게 모욕의 앙갚음을 했다.

*** mit dem Rad (Fahrrad) fahren :** 자전거를 타고 가다

Er *fuhr mit* (*auf*) *dem Rad* durch das Dorf.

그는 자전거를 타고 마을을 지나갔다.

*** vom Rad (Fahrrad) springen :** 자전거에서 뛰어내리다

Er *sprang vom Rad*.

그는 자전거에서 뛰어내렸다.

*** sich⁴ aufs Rad (Fahrrad) setzen :** 자전거에 올라타다

Er *setzte sich aufs Rad* und fuhr davon.

(=Er stieg aufs Rad und fuhr davon.)

그는 자전거에 올라타고 떠났다.

*** das Radio anstellen (abstellen) :** 라디오를 켜다(끄다)

Er *stellte das Radio an* (*ab*).

(=Er schaltete das Radio ein (aus).)

그는 라디오를 켰다(껐다).

Schalte doch bitte *das Radio ein* (*aus*)!

라디오를 좀 켜다오(꺼다오)!

*** Radio hören :** 라디오를 듣다

Er *hört Radio*

그는 라디오를 듣고 있다.

*** im Radio (Rundfunk) : 라디오에서·로**

Ich hörte ihn *im Radio.*

나는 라디오에서 그의 소리를 들었다.

Ich hörte den Vortrag *im Radio.*

나는 라디오에서 강연을 들었다.

Der Sportkampf wird *im* (*vom*) *Radio* übertragen.

그 운동경기는 라디오로 중계된다.

*** eine Rakete abschießen : 로켓을 발사하다**

Eine Rakete wurde zum Mond *abgeschossen.*

로켓이 달을 향해 발사되었다.

*** bis zum Rand (bis an den Rand) füllen : 넘치게 가득 붓다**

Er *füllte* das Glas (die Tasse) *bis zum Rand.*

그는 잔이 넘치게 가득 부었다.

*** sich[4] rasieren : 면도하다**

Ich muß *mich* jeden Morgen *rasieren.*

나는 아침마다 면도해야 한다.

Er *rasiert sich* mit einem elektrischen Rasierapparat.

그는 전기 면도기로 면도한다.

Heute morgen hatte ich keine Zeit, *mich* zu *rasieren.*

오늘 아침에 나는 면도할 시간이 없었다.

*** Rast machen (halten) : 휴식을 취하다**

Wir *machten* (*hielten*) an einem See *Rast.*

우리는 한 호숫가에서 휴식을 취했다.

Wollen wir nicht zehn Minuten *Rast machen*?

우리 10분간 휴식하지 않겠어요?

*** ohne Rast und Ruh〔e〕 (=ohne Ruh〔e〕 und Rast) : 쉬지 않고, 꾸준히**

Wir arbeiteten *ohne Rast und Ruh.*

우리는 쉬지 않고 일했다.

*** jm. einen Rat geben : (누구)에게 충고를 하다**

Er *gab* mir *einen* guten *Rat.*

그는 나에게 좋은 충고를 해 주었다.

∗ **bei jm. Rat suchen : (누구)에게 조언을 구하다**

Ich *suchte bei* ihm *Rat.*

(=Ich *fragte* ihn *um Rat.*)

나는 그에게 조언을 구했다.

Er hat niemanden, den er *um Rat fragen* kann.

그에게는 조언을 구할만한 사람이 아무도 없다.

∗ **auf einen Rat hören : 충고를 듣다 · 따르다**

Höre auf seinen *Rat*!

그의 충고를 들어라!

∗ **auf meinen (seinen) Rat : 나의(그의) 충고에 따라**

Auf meinen Rat hat er endlich den Arzt aufgesucht.

나의 권고에 따라 그는 마침내 의사를 찾았다.

∗ **jm. raten, … zu 부정형 : (누구)에게 …하도록 충고하다**

Der Vater *riet* mir, sparsamer *zu* sein.

아버지는 나에게 좀 더 절약하라고 충고하셨다.

Der Arzt hat mir *geraten,* nicht *zu* rauchen.

의사는 나에게 담배 피우지 말라고 충고했다.

∗ **zum Rathaus gehen : 시청으로 가다**

Er *ging zum Rathaus,* um mit dem Bürgermeister zu sprechen.

그는 시장(市長)과 이야기 하기 위해 시청으로 갔다.

∗ **das Rätsel lösen (raten) : 수수께끼를 풀다**

Mein Bruder hat *das Rätsel gelöst* (*geraten*)

내 동생이 그 수수께끼를 풀었다.

Ich kann *das Rätsel* nicht *lösen.*

나는 그 수수께끼를 풀 수 없다.

Endlich wurde sein *Rätsel gelöst.*

(=Endlich löste sich sein Rätsel.)

마침내 그의 수수께끼가 풀렸다.

∗ **jm. et.⁴ rauben : (누구)에게서 (무엇)을 빼앗다**

Er *raubte* mir das Geld.

그는 나에게서 그 돈을 빼앗았다.

Man hat ihm sein Geld *geraubt*

그는 돈을 강탈 당했다.

* **auf et.[4] rechnen :** (무엇)을 믿다 · 의지하다

Du kannst *auf* mich *rechnen.*

너는 나를 믿어도 된다.

Kannst du wirklich *auf* seine Hilfe *rechnen*?

너는 정말 그의 도움을 기대할 수 있느냐?

* **mit et. rechnen :** (무엇)을 고려에 넣다

Man muß *mit* dem schlechten Wetter *rechnen*

날씨가 나쁜 경우를 고려해야 한다.

Ich hatte nicht *mit* seinem Besuch *gerechnet.*

나는 그의 방문을 예기치 못했었다.

* **richtig rechnen :** 정확히 계산하다

Hast du *richtig gerechnet*?

너는 맞게 계산했니?

* **die Rechnung bezahlen :** 계산서의 금액을 지불하다

Er hat *die Rechnung bezahlt.*

그는 계산서의 금액을 지불했다.

* **auf meine Rechnung :** 나의 비용 · 부담으로

Das Bier geht *auf meine Rechnung*

맥주 대금은 내가 부담한다.

Das geht *auf seine Rechnung*

그것은 그가 부담한다.

* **das Recht (die Rechte) studieren :** 법률을 연구하다

Er *studiert das Recht* an der Universität Berlin.

그는 베르린 대학에서 법률을 연구한다.

* **das Recht haben, ... zu** 부정형 **:** ...할 권리가 있다

Wir *haben das Recht,* ein glückliches Leben *zu* führen.

(=Wir haben das Recht auf ein glückliches Leben.)

우리는 행복한 생활을 할 권리가 있다.

Du *hast* kein *Recht,* mir das *zu* befehlen.

너는 나에게 그것을 명령할 권리는 없다.

* **das Recht auf et.[4] haben :** (무엇)에 대하여 권리가 있다

Wir Menschen *haben das Recht auf* Freiheit.

우리 인간은 자유권이 있다.

Du *hast* kein *Recht* dar*auf*.

너는 그것에 대하여 아무런 권리도 없다.

* **mit Recht :** 정당하게, 당연히

Er sagt es *mit Recht*.

그가 그 말을 하는 것은 당연하다.

Er besteht *mit Recht* darauf.

그가 그것을 고집하는 것은 당연하다.

* **recht (unrecht) haben :** (언행이) 옳다(옳지 않다)

Du *hast recht*.

(=Du bist richtig.)

네가 옳다.

Darin *haben* Sie *recht*.

그 점에 있어서는 당신이 옳습니다.

Er *hat unrecht*.

(=Er hat nicht recht.)

그는 옳지 않다.

* **jm. recht geben :** (누구)를 옳다고 하다 · 옳다고 시인하다

Ich *gebe* dir *recht*.

나는 너〔의 언행〕를 옳다고 시인한다.

Er *gab* mir *recht*.

그는 나를 옳다고 했다.

* **von rechts nach links :** 오른쪽에서 왼쪽으로

Er geht *von rechts nach links*

그는 오른쪽에서 왼쪽으로 간다.

* **rechts (links) von et. :** (무엇)의 오른쪽에(왼쪽에)

Er saß *rechts von* mir.

그는 내 오른편에 앉아 있었다.

Die Stadt liegt *links vom* Rhein

그 도시는 라인강의 왼편에 있다.

*** eine Rede (einen Vortrag) halten :** 연설(강연)하다

Er hat *eine* lange *Rede gehalten.*

그는 긴 연설을 했다.

Der Minister *hielt eine Rede* im Rundfunk (Radio).

장관은 라디오로 연설을 했다.

*** nicht der Rede[2] wert sein :** 이야기할 가치가 없다

Das ist *nicht der Rede[2] wert.*

그것은 이야기할 만한 가치가 없다.

*** auf js. Rede[4] hören :** (누구)의 말에 귀를 기울이다

Sie *hörten auf meine Rede.*

(=Sie hörten mir zu.)

그들은 내 말에 귀를 기울였다.

*** von et. die Rede sein :** (무엇)이 화제가 되어 있다

Es *war* gerade *von* dir *die Rede*

바로 네가 화제가 되었다.

Da*von* kann keine *Rede sein.*

그것은 화제거리가 될 수 없다.

*** jm. in die Rede fallen :** (누구)의 말을 가로 막다

Er *fiel* mir *in die Rede.*

(=Er unterbrach mich.)

그는 내 말을 가로 막았다.

*** mit sich selbst reden :** 혼자 중얼거리다

Er *redete mit sich selbst.*

(=Er sprach vor sich hin.)

그는 혼자 중얼거렸다.

*** in der Regel (=gewöhnlich, im allgemeinen) :** 보통, 일반적으로

In der Regel kommt er um 18 Uhr nach Hause

보통 그는 18시에 집으로 온다.

Ich bin abends *in der Regel* zu Hause

나는 저녁에는 보통 집에 있다.

*** der Regel[3] nach (=nach der Regel) :** 규칙에 따라, 규칙

적으로

Er lebt *der Regel nach.*

(=Er führt ein regelmäßiges Leben.)

그는 규칙적인 생활을 한다.

*** den Regenschirm aufspannen (aufmachen) :** 우산을 펴다

Er *spannte* (*machte*) seinen *Regenschirm auf.*

그는 자기의 우산을 폈다.

*** reich (arm) an et.[3] sein :** (무엇)이 풍부(부족)하다

Das Land ist *reich an* natürlichen Schätzen.

그 나라는 천연자원이 풍부하다.

Der See ist *reich an* Fischen.

그 호수에는 고기가 많다.

Er ist *arm an* Mut.

(=*Es fehlt* (*mangelt*) ihm *an* Mut.)

그는 용기가 없다.

Sie ist *arm an* Reizen.

그녀는 매력이 없다.

*** jm. et.[4] reichen :** (누구)에게 (무엇)을 내밀다 · 건네다

Er *reichte* mir die Hand.

그는 나에게 악수를 청했다.

Reichen Sie mir bitte das Salz!

소금 좀 건네 주세요!

*** reif werden :** 익다

Das Obst *wird reif.*

(=Das Obst reift.)

과일이 익는다.

Im Herbst *werden* die Äpfel *reif.*

가을에는 사과가 익는다.

*** in einer Reihe :** 일렬로

Sie stehen *in einer Reihe* (hintereinander).

그들은 일렬(종대)로 서 있다.

*** in der ersten Reihe :** 맨 첫줄에

Wir saßen im Theater *in der ersten Reihe.*

우리는 극장에서 맨 앞줄에 앉아 있었다.

*** der Reihe[3] nach (=nach der Reihe) :** 차례에 따라, 차례로

Die Patienten wurden *der Reihe nach* (*einer nach dem anderen*) aufgerufen.

환자들은 차례차례로 호명되었다.

*** an der Reihe sein :** 차례다

Wer *ist an der Reihe?*

누구 차례냐?

Ich *bin an der Reihe.*

(=Die Reihe ist an mir.)

내 차례다.

*** an die Reihe kommen :** 차례가 오다

Ich *komme an die Reihe.*

(=Die Reihe kommt an mich.)

이번은 내 차례다.

Wann *komme* ich *an die Reihe?*

내 차례는 언제 돌아오는가?

*** et.[4] ins reine schreiben :** (무엇)을 정서하다

Sie *schrieb* den Brief *ins reine.*

그녀는 편지를 깨끗이 썼다.

*** eine Reise machen (=reisen) :** 여행하다

Er *macht eine Reise* nach Amerika

그는 미국으로 여행한다.

Wir *machten* im vorigen Jahr *eine Reise* rund um die Welt

우리는 작년에 세계 일주 여행을 했다.

*** auf der Reise sein :** 여행중이다

Er *ist* jetzt *auf der Reise*

그는 지금 여행중이다.

In der Zeit vom 1. Oktober bis 3. Oktober *bin* ich *auf Reisen.*

10월 1일부터 10월 3일까지의 기간에는 나는 여행중이다.

Er *war* viel *auf Reisen.*

그는 여행을 많이 했다.

* **von der Reise zurückkommen :** 여행에서 돌아오다

Er *kommt* heute *von der Reise zurück.*

그는 오늘 여행에서 돌아온다.

Wann *kommen* Sie *von der Reise zurück?*

당신은 언제 여행에서 돌아오십니까?

* **et.[4] an sich reißen :** (무엇)을 강탈하다

Endlich ist es ihm gelungen, das Macht *an sich* zu *reißen.*

마침내 그는 권력을 장악하는데 성공했다.

* **in einem Restaurant essen :** 음식점에서 식사하다

In einem Restaurant aß ich zu Mittag.

(=*In einem Restaurant aß* ich mein Mittagessen.)

한 음식점에서 나는 점심을 먹었다.

Wir haben heute *in einem* vornehmen *Restaurant gegessen.*

우리는 오늘 고급 음식점에서 식사를 했다.

* **aus welcher Richtung :** 어느 방향에서

Aus welcher Richtung bläst der Wind?

바람이 어느 방향에서 불어오는가?

* **in dieser Richtung :** 이 방향으로 · 에

Er ging *in dieser Richtung.*

그는 이쪽으로 갔다.

Wir gingen *in südlicher Richtung* weiter.

우리는 남쪽으로 계속갔다.

In welcher Richtung liegt die Stadt?

그 도시는 어느 쪽에 있는가?

Das Theater liegt *in der entgegengesetzten Richtung.*

극장은 반대 방향에 있다.

* **nach allen Richtungen :** 사방팔방으로

Ich habe *nach allen Richtungen* nach dir gesucht.

나는 사방팔방으로 너를 찾았다.

* **an et.[3] riechen :** (무엇)의 냄새를 맡다

Riechen Sie mal *an* der Blume!

이 꽃 향내 한 번 맡아보세요!

*** es riecht nach et. : (무엇)의 냄새가 나다**

Es riecht nach Kaffee.

커피 냄새가 난다.

Im Wohnzimmer *riecht es nach* Zigaretten.

안방에는 담배 냄새가 난다.

*** einen Ring tragen : 반지를 끼고 있다**

Sie *trägt einen* goldenen *Ring* an ihrem Zeigefinger.

그녀는 검지에 금반지를 끼고 있다.

*** den Rock anziehen (ausziehen) : (남자용)상의 · (여자용) 스커트를 입다(벗다)**

Er *zog den Rock an* (*aus*).

그는 상의를 입었다(벗었다).

*** eine Rolle spielen : 역을 맡아하다 ; 어떤 역할을 하다**

Er *spielte eine* große *Rolle.*

그는 큰 역을 맡아했다 / 중요한 역할을 했다.

Der Schauspieler *spielte die Rolle* des ,,Faust'' sehr gut.

그 배우는 「파우스트」의 역을 매우 잘했다.

Er *spielt* in seiner Familie keine große *Rolle.*

그는 그의 가정에서 큰 역할을 하지 못한다.

Bei ihm *spielt* Geld keine *Rolle.*

그에게는 돈은 대수로운 문제가 아니다.

*** einen (in einem) Roman lesen : 장편소설을 읽다**

Er *liest einen* historischen *Roman.*

그는 역사소설을 읽고 있다.

Ich habe *den* neuesten *Roman* von Günther Grass *gelesen.*

나는 귄터그라스의 최신작 소설을 읽었다.

*** rot werden : 붉어지다**

Sie *wurde* vor Scham[3] *rot* [im Gesicht].

그녀는 부끄러워서 얼굴을 붉혔다.

Er *wurde* vor Zorn[3] ganz *rot.*

그는 화가 나서 얼굴이 새빨개졌다.

* **jm. den Rücken kehren : (누구)에게 등을 돌리다**

Er *kehrte* mir *den Rücken.*

그는 나에게 등을 돌렸다.

Er *kehrte* für immer seinem Vaterland *den Rücken.*

그는 영원히 그의 조국을 등졌다.

* **hinter js. Rücken[3] : (누구)의 배후에서, (누구)에게 숨기고**

Er hat es *hinter meinem Rücken* getan.

그는 나에게 숨기고(나몰래) 그것을 했다.

Sie verlobten sich *hinter dem Rücken* ihrer Familien.

그들은 그들의 가족에게 숨기고 약혼했다.

* **bei meiner Rückkehr : 내가 돌아올 때**

Bei meiner Rückkehr holte mich meine Familie vom Bahnhof ab.

내가 돌아왔을 때 나의 가족이 정거장으로 나를 마중나왔다.

* **auf et.[4] Rücksicht nehmen : (무엇)을 고려하다**

Du mußt *auf* deine Gesundheit *Rücksicht nehmen.*

너는 너의 건강을 고려해야 한다.

Ich *nehme* gar keine *Rücksicht auf* das Problem.

나는 그 문제를 전혀 고려하지 않고 있다.

* **in (aus, mit) Rücksicht auf et.[4] : (무엇)을 고려하여**

Du mußt *in Rücksicht auf* deine Gesundheit arbeiten.

너는 너의 건강을 고려하여(생각해서) 일해야 한다.

Sie übernachteten *ohne Rücksicht auf* die Kosten in einem Hotel.

그들은 비용을 고려치 않고 호텔에 숙박했다.

* **auf dem Rückweg : 귀로에**

Auf dem Rückweg machte ich einen Besuch bei ihm.

귀로에 나는 그의 집을 방문했다.

* **einen Ruf erhalten : 초빙을 받다**

Er hat *einen Ruf* als Professor an die Universität Seoul *erhalten.*

그는 서울대학교에 교수로 초빙을 받았다.

* **einen guten (schlechten) Ruf haben : 평판이 좋다(나**

쁘다)

Er *hat einen guten Ruf*.

그는 평판이 좋다.

* **nach jm. rufen :** (누구)를 부르다

Er *rief* laut *nach* mir.

그는 큰 소리로 나를 불렀다.

Jemand hat *nach* Ihnen *gerufen*.

누군가가 당신을 불렀읍니다.

* **Ruhe brauchen :** 휴식이 필요하다

Du *brauchst* unbedingt *Ruhe*.

(=Du bedarfst unbedingt der Ruhe[2].)

너는 무조건 휴식이 필요하다.

* **zur Ruhe kommen :** 조용해지다 ; 정지하다

Ich bin den ganzen Tag nicht *zur Ruhe gekommen*.

나는 온종일 쉬지 못했다.

Das Rad *kommt* langsam *zur Ruhe*

차바퀴가 천천히 정지한다.

* **jn. in Ruhe lassen :** (누구)를 성가시게 하지 않다

Laß mich *in Ruhe*!

나를 가만히 내버려 두어라 !

* **sich[4] zur Ruhe begeben :** 취침하다

Er hat *sich zur Ruhe begeben*.

(=Er ist ins Bett gegangen.)

그는 취침했다.

* **in 〔aller〕 Ruhe :** 〔아주〕 조용히, 침착하게

Wir wollen *in 〔aller〕 Ruhe* darüber nachdenken!

그것에 대해서 잘 좀 생각해 봅시다 !

* **ohne Ruh〔e〕 und Rast (=ohne Rast und Ruh〔e〕) :** 쉬지 않고, 꾸준히

Sie arbeiteten *ohne Ruh und Rast*.

그들은 쉬지 않고 일한다.

* **auf et.[3] ruhen :** (무엇)을 근거 · 토대로 하고 있다

Die ganze Verantwortung *ruht auf* mir

전 책임은 나에게 있다.

* **Ruhm ernten (erwerben) : 명성을 얻다**

Der Künstler *erntete* (*erwarb*) großen *Ruhm*.

그 예술가는 큰 명성을 얻었다.

* **sich[4] mit et. (od. et.[2]) rühmen : (무엇)을 자랑하다**

Er *rühmte sich* 〔*mit*〕 seiner Leistung.

그는 자기의 업적을 자랑했다.

* **an et.[4] rühren : (무엇)에 손대다**

Rühre nicht *an* diese Wunde!

이 상처에 손대지 마라!

Wir wollen von nun an nicht mehr dar*an rühren*!

지금부터 더이상 그것에 대해서는 말하지 맙시다!

S

*** zur Sache kommen : 본제(本題)에 들어가다**

Nun, *kommen* wir *zur Sache*!

자, 본제에 들어 갑시다!

*** offen gesagt (gestanden) : 솔직이 말하자면**

Offen gesagt, bin ich enttäuscht.

솔직이 말해서, 나는 실망했다.

Offen gestanden, ich mag ihn nicht.

솔직이 말해서, 나는 그를 좋아하지 않는다.

*** unter uns gesagt : 우리끼리 얘기지만**

Unter uns gesagt, ist er ein schwieriger Mann.

우리끼리 얘기지만, 그는 까다로운 사람이다.

Unter uns gesagt, daß ich im Kino war, ist erlogen.

우리끼리 얘기지만, 내가 영화관에 갔었다는 것은 거짓말이다.

*** wie oben gesagt (erwähnt) : 위에서 말한 바와같이**

Wie oben gesagt, halte ich ganz bestimmt mein Versprechen.

(=Wie ich oben sagte, ...)

위에서 말한 바와같이 나는 틀림없이 약속을 지킨다.

*** Salz tun : 소금을 치다**

Sie *tut Salz* an die Speisen.

그녀는 음식에 소금을 친다.

Hast du *Salz* in die Suppe *getan*?

너는 국에 소금을 쳤니?

*** sich[4] sammeln : 모이다**

Sie *sammelten sich* auf dem Platz (in der Halle, vor der Schule).

그들은 광장에(홀에, 학교 앞에) 모였다.

*** wie Sand am Meer :** 바닷가의 모래알처럼 많은, 무수히

Er hat Geld *wie Sand am Meer.*

그는 바닷가의 모래알처럼 많은(거액의) 돈은 가지고 있다.

*** sich[4] satt essen :** 실컷 먹다

Ich habe *mich satt gegessen.*

나는 실컷 먹었다.

*** et.[2,4] satt sein :** (무엇)에 싫증이 나다

Ich bin des Lebens *satt* (*müde*).

나는 삶에 지쳤다.

Ich bin seiner (ihn) *satt.*

나는 그에게 싫증이 난다.

Ich bin es *satt.*

나는 그것에 싫증이 난다(물렸다).

*** einen Satz bilden :** 문장을 짓다

Bilden Sie *einen Satz* aus diesen Wörtern!

이 단어를 사용하여 문장을 만드시오!

*** sauber machen :** 소제하다

Die Mutter *macht sauber.*

어머니는 소제하신다.

Sie *machte* das Zimmer (das Haus) *sauber.*

그녀는 방(집)을 소제했다.

Mache die Tafel *sauber!*

칠판을 지워라!

*** sauer werden :** 시어지다

Die Speise ist *sauer geworden.*

음식이 시어졌다.

Die Arbeit *wird* mir *sauer.*

그 일은 나에게는 괴롭다.

*** et.[3] schaden :** (무엇)을 해치다

Rauchen *schadet* der Gesundheit.

(=Rauchen ist der Gesundheit schädlich.)

흡연은 건강을 해친다.

Das *schadet* nichts.

그것은 지장없다.

* **Schaden anrichten (erleiden) :** 손해를 내다(입다)

Die Überschwemmung *richtete* großen *Schaden an.*

홍수는 큰 손해를 야기했다.

Die Fabrik *erlitt* durch Feuer großen *Schaden.*

그 공장은 화재로 인해 큰 손실을 입었다.

* **den Schaden wiedergutmachen :** 손해를 배상·보상하다

Er mußte *den Schaden wiedergutmachen.*

그는 손해를 배상해야만 했다.

Der Schaden wurde *wiedergutgemacht.*

손해는 배상을 받았다.

* **vor Scham³ :** 부끄러워서

Sie wurde rot *vor Scham.*

(=Sie errötete *vor Scham.*)

그녀는 부끄러워서 얼굴을 붉혔다.

* **ohne jede Scham :** 조금도 부끄러워하지 않고

Sie sagte mir die Wahrheit *ohne jede Scham.*

그녀는 조금도 부끄러워하지 않고 나에게 진실을 말했다.

* **sich⁴ et.² (über et⁴., wegen et.) schämen :** (무엇)을 부끄러워하다

Ich *schäme mich* seiner (*über* ihn).

나는 그와 함께 있는 것이 부끄럽다.

Er *schämte sich wegen* seines Verhaltens.

그는 자기의 행동을 부끄러워 했다.

* **jm. Schande machen :** (누구)에게 창피를 주다

Er *machte* mir große *Schande.*

그는 나에게 큰 창피를 주었다.

Er *machte* seiner Familie *Schande.*

그는 가문을 더렵혔다.

* **in Scharen :** 떼를 지어

Die Menschen kamen *in Scharen* zum Sportplatz.

사람들이 떼를 지어 경기장으로 왔다.

* **einen Schatten werfen :** 그림자를 던지다

Die Bäume *warfen* lange *Schatten.*

나무들이 긴 그림자를 던졌다.

* **im Schatten :** 그늘에서

Er sitzt *im Schatten* eines Baumes.

그는 나무 그늘에 앉아 있다.

* **hoch schätzen :** 높이 평가하다, 존중하다

Er *schätzte* dich *hoch.*

그는 너를 높이 평가했다.

Er *schätzte* die Freiheit *höher* als das Leben.

그는 생명보다 자유를 더 존중했다.

* **sich⁴ glücklich schätzen :** 자신을 행복하다고 여기다

Ich *schätze mich glücklich.*

나는 내 자신을 행복하다고 생각한다.

* **um sich schauen :** 주위를 둘러보다

Er *schaute um sich.*

그는 주위를 둘러 보았다.

* **ins Schauspiel gehen :** 연극을 보러가다

Wir *gehen* heute abend *ins Schauspiel.*

우리는 오늘 저녁에 연극을 보러 간다.

* **von jm. scheiden :** (누구)와 헤어지다

Er *schied von* ihr.

그는 그녀와 헤어졌다.

Wir *schieden von*einander

우리는 서로 헤어졌다.

* **den Schein wahren :** 체면을 갖추다

Er versuchte, *den Schein* zu *wahren*

그는 체면을 갖추려고 애썼다.

* **dem Scheine nach (=nach dem Scheine) :** 외견상, 겉으로 보아서

Du darfst nicht nur *dem Scheine nach* urteilen.

너는 겉만 보고 판단을 내려서는 안된다.

*** zum Schein :** 겉으로는, 겉보기에는

Er hat das nur *zum Schein* gesagt.

그는 겉으로만 그렇게 말했다.

*** scheinen … zu** 부정형 **:** …인 것 같이 보이다

Er *scheint* krank (gesund) *zu* sein.

그는 아픈(건강한) 것 같이 보인다.

Es *scheint* mir nicht wichtig *zu* sein.

그것은 내게는 중요한 것 같지 않다.

*** jn. et.[4] schelten (schimpfen) :** (누구)를 (무엇)이라고 꾸짖다・욕하다

Er *schalt* (*schimpfte*) mich einen Narren.

그는 나를 바보라고 욕했다.

*** jm. et.[4] schenken :** (누구)에게 (무엇)을 선사하다

Sie hat mir zum Geburtstag einen Füller *geschenkt*.

그녀는 내 생일에 만년필을 선사했다.

Was hast du deinen Eltern zu Weihnachten *geschenkt*?

너는 크리스마스에 너의 부모님에게 무엇을 선물했느냐?

*** et.[4] mit der Schere schneiden :** (무엇)을 가위로 자르다

Sie *schnitt* es *mit der Schere*.

그녀는 그것을 가위로 잘랐다.

*** aus (im, zum) Scherz (Spaß) :** 농담으로

Er hat es *aus Scherz* gesagt.

그는 농담으로 그 말을 했다.

Das habe ich nur *im Scherz* gesagt.

그것을 나는 농담으로 말했을 뿐이다.

*** ohne Scheu :** 겁없이

Sie stürzte sich *ohne Scheu* auf ihn.

그녀는 겁내지 않고 그에게 덤벼들었다.

*** Scheu vor jm. haben :** (누구)를 두려워하다

Er *hat Scheu vor* mir.

그는 나를 겁낸다.

*** Schi laufen (fahren) : 스키이를 타다**

Wenn es schneit, *läuft* (*fährt*) man *Schi.*

눈이 오면 사람들은 스키이를 탄다.

Wir *gehen Schi* (*Ski*) *laufen.*

(=Wir gehen zum Schilaufen (Schifahren).)

우리는 스키이 타러 간다.

*** mit dem Schiff fahren : 배를 타고 가다**

Man *fährt mit dem Schiff* über das Meer.

사람들은 배를 타고 바다를 건넌다.

Er *fuhr mit dem Schiff* nach Japan.

그는 배를 타고 일본으로 갔다.

*** jn. et.[4] schimpfen : (누구)를 (무엇)이라고 욕하다**

Man *schimpft* ihn einen Feigling.

그는 겁장이라고 욕을 먹고 있다.

Er wurde ein Narr (ein Dummkopf) *geschimpft.*

그는 바보라고 욕을 먹었다.

*** die Schlacht gewinnen (verlieren) : 전투에 이기다(지다)**

Die Deutschen *gewannen* (*verloren*) *die Schlacht.*

독일인은 그 전투에 이겼다(패했다).

*** aus dem Schlaf erwachen : 잠에서 깨다**

Ich *erwachte aus einem* tiefen (unruhigen) *Schlaf.*

나는 깊은(불안한) 잠에서 깨었다.

*** in tiefem Schlaf liegen : 깊이 잠들어 있다**

Er *liegt in tiefem Schlaf.*

(=Er schläft tief (fest).)

그는 깊이 잠들어 있다.

*** schlafen gehen (=ins Bett gehen) : 취침하다**

Er ist schon *schlafen gegangen.*

그는 이미 취침했다.

*** fest (tief) schlafen : 숙면하다**

Ich habe *fest geschlafen.*

나는 숙면했다.

* **mit einem Schlag (=auf einen Schlag) :** 일격으로 ; 갑자기

Wir schlugen den Feind *mit einem Schlag* in die Flucht.

우리는 적을 일격으로 물리쳤다.

Er wurde *mit einem Schlag* wach.

그는 갑자기 잠을 깨었다.

* **Schlag auf Schlag :** 연이어, 잇달아

Das alles passierte (geschah) *Schlag auf Schlag.*

그 모든 것이 연달아 일어났다.

* **Schlange stehen :** 장사진을 이루다

Um Karten zu bekommen, *stehen* die Leute *Schlange.*

표를 구하기 위해 사람들이 장사진을 이루고 있다.

Vor dem Kino haben die Leute *Schlange gestanden.*

영화관 앞에는 사람들이 장사진을 이루고 있었다.

* **jm. schlecht (übel) sein :** (누구)는 기분이 나쁘다

Ist Ihnen *schlecht?*

당신은 기분이 나쁘십니까?

Mir ist *schlecht.*

(=Ich fühle mich übel.)

나는 기분이 나쁘다.

* **sich⁴ in et.⁴ schleichen :** (무엇)안으로 몰래 들어가다

Er hat *sich ins* Haus *geschlichen.*

(=Er ist ins Haus geschlichen.)

그는 집안으로 몰래 들어갔다.

* **et.⁴ aus et. schließen :** (무엇)에서 (무엇)을 추론하다

Aus seinen Worten kann man *schließen*, daß er alles verstanden hat.

그의 말에서 그가 모든 것을 이해했다는 것을 추론할 수 있다.

Wor*aus* (Woher) *schließen* Sie das?

무엇을 근거로 당신은 그렇게 추단하십니까?

* 〔**sich³**〕 **den Schlips (die Krawatte) binden :** 넥타이를 매다

Er *band sich den Schlips* um den Hals.

그는 넥타이를 목에 매었다.

* **einen Schlips (eine Krawatte) tragen :** 넥타이를 매고 있다

Er *trägt* gern *einen* roten *Schlips.*

그는 붉은 넥타이를 즐겨 맨다.

Er *trägt* zu seinem weißen Hemd *einen* roten *Schlips.*

그는 흰샤쓰에 붉은 넥타이를 매고 있다.

* **〔mit dem〕 Schlitten fahren :** 썰매를 타다

Die Kinder *fahren 〔mit dem〕 Schlitten.*

아이들이 썰매를 탄다.

* **Schlittschuh laufen (fahren) :** 스케이팅을 하다

Hier kann man im Winter *Schlittschuh laufen.*

여기에서는 겨울에 스케이팅을 할 수 있다.

Ich bin *Schlittschuh gelaufen.*

나는 스케이팅을 했다.

Ich *gehe Schlittschuh laufen.*

나는 스케이팅을 하러 간다.

* **bis zum Schluß (=bis zu Ende) :** 끝까지

Ich las das Buch *bis zum Schluß.*

나는 그 책을 끝까지 읽었다.

Ich blieb *bis zum Schluß* der Tagung.

나는 회의가 끝날 때까지 남아 있었다.

* **mit et. Schluß machen :** (무엇)에 결말·결론을 짓다

Für heute *machen* wir *mit* der Arbeit *Schluß*!

오늘은 그 일을 마치자!

Wir müssen *mit* der Sache *Schluß machen.*

우리는 그 일에 결론을 짓지 않으면 안된다.

* **mit dem Schlüssel aufschließen (öffnen) :** 열쇠로 열다

Er hat die Haustür *mit dem Schlüssel aufgeschlossen* (*geöffnet*).

그는 현관문을 열쇠로 열었다.

* **den Schlüssel ins Schloß stecken :** 열쇠를 자물쇠에 꽂다

Er *steckt den Schlüssel ins Schloß.*

그는 열쇠를 자물쇠에 꽂는다.

Der Schlüssel *steckt im* Schloß.

열쇠가 자물쇠에 꽂혀 있다.

*** nach et. schmecken : (무엇)의 맛이 나다**

Die Suppe *schmeckt nach* Fisch.

그 수우프는 생선 맛이 난다.

*** Schmerzen ertragen (dulden) : 고통을 참다**

Er mußte heftige *Schmerzen ertragen.*

그는 심한 통증을 참아야만 했다.

*** Schmerzen haben : 고통을 느끼다**

Haben Sie *Schmerzen?*

아프십니까?

Der Patient *hat* heftige (starke) *Schmerzen.*

그 환자는 심한 통증을 느끼고 있다.

Ich *habe Kopfschmerzen* (*Zahnschmerzen*).

나는 머리(이)가 아프다.

*** vor Schmerz(en)[3] : 아파서**

Er schrie *vor Schmerzen.*

그는 아파서 소리쳤다.

*** schnell machen : 서두르다**

Machen Sie bitte *schnell!*

(=Beeilen Sie sich, bitte!)

서두르십시오!

Du sollst *schnell machen,* damit du nicht spät kommst.

너는 늦지 않도록 서둘러야 한다.

*** so schnell wie (als) möglich : 가능한 빨리**

Komm *so schnell wie möglich!*

(=Komm möglichst schnell!)

될 수 있는데로 빨리 오너라!

*** mit dem Schnellzug fahren : 급행 열차를 타고 가다**

Er *fährt mit dem Schnellzug* nach Pusan.

그는 급행열차를 타고 부산에 간다.

*** Schnupfen haben :** 코감기에 걸려 있다

Ich *habe Schnupfen.*

나는 코감기에 걸려 있다.

*** von großer Schönheit sein :** 매우 아름답다

Das Gedicht *ist von großer Schönheit.*

(=Das Gedicht ist sehr schön.)

그 시(詩)는 매우 아름답다.

Die Landschaft *ist von besonderer Schönheit.*

경치가 특히 아름답다.

*** einen Schreck〔en〕 bekommen :** 놀라다

Ich *bekam einen Schrecken.*

나는 놀랐다.

Als ich davon hörte, habe ich *einen* großen *Schrecken bekommen.*

나는 그것을 들었을 때 깜짝 놀랐다.

*** vor Schreck[3] (=vor Überraschung[3]) :** 놀란 나머지

Er war *vor Schreck* ganz stumm.

그는 놀라서 아무말도 하지 못했다.

*** einen Schrei ausstoßen :** 외치다

Er *stieß einen* lauten *Schrei aus.*

그는 크게 외쳤다.

*** jm. (an jn.) schreiben :** (누구)에게 편지를 쓰다

Er hat seinem Vater (*an* seinen Vater) *geschrieben.*

그는 그의 아버지에게 편지를 썼다.

Sie hat mir aus Deutschland *geschrieben.*

그녀는 독일에서부터 나에게 편지를 썼다.

*** mit (auf) der Schreibmaschine schreiben :** 타이프라이터로 치다

Sie *schreibt* den Brief *mit der Schreibmaschine* (*Maschine*).

그녀는 편지를 타이프라이터로 친다.

*** eine schöne (schlechte) Schrift haben :** 필적이 아름답다 (나쁘다)

Sie *hat eine schöne Schrift.*

그녀는 글씨가 예쁘다.

* **mit schnellen (langsamen) Schritten :** 빠른(느린) 걸음으로

Er kam *mit schnellen Schritten* auf mich zu.

그는 빠른 걸음으로 나에게로 다가왔다.

* **mit jm. Schritt halten :** (누구)와 보조를 맞추다

Er *hielt mit* uns *Schritt.*

그는 우리와 보조를 맞추었다.

Er ging so schnell, daß ich *mit* ihm nicht *Schritt halten* konnte.

그는 걸음이 빨라서 나는 그와 보조를 맞출 수가 없었다.

* **Schritt für Schritt :** 한걸음 한걸음

Er kam *Schritt für Schritt* näher.

그는 한걸음 한걸음 더 가까이왔다.

* **die Schuhe anziehen (ausziehen) :** 구두를 신다(벗다)

Er *zieht die Schuhe an* (*aus*).

그는 구두를 신는다(벗는다).

Sie *zog die Schuhe* mit hohen Absätzen *an.*

그녀는 굽높은 구두를 신었다.

* **die Schuhe putzen :** 구두를 닦다

Ich muß meine *Schuhe putzen.*

나는 내 구두를 닦아야 한다.

* **an et.[3] schuld〔ig〕 sein :** (무엇)에 책임이 있다

Sie sind *schuld an* dem Unfall.

당신이 사고에 책임이 있읍니다.

Ich bin nicht *schuld* (*unschuldig*) dar*an.*

나는 그것에 책임이 없다.

Wer ist dar*an schuld?*

그것은 누구의 책임이냐?

Ich bin *an* allem *schuld.*

모든 것은 내 책임이다.

* **Schulden bezahlen :** 빚을 갚다

Ich habe meine *Schulden bezahlt.*

나는 빚을 갚았다.

Er hat seine *Schulden* noch nicht *bezahlt.*

그는 빚을 아직 갚지 못했다.

*** Schulden haben :** 빚이 있다

Er *hat* viele *Schulden.*

그는 빚이 많다.

Ich *habe* ihm 100 Mark *Schulden.*

(=Ich bin ihm 100 Mark schuldig.)

나는 그에게 100마르크의 빚이 있다.

*** die Schuld auf jn. schieben :** (누구)에게 책임·죄를 전가하다

Er *schob die Schuld auf* mich.

그는 책임·죄를 나에게 전가했다.

Schieb die Schuld nicht *auf* mich!

죄를 나에게 뒤집어 씌우지 마라!

*** die Schule (die Universität) besuchen :** 학교(대학)에 다니다

Er *besucht die* höhere *Schule* (die Oberschule).

그는 고등학교에 다닌다.

Jedes Kind muß sechs Jahre[4] *die Schule besuchen.*

어린이는 누구나 6년간 학교에 다녀야 한다.

*** auf der Schule sein :** 재학중이다

Sie *sind* alle *auf der Schule.*

그들은 모두 재학중이다.

*** in der Schule fehlen :** 학교를 결석하다

Er *fehlte* eine Woche[4] *in der Schule.*

그는 일주일간 학교를 결석했다.

Er *fehlte* diese drei Jahre[4] nie *in der Schule.*

그는 이 3년간 한 번도 학교를 결석하지 않았다.

*** in die (zur) Schule gehen :** 학교에 가다

Wir *gehen* jeden Morgen *in die Schule.*

우리는 매일 아침 학교에 간다.

* **keine Schule haben :** 수업이 없다

Wir *haben* heute *keine Schule.*

(=Heute ist keine Schule.)

오늘은 수업이 없다.

* **die Schultern (die Achseln) zucken :** 어깨를 으쓱하다

Er sagte nichts dazu, *zuckte* nur *die Schultern.*

그는 그것에 대해 아무말도 하지 않고 어깨만 으쓱했다.

* **jm. auf die Schulter klopfen (schlagen) :** (누구)의 어깨를 두드리다

Er *klopfte* (*schlug*) mir *auf die Schulter.*

그는 내 어깨를 두드렸다.

* **et.[4] auf die Schultern nehmen :** (무엇)을 어깨에 메다

Er *nahm* den Sack *auf* seine *Schultern.*

그는 자루를 그의 어깨에 메었다.

* **Schulter an Schulter :** 어깨를 나란히, 단결하여

Wir standen *Schulter an Schulter.*

우리는 어깨를 나란히 서 있었다.

Wir arbeiten *Schulter an Schulter.*

우리는 서로 협력해서 일한다.

* **einen Schuß bekommen :** 총탄을 맞다

Er *bekam einen Schuß* ins Herz (in den Arm).

(=Er wurde von einem Schuß ins Herz getroffen.)

그는 심장에(팔에) 총탄을 맞았다.

* **jn. in Schutz nehmen :** (누구)를 보호하다

Sie *nahm* mich vor seinen Vorwürfen *in Schutz.*

그녀는 나를 그의 비난으로부터 보호(변호)해 주었다.

* **jn. vor et.[3] schützen :** (누구)를 (무엇)으로부터 보호하다

Er *schützte* mich *vor* Gefahr.

그는 나를 위험으로부터 보호해 주었다.

* **eine Schwäche für et. haben :** (무엇)을 특별히 좋아하다

Ich *habe eine Schwäche für* frisches Obst

나는 신선한 과일을 특히 좋아한다.

* **vor Schwäche[3] :** 체력이 약해서

Sie ist *vor Schwäche* fast umgefallen.

그녀는 체력이 약해서 거의 넘어질 뻔 했다.

* **für et. schwärmen :** (무엇)에 열중하다

Er *schwärmt für* Musik.

그는 음악에 열중하고 있다.

Sie *schwärmt für* Karajan.

그녀는 카라얀의 열렬한 팬이다.

* **in die Schweiz fahren (reisen) :** 스위스로 가다 (여행하다)

Wir *fahren* morgen *in die Schweiz.*

우리는 내일 스위스로 간다.

* **Schwierigkeiten überwinden :** 곤란을 극복하다

Wir müssen noch viele *Schwierigkeiten überwinden.*

우리는 아직도 많은 곤란을 극복해야만 한다.

* **auf Schwierigkeiten[4] stoßen (=in Schwierigkeiten[4] geraten) :** 난관에 봉착하다

Bei der Arbeit bin ich *auf* viele *Schwierigkeiten gestoßen.*

그 일을 할 때 나는 많은 난관에 봉착했다.

Er ist *in Schwierigkeiten geraten.*

그는 곤란한 처지에 빠졌다.

* **ohne Schwierigkeiten :** 어려움없이

Die Arbeit wurde *ohne Schwierigkeiten* fertig.

그 일은 어려움 없이 끝났다.

* **schwimmen gehen :** 수영하러 가다

Wir *gehen schwimmen.*

우리는 수영하러 간다.

* **es schwindelt jm. :** (누구)는 어지럽다 · 현기증이 나다

Es schwindelt mir.

(=Mir *schwindelt.*)

나는 어지럽다.

Mir *schwindelt* bei dem Gedanken an die Gefahr.

그 위험을 생각하면 나는 현기증이 난다.

*** an die See (zum See) gehen :** 바다로(호수로) 가다

Wir *fahren* in diesem Sommer *an die See.*

우리는 금년 여름에 바다로 간다.

Er *ging zum See.*

그는 호수로 갔다.

*** in der See (im See) baden :** 바다에서 (호수에서) 미역감다

Wir *badeten in der See.*

우리는 바다에서 미역감았다.

Ich habe oft *im See gebadet.*

나는 종종 호수에서 미역감았다.

*** mit ganzer Seele :** 온 마음을 다하여

Sie sorgte *mit ganzer Seele* für mich.

그녀는 온 마음을 다하여 나를 돌보아 주었다.

*** von ganzer Seele (=von ganzem Herzen) :** 충심으로, 진심으로

Ich danke dir *von ganzer Seele.*

나는 너에게 충심으로 감사한다.

*** mit Leib und Seele :** 몸과 마음을 다하여

Er ist *mit Leib und Seele* dabei (bei seinem Beruf).

그는 그일에(그의 직업에) 전심전력을 다하고 있다.

*** mit vollen Segeln :** 돛에 바람을 가득 안고

Das Boot fuhr *mit vollen Segeln.*

보트는 돛에 바람을 가득 안고 달렸다.

*** gut (schlecht) sehen (=gute (schlechte) Augen haben) :** 시력이 좋다(나쁘다)

Er *sieht gut.*

(=Er *hat gute Augen.*)

그는 시력이 좋다.

*** sich[4] nach et. sehnen :** (무엇)을 그리워하다

Er *sehnt sich nach* der Heimat (dem Vaterland).

그는 고향(조국)을 그리워한다.

Der Verletzte *sehnt sich nach* einem Schluck Wasser.

그 부상자는 한모금의 물을 갈망하고 있다.

*** et.[4] mit Seife waschen :** (무엇)을 비누로 씻다

Ich *wusch* mir die Hände *mit Seife.*

나는 손을 비누로 씻었다.

Wasch dir das Gesicht *mit Seife*!

얼굴을 비누로 씻어라!

*** sein ... zu** 부정형 **:** ① ...될 수 있다(수동의 가능) ② ...되어야 한다(수동의 필연)

Die Frage *ist* leicht *zu* lösen.

(=Die Frage kann leicht gelöst werden.)

이 문제는 쉽게 풀 수 있다.

Dieses Wasser *ist* nicht *zu* trinken.

이 물은 마실 수 없다.

Die Milch *ist* kühl auf*zu*bewahren.

(=Die Milch muß kühl aufbewahrt werden.)

우유는 차게 보관되어야 한다.

Das Gesetz *ist zu* befolgen.

법률은 준수되어야 한다.

*** Seite an Seite :** 나란히

Sie gingen *Seite an Seite.*

그들은 나란히 걸었다.

*** an js. Seite[3] :** (누구)의 곁에서

Sie ging *an seiner Seite.*

그녀는 그의 곁에서 걸었다.

*** auf beiden Seiten :** 양편에

Auf beiden Seiten der Straße stehen Bäume.

길 양편에 나무들이 서 있다.

*** auf der linken (rechten) Seite :** 왼(오른) 편에

Das Haus steht *auf der linken Seite* der Straße.

그 집은 길 왼편에 있다.

*** auf js. Seite[3] stehen (sein) : (누구)의 편이다**

Er *steht auf unserer Seite*.

그는 우리 편이다.

*** nach allen Seiten : 사면팔방으로**

Er sah sich *nach allen Seiten* um.

그는 사면팔방으로 둘러 보았다.

*** von allen Seiten : 모든 방면으로부터**

Die Leute versammelten sich *von allen Seiten*

사람들이 사면팔방으로부터 모였다.

*** zur Seite treten (gehen) : 비키다**

Treten Sie bitte *zur Seite*!

좀 비켜 주십시오!

Geh zur Seite!

비켜라!

*** jm. zur Seite stehen : (누구)를 돕다 · 지지하다**

Niemand *stand* mir damals *zur Seite*.

아무도 그 당시에 나를 도와주지 않았다.

*** von selbst (=von sich selbst) : 저절로, 자연히**

Die Tür öffnete sich *von selbst*.

문이 저절로 열렸다.

Die Sache geht nicht *von selbst*.

그 일은 저절로는 되지 않는다.

Das versteht sich *von selbst*.

그것은 자명한 일이다.

*** jm. et.[4] senden (schicken) : (누구)에게 (무엇)을 보내다**

Er *sandte* (*schickte*) mir ein Paket mit der Post.

그는 나에게 소포를 우편으로 보냈다.

Sie hat mir ein Buch *gesandt*.

그녀는 나에게 책 한 권을 보냈다.

*** sich[4] setzen : 앉다**

Er *setzte sich* auf den Stuhl (in den Sessel).

그는 의자에(안락의자에) 앉았다.

Sie *setzte sich* neben mich.

그녀는 내 옆에 앉았다.

Bitte, *setzen* Sie *sich*!

(=Bitte, *nehmen* Sie *Platz*!)

앉으십시오!

*** einen Seufzer ausstoßen (=seufzen) :** 한숨 쉬다

Er *stieß einen Seufzer aus.*

그는 한숨을 쉬었다.

*** mit einem tiefen Seufzer :** 깊은 한숨을 쉬면서

Sie erzählte mir ausführlich *mit einem tiefen Seufzer*, was geschehen war.

그녀는 깊은 한숨을 쉬면서 일어났던 일을 나에게 상세히 얘기했다.

*** an und für sich :** 본래

An und für sich habe ich nichts dagegen.

본래 나는 그것에 반대하지 않았다.

*** aus sich selbst :** 자발적으로, 자기스스로

Er tat es *aus sich selbst.*

그는 그것을 자발적으로 했다.

*** vor sich hin :** 혼자서

Er sprach *vor sich hin.*

(=Er redete mit sich selbst.)

그는 혼자 중얼거렸다.

Sie weint still *vor sich hin.*

그녀는 혼자서 조용히 울고 있다.

*** mit Sicherheit :** 확신을 가지고

Das läßt sich *mit Sicherheit* sagen.

그것은 확신을 가지고 말할 수 있다.

*** et.[4] in Sicherheit bringen :** (무엇)을 안전한 곳으로 옮기다

Wir *brachten* ihn *in Sicherheit.*

우리는 그를 안전한 곳으로 옮겼다.

Die Kinder wurden *in Sicherheit gebracht.*

아이들은 안전한 곳으로 옮겨졌다.

*** den Sieg gewinnen (erringen) :** 승리를 거두다 · 쟁취하다

Unsere Fußballmannschaft hat *den Sieg gewonnen* (*errungen*).

우리 축구팀이 승리를 거두었다.

Wir *gewannen den Sieg* über den Feind.

우리는 적을 누르고 승리를 쟁취했다.

*** über jn. siegen :** (누구)에게 이기다

Du mußt *über* dich selbst *siegen.*

너는 너 자신을 극기(克己)해야 한다.

Er *siegte* nur mit Mühe *über* die Versuchung

그는 오직 노력으로 유혹을 이겨냈다.

*** aus Silber (Gold) :** 은(금)으로 된

Der Löffel ist *aus Silber*

그 수푼은 은제이다.

*** in diesem (welchem) Sinne :** 이러한(어떠한) 의미에서

In diesem Sinne hat er recht.

이러한 의미에서는 그가 옳다.

In welchem Sinne meinen Sie das?

어떠한 의미에서 당신은 그렇게 생각하십니까?

*** et.⁴ im Sinne haben :** (무엇)을 마음먹고 있다 · 계획하고 있다

Er *hat* etwas *im Sinne.*

그는 뭔가를 마음먹고 있다.

Was *hast* du *im Sinne?*

너는 무엇을 마음속에 생각하고 있느냐?

*** jm. aus dem Sinne gehen :** (누구)의 염두에서 떠나다

Das *geht* mir nicht *aus dem Sinne*

그것이 내 염두에서 떠나지 않는다(잊혀지지 않는다).

*** jm. in den Sinn kommen :** (누구)의 마음에 떠오르다

Es *kam* mir eben (gerade) *in den Sinn.*

그것이 바로 내 머리에 떠올랐다.

Sein Name will mir nicht *in den Sinn kommen.*

그의 이름이 도무지 생각나지 않는다.

* **sitzenbleiben :** 앉은 채로 있다 ; 낙제하다

Bitte *bleiben* Sie *sitzen*!

그대로 앉아계십시오 !

Einstein soll in der Schule zweimal *sitzengeblieben* sein.

아인슈타인은 학교에서 두 번 낙제했다고 한다.

* **so ~, daß ...** :~하므로 ...하다

Das Wasser ist *so* heiß, *daß* man es nicht trinken kann.

물이 뜨거워서 마실 수가 없다.

Es ist *so* dunkel, *daß* man nicht lesen kann.

어두워서 글을 읽을 수가 없다.

Es ist schon spät, *so daß* wir uns beeilen müssen.

시간이 이미 늦어서 우리는 서둘러야만 한다.

* **so ~, wie (als)** ...:...과 같은(같이)

Er ist *so* groß *wie* ich.

그는 나와 키가 같다.

Du bist *so* schön *wie* eine Blume.

너는 꽃같이 아름답구나.

Die Stadt ist nicht *so* groß, *wie* ich gedacht habe.

그 도시는 내가 생각했던 것 만큼 그렇게 크지는 않다.

* **auf dem Sofa sitzen (liegen) :** 소파에 앉아 있다(누워 있다)

Wir *saßen* zusammen *auf dem Sofa.*

우리는 함께 소파에 앉아 있었다.

Er *lag auf dem Sofa* und schlief.

그는 소파에 누워서 잠잤다.

* **sich[4] aufs Sofa legen :** 소파에 눕다

Er *legte sich aufs Sofa.*

그는 소파에 누웠다.

*** im Sommer (Winter) : 여름(겨울)에**

Wir fahren *im Sommer* an die See.

우리는 여름에 바다로 간다.

*** nicht ..., sondern ...: ...아니고 ...이다**

Er kommt heute *nicht, sondern* morgen.

그는 오늘 오지 않고 내일 온다.

Nicht er, *sondern* sie hat es getan.

그가 아니라 그녀가 그것을 했다.

Er hat es *nicht* gesehen, *sondern* gehört.

그는 그것을 본 것이 아니라 들었던 것이다.

*** nicht nur ..., sondern 〔auch〕 ...: ...뿐만아니라 ...도**

Diese Ware ist *nicht nur* gut, *sondern auch* billig.

이 상품은 좋을 뿐만 아니라 값도 싸다.

Nicht nur die Kinder, *sondern auch* die Eltern sind krank geworden.

아이들 뿐만 아니라 부모도 병이 났다.

Ich habe es *nicht nur* gehört, *sondern auch* gesehen.

나는 그것을 들었을 뿐만 아니라 보기도 했다.

*** in der Sonne liegen : 햇볕을 쬐다, 일광욕을 하다**

Wir *lagen* am Strand *in der Sonne*.

우리는 해변에서 일광욕을 했다.

*** am (letzten, nächsten) Sonntag : (지난, 다음) 일요일에**

Wir haben *am Sonntag* einen Ausflug gemacht.

우리는 일요일에 소풍을 갔다.

Am letzten Sonntag waren wir im Kino.

지난 일요일에 우리는 영화관에 갔었다.

*** wie sonst (=wie gewöhnlich) : 여느때와 같이**

Es war alles *wie sonst*.

(=Alles war *wie gewöhnlich*.)

모든 것이 여느때와 다름이 없었다.

*** sich³〔um jn.〕 Sorgen machen : 〔누구를〕 걱정하다**

Ich *mache mir um* meine Kinder *Sorgen*.

나는 아이들이 걱정된다.

Machen Sie *sich* keine *Sorgen*!

조금도 걱정마십시오!

*** in Sorgen um jn. sein :** (누구)를 걱정하고 있다

Seine Eltern *sind in Sorgen um* ihn.

그의 부모는 그를 걱정하고 있다.

Er *ist in* großer *Sorge um* seine Zukunft.

그는 자기의 장래를 매우 걱정하고 있다.

*** für jn. sorgen :** (누구)를 돌보다

Er *sorgt für* seine Familie.

그는 자기의 가족을 돌본다.

Da*für sorge* ich.

그것은 내가 보살피겠다.

*** sich⁴ um jn. sorgen :** (누구)를 걱정하다 · 염려하다

Sie *sorgte sich um* ihre Kinder.

그녀는 자식들을 걱정했다.

Du brauchst *dich um* mich nicht zu *sorgen*.

(=Du brauchst dir um mich keine Sorgen zu machen.)

너는 나를 걱정할 필요는 없다.

Ich *sorge mich um* sein Leben.

나는 그의 생명이 염려된다.

*** sowohl ... als auch ...:** ...도 ...도

Sowohl er *als auch* sein Bruder wohnen in Seoul.

그이도 그의 형도 서울에 살고 있다.

Er spricht *sowohl* Englisch *als auch* Französisch.

그는 영어도 프랑스어도 말한다.

*** auf et.⁴ gespannt sein :** (무엇)에 대하여 호기심을 가지고 주시하고 있다

Ich *bin auf* das Ergebnis *gespannt*.

나는 결과에 대하여 호기심을 가지고 주시하고 있다.

Ich *bin* sehr *gespannt* 〔dar*auf*〕, was er dazu sagen wird.

그가 그것에 대하여 무슨 말을 할 것인지 나는 매우 주목하고

있다.

* **aus (im, zum) Spaß sagen :** 농담으로 말하다

Ich habe es nur *aus Spaß* (*Scherz*) gesagt.

나는 그것을 농담으로 말했을 뿐이다.

* **zu spät kommen :** 지각하다

Er *kam* fünf Minuten *zu spät* in die (zur) Schule

그는 학교에 5분 지각했다.

* **früher oder später :** 조만간에

Früher oder später wirst du verstehen, daß du mir unrecht getan hast.

조만간에 너는 내게 잘못했다는 것을 알게 될 것이다.

* **spazierengehen (=einen Spaziergang machen) :** 산보하다

Ich *ging* (*fuhr*) gestern mit ihr *spazieren.*

(=Ich *machte* gestern mit ihr *einen Spaziergang.*)

나는 어제 그녀와 산보(드라이브)했다.

Nach dem Abendessen *ging* ich in der Stadt *spazieren.*

저녁식사 후에 나는 시내를 산보했다.

* **einen Spaziergang machen :** 산보하다

Wollen wir *einen* kleinen *Spaziergang machen?*

잠시 산보할까요?

Ich *machte* mit ihr *einen Spaziergang* im Park.

나는 그녀와 공원에서 산보했다.

* **in den Spiegel sehen :** 거울을 보다

Er *sah in den Spiegel.*

그는 거울 속을 들여다 보았다.

Sieh in den Spiegel!

거울 속을 들여다 보아라!

* **sich⁴ im Spiegel betrachten :** 거울 속에 자신의 모습을 비춰보다

Sie *betrachtete sich im Spiegel.*

그녀는 거울 속에 자신의 모습을 비춰 보았다.

*** das Spiel (im Spiel) gewinnen (verlieren) :** 경기 · 시합에 이기다(지다)

Wir haben *das Spiel gewonnen* (*verloren*).

우리는 경기에 이겼다(졌다).

Unser Verein hat *das Fußballspiel gewonnen.*

우리팀은 축구경기에 이겼다.

*** an der Spitze stehen :** 선두에 서다 ; 우두머리이다

Er *steht an der Spitze* des Zuges.

그는 행렬의 선두에 서 있다.

Er *steht an der Spitze* des Staates.

그는 국가의 원수이다.

*** Sport treiben :** 운동(스포츠)을 하다

Er *treibt* allerlei *Sporte.*

그는 여러가지 운동을 한다.

*** über jn. spotten :** (누구)를 비웃다

Sie *spottete über* ihn (seine Dummheit).

그녀는 그를(그의 어리석음을) 비웃었다.

*** eine Sprache beherrschen :** 어떤 언어에 능통하다

Er *beherrscht* drei Fremdsprachen.

그는 3개 외국어에 능통하다.

Sie *beherrscht* Deutsch wie ihre Muttersprache.

그녀는 독일어를 자기 모국어처럼 잘한다.

*** zur Sprache kommen :** 화제가 되다

Das *kam* nicht *zur Sprache.*

그것은 화제거리가 되지 못했다.

*** jn. sprechen :** (누구)와 면담하다

Kann ich Herrn Müller *sprechen*?

뮐러씨와 얘기를 나눌 수 있을까요?

*** mit jm. sprechen :** (누구)와 이야기하다

Ich möchte *mit* dir über ihn (darüber) *sprechen.*

나는 너와 그에 관해서(그것에 관해서) 이야기하고 싶다.

*** von et. (über et.[4]) sprechen :** (무엇)에 관하여 말하다·

이야기하다

Da*von* hat er nicht *gesprochen*.

그것에 관해서는 그는 말하지 않았다.

Wir haben lange *über* dieses Thema *gesprochen*.

우리는 오랫동안 이 주제에 관하여 이야기를 나누었다.

*** fließend sprechen :** 유창하게 말하다

Er *spricht fließend* Deutsch.

그는 독일어를 유창하게 한다.

*** in der Stadt (vor der Stadt) wohnen :** 도시에(교외에) 살다

Wir *wohnen in einer* großen (kleinen) *Stadt*.

우리는 대(소)도시에 살고 있다.

Er *wohnt vor der Stadt*.

그는 교외에 살고 있다.

*** in die (zur) Stadt gehen :** 시내로·도시로 가다

Ich *gehe* heute *in die Stadt*.

나는 오늘 시내에 간다.

*** aus Stahl :** 강철로 된

Das Messer ist *aus* rostfreiem *Stahl*.

이 칼은 녹슬지 않는 강철로 되어 있다.

*** aus et. stammen :** (무엇)의 태생·출신이다

Er *stammt aus* Seoul.

그는 서울 태생이다.

Er *stammt aus* einer reichen Familie.

그는 부유한 가정 출신이다.

*** von jm. stammen :** (누구)로부터 유래하다

Diese Uhr *stammt von* meinem Großvater.

이 시계는 나의 조부로부터 물려받은 것이다.

Ich *stamme von* ihm.

나는 그분의 자손이다.

*** in gutem Stande sein (=gut im Stande sein) :** 좋은 상태에 있다

Das Haus *ist* noch *in gutem Stande*

그 집은 아직 상태가 좋다.

*** et.[4] gut im Stande halten :** (무엇)을 잘 보존하고 있다

Das Haus ist *gut im Stande gehalten.*

그 집은 잘 보존되어져 있다.

*** Station machen :** (여행 도중에) 체류하다

Auf dem Rückweg haben wir in Heidelberg *Station gemacht.*

귀로에 우리는 하이델베르크에 체류했다.

*** statt (anstatt) … zu** 부정형 **:** …하는 대신에

Er rief mich an, *statt* mir *zu* schreiben.

그는 나에게 편지를 쓰는 대신에 전화를 걸었다.

*** über et.[4] staunen :** (무엇)에 놀라다

Ich *staunte über* seinen Mut.

나는 그의 용기에 놀랐다.

Sie *staunte über* mich.

그녀는 나를 보고 깜짝 놀랐다.

*** vor Staunen[3] (=vor Schreck[3]) :** 놀라서

Ich war stumm *vor Staunen.*

나는 놀라서 말문이 막혔다.

*** offen stehen :** 열려 있다

Das Fenster *steht offen.*

(=Das Fenster ist offen.)

창문이 열려 있다.

*** jm. gut (schlecht) stehen :** (누구)에게 잘 어울리다(어울리지 않다)

Der Hut *steht* Ihnen *gut.*

그 모자는 당신에게 잘 어울립니다.

*** es steht gut mit jm. (um jn.) :** (누구)의 상태 · 사정 · 형편은 좋다

Es steht gut mit dem (*um* den) Kranken

환자의 상태는 좋다.

Es steht schlecht mit ihm.

그는 형편이 좋지 않다.

Wie *steht es mit* deiner Gesundheit?

너의 건강은 어떤가?

* **stehenbleiben :** 선 채로 있다

Er *blieb stehen* und sah sich um.

그는 선 채로 둘러보았다.

Die Uhr ist *stehengeblieben*

시계가 섰다.

Nicht *stehenbleiben*, bitte weitergehen!

서 있지 말고 계속 가라!

* **jm. et.⁴ stehlen :** (누구)에게서 (무엇)을 훔치다

Er hat mir Geld *gestohlen.*

그는 나에게서 돈을 훔쳤다.

Mir wurde die Uhr *gestohlen.*

나는 시계를 도둑맞았다.

* **einen Stein werfen :** 돌을 던지다

Die Kinder *warfen Steine* ins Wasser (in den Fluß).

아이들은 돌을 물에(강에) 던졌다.

* **aus Stein :** 돌로 된

Das Haus ist *aus Stein.*

그 집은 석조로 되어 있다.

* **an dieser Stelle :** 이 장소에서

An dieser Stelle wurde der Mann umgebracht.

이 장소에서 그 남자는 살해되었다.

* **auf der Stelle :** 즉석에서, 그 자리에서

Er war *auf der Stelle* tot

그는 즉사했다.

* **an Ort und Stelle :** 현장에서

Die Verletzten wurden *an Ort und Stelle* behandelt

부상자들은 현장에서 치료를 받았다.

* **eine Stellung suchen :** 일자리를 찾다

Er *sucht eine Stellung* als Ingenieur.

그는 엔지니어로서 일자리를 찾는다.

*** im stillen (=im geheimen) :** 남몰래, 비밀리에

Er hat *im stillen* viel Gutes getan.

그는 남몰래 좋은 일을 많이했다.

*** in aller Stille :** 조용히 ; 남몰래, 비밀리에

Sie haben *in aller Stille* geheiratet.

그들은 아무도 몰래 결혼했다.

*** die Stimme erheben (senken) :** 목소리를 높이다(낮추다)

Er *erhob* (*senkte*) seine *Stimme*.

그는 목소리를 높였다(낮추었다).

*** jn. an der Stimme erkennen :** (누구)임을 목소리로 알다

Ich *erkannte* ihn *an der Stimme*.

나는 그이라는 것을 목소리로 알았다.

*** mit lauter (leiser) Stimme :** 큰(낮은) 소리로

Er sprach *mit lauter Stimme*

그는 큰 소리로 말했다.

*** für (gegen) et. stimmen :** (무엇)에 찬성(반대) 투표를 하다

Die meisten *stimmten für* den Vorschlag.

대부분의 사람들은 그 제안에 찬성투표를 했다.

*** 〔in〕 guter Stimmung sein (=〔in〕 guter Laune sein) :** 기분이 좋다

Er *war in guter Stimmung*.

(=Er *war in guter Laune*.)

그는 기분이 좋았다.

Ich *bin schlechter Stimmung*[2].

(=Ich *bin schlechter Laune*[2].)

나는 기분이 나쁘다.

*** am Stock gehen :** 지팡이를 짚고 가다

Er *geht am Stock*, denn er hat ein gebrochenes Bein.

그는 지팡이를 짚고 간다. 왜냐하면 그는 다리가 부러졌기 때문이다.

*** im ersten (zweiten) Stock wohnen : 2(3)층에 살다**

Wir *wohnen im ersten Stock.*

우리는 2층에 살고 있다.

*** auf et.[4] stolz sein : (무엇)을 자랑하다**

Du kannst *auf* deinen Erfolg *stolz* sein.

너는 너의 성공을 자랑할 수 있다.

Sie ist *stolz auf* ihren Sohn.

그녀는 자기의 아들을 자랑한다.

*** sich[4] an et.[3,4] stoßen : (무엇)에 부딪치다**

Ich habe *mich* mit dem Kopf *an* der (die) Wand *gestoßen.*

나는 벽에 머리를 부딪쳤다.

Er hat *sich an* einem Stein *gestoßen.*

그는 돌부리에 채였다.

*** eine Strafe bezahlen : 벌금을 물다**

Sie müssen *eine Strafe bezahlen.*

당신은 벌금을 물어야만 합니다.

Ich mußte 50 Mark *Strafe bezahlen.*

나는 50 마르크의 벌금을 물어야만 했다.

*** zur Strafe : 벌(罰)로서**

Zur Strafe mußt du zu Hause bleiben.

벌로서 너는 집에 있어야 한다.

*** am Strand : 해변에서**

Er liegt *am Strand* in der Sonne.

그는 해변에서 일광욕을 하고 있다.

*** auf der Straße : 거리에서**

Es ist gefährlich, daß die Kinder *auf der Straße* spielen.

아이들이 거리에서 노는 것은 위험하다.

Er stand mitten *auf der Straße.*

그는 길 한복판에 서 있었다.

*** über die Straße gehen (=die Straße überqueren) : 길을 건너가다**

Er will *über die Straße gehen.*

(=Er will *die Straße überqueren.*)

그는 길을 횡단하려고 한다.

∗ mit der Straßenbahn fahren : 전차를 타고 가다

Er *fuhr mit der Straßenbahn* in die Stadt.

그는 전차를 타고 시내로 갔다.

∗ an der Straßenecke : 길 모퉁이에

Er steht *an der Straßenecke.*

그는 길 모퉁이에 서 있다.

∗ nach et. streben : (무엇)을 얻으려고 노력하다

Der Student *strebt nach* einem Stipendium.

그 학생은 장학금을 타려고 애쓴다.

Er *strebt nach* dem Ziele.

그는 목표를 달성하려고 노력한다.

Er *strebte* da*nach*, seine Ideale zu verwirklichen

그는 자기의 이상을 실현시키려고 노력했다.

∗ et.⁴ auf et.⁴ (et.⁴ mit et.) streichen : (무엇)에 (무엇)을 바르다

Sie *strich* Butter *aufs* Brot.

(=Sie *strich* ein Brot *mit* Butter.)

그녀는 빵에 버터를 발랐다.

∗ ein Streichholz anzünden : 성냥을 켜다

Er *zündete ein Streichholz an.*

그는 성냥을 켰다.

∗ in (den) Streik treten : 스트라이크에 돌입하다

Die Arbeiter *traten in Streik.*

노동자들은 동맹파업에 들어갔다.

∗ mit jm. in Streit geraten : (누구)와 사이가 나빠지다

Ich *geriet mit* ihm *in Streit.*

나는 그와 사이가 나빠졌다.

∗ (sich⁴) mit jm. streiten : (누구)와 다투다 · 싸우다

Ich *stritt mich mit* ihm.

나는 그와 다투었다.

Er hat *mit* ihr über die Frage lange *gestritten.*

그는 그녀와 그 문제에 대하여 오랫동안 다투었다.

* **gegen jn. streng sein :** (누구)에 대하여 엄격하다

Er ist *streng gegen* sich selbst.

그는 자기자신에 대하여 엄격하다.

* **gegen den (mit dem) Strom :** 흐름을 거슬러(따라)

Er schwimmt *gegen den Strom.*

그는 흐름을 거슬러 헤엄친다.

Das Boot fährt *mit dem Strom.*

보트가 흐름을 따라 간다.

* **in Strömen :** 억수같이

Es regnet *in Strömen.*

비가 억수같이 쏟아진다.

Der Schweiß floß *in Strömen.*

땀이 억수같이 흘렀다.

* **die Strümpfe anziehen (ausziehen) :** 양말을 신다(벗다)

Sie *zog* ihre *Strümpfe an* (*aus*).

그녀는 양말을 신었다(벗었다).

* **in Stücke gehen :** 산산이 부서지다

Der Teller *ging in Stücke.*

(=Der Teller ist in Stücke zerbrochen.)

접시가 산산조각이 났다.

* **et.[4] in Stücke schneiden :** (무엇)을 여러조각으로 자르다

Sie *schneidet* Brot *in Stücke.*

그녀는 빵을 여러조각으로 자른다.

* **Studien treiben :** 연구를 하다

Er *trieb Studien* in Philosophie.

그는 철학공부를 했다.

* **sich[4] mit dem Studium beschäftigen :** 연구에 몰두하다·전념하다

Er *beschäftigte sich mit* dem Studium der Pflanze.

(=Er war in das Studium der Pflanze versunken.)

그는 식물연구에 몰두했다.

* **von Stufe zu Stufe :** 한계단씩, 단계적으로

Er stieg langsam *von Stufe zu Stufe.*

그는 천천히 한계단 한계단 올라갔다.

* **auf dem Stuhl sitzen :** 의자에 앉아 있다

Er *sitzt auf dem Stuhl.*

그는 의자에 앉아 있다.

* **sich⁴ auf den Stuhl setzen :** 의자에 앉다

Er *setzt sich auf den Stuhl.*

그는 의자에 앉는다.

* **sich⁴ vom Stuhl erheben :** 의자에서 일어서다

Er *erhob sich vom Stuhl.*

그는 의자에서 일어섰다.

* **bis auf diese Stunde :** 이 시간까지

Er ist *bis auf diese Stunde* noch nicht angekommen.

그는 이 시간까지도 도착하지 않았다.

* **zu jeder Stunde (=immer) :** 언제나

Sie können mich *zu jeder Stunde* anrufen.

당신은 언제라도 내게 전화 걸 수 있읍니다.

* **zur gewohnten Stunde :** 여느때와 같은 시간에

Auch heute trafen wir uns *zur gewohnten Stunde* im Café vor der Kirche.

오늘도 우리는 여느때와 같은 시간에 교회앞 카페에서 서로 만났다.

* **alle zwei Stunden⁴ (=jede zweite Stunde⁴) :** 2시간마다

Der Zug kommt *alle zwei Stunden.*

기차는 2시간마다 온다.

* **sich⁴ in et.⁴ stürzen :** (무엇)에 몸을 던지다

Er *stürzte sich ins* Wasser.

그는 물속에 몸을 던졌다.

Sie *stürzte sich in* seine Arme.

그녀는 그의 팔에 덥석 안겼다.

*** sich[4] auf et.[4] stürzen : (무엇)에 몸을 의지하다**

Der Alte *stürzte sich auf* den Stock (*auf* meinen Arm).

그 노인은 지팡이에(내 팔에) 몸을 **의지했다.**

*** nach et. suchen : (무엇)을 찾다**

Ich habe überall *nach* dir *gesucht.*

나는 도처에서 너를 **찾았다.**

Er *suchte nach* Worten

그는 말이 막혔다.

*** suchen … zu 부정형 : …하려고 애쓰다**

Sie *suchte* ihn *zu* überreden

그는 그를 설득하려고 애썼다.

*** im (nach) Süden : 남쪽에(으로)**

Italien liegt *im Süden* von Europa.

(=Italien liegt südlich von Europa.)

이태리는 유럽의 남쪽에 있다.

Das Zimmer geht *nach Süden*

그 방은 남향이다.

*** eine Sünde begehen : 죄를 짓다**

Er hat schwere *Sünden begangen.*

그는 무거운 죄를 범했다.

*** die Suppe kochen : 수우프를 끓이다**

Die Mutter *kocht die Suppe* in der Küche.

어머니는 부엌에서 수우프를 끓인**다.**

T

* **Tabak rauchen : 담배를 피우다**

Er *raucht Tabak.*

(=Er raucht eine Zigarette.)

그는 담배를 피운다.

Er *raucht* nur leichten (schweren) *Tabak.*

그는 맛이 순한(독한) 담배만을 피운다.

* **einen Tadel bekommen : 비난을 받다**

Er *bekam* für sein Benehmen *einen Tadel.*

그는 그의 행동거지에 대해 비난을 받았다.

* **jn. wegen et. tadeln : (누구)를 (무슨일)로, (누구)의 (무엇)을 비난하다 · 꾸짖다**

Ich *tadelte* ihn *wegen* seines Verhaltens.

나는 그의 태도를 꾸짖었다.

* **die Tafel sauber machen : 칠판을 지우다**

Mache die Tafel sauber!

칠판을 지워라!

* **et.[4] an die Tafel schreiben : (무엇)을 칠판에 쓰다**

Der Lehrer *schreibt* Schulaufgaben *an die Tafel.*

선생님이 숙제를 칠판에 적는다.

* **et.[4] von der Tafel abschreiben : (무엇)을 칠판에서 베끼다**

Die Schüler *schrieben* den Satz *von der Tafel ab.*

학생들은 칠판에서 문장을 베꼈다.

* **jeden Tag (=alle Tage[4]) : 매일**

Jeden Tag geht er schon um 7 Uhr ins Büro.

매일 그는 7시에는 이미 출근한다.

*** eines Tages :** 어느날

Eines Tages besuchte sie mich.

어느날 그녀가 나를 찾아왔다.

*** den ganzen Tag 〔über〕 :** 온종일

Ich habe *den ganzen Tag* nichts gegessen.

나는 온종일 아무것도 먹지 못했다.

*** von Tag zu Tag (=Tag für Tag) :** 날마다, 매일

Die Welt entwickelt sich *von Tag zu Tag*.

세상은 나날이 발전한다.

*** alle drei Tage⁴ (=jeden dritten Tag) :** 3일마다

Sie geht *alle drei Tage* zum Markt.

그녀는 3일마다 시장에 간다.

*** am nächsten (folgenden) Tag :** 다음 날

Am nächsten Tag kam der Brief.

다음 날 편지가 왔다.

*** am Tage darauf (zuvor) :** 그 다음(그 전) 날

Am Tage darauf kam er wieder.

그 다음 날 그는 다시 왔다.

Am Tage zuvor hatte ich ihn gesehen.

그 전 날 나는 그를 보았었다.

*** heute in acht Tagen (=heute über acht Tage) :** 다음 주의 오늘

Heute in acht Tagen fahre ich nach Deutschland ab.

다음 주 오늘 나는 독일로 떠난다.

*** heute vor acht Tagen :** 지난 주의 오늘

Heute vor acht Tagen war ich in Seoul.

지난 주 오늘 나는 서울에 있었다.

*** et.⁴ an den Tag bringen :** (무엇)을 드러내다 · 폭로하다

Ich habe die Tatsache *an den Tag gebracht*.

나는 그 사실을 밝혀냈다.

*** et.⁴ auf den nächsten Tag verschieben :** (무엇)을 다음

날로 연기하다

Die Abreise wurde *auf den nächsten Tag verschoben.*

출발은 다음 날로 연기되었다.

*** Tag und Nacht arbeiten :** 밤낮없이 일하다

Er *arbeitet Tag und Nacht.*

그는 밤낮없이 일한다.

*** et.⁴ ins Tagebuch schreiben (notieren) :** (무엇)을 일기장에 적다

Er *schrieb* (*notierte*) alles *in* sein *Tagebuch.*

그는 모든 것을 자기의 일기장에 적어 두었다.

*** tanzen gehen :** 춤추러 가다

Wir *gehen* heute abend *tanzen.*

우리는 오늘 저녁에 춤추러 간다.

*** in die Tasche greifen :** 호주머니에 손을 넣다

Er *griff in die Tasche.*

(=Er steckte die Hand in die Tasche.)

그는 호주머니에 손을 넣었다.

Sie *griff* mir *in die Tasche.*

그녀는 내 호주머니에 손을 넣었다.

*** et.⁴ aus der Tasche nehmen (ziehen, holen) :** (무엇)을 호주머니에서 꺼내다

Er *nahm* (*zog, holte*) seine Börse *aus der Tasche.*

그는 지갑을 호주머니에서 꺼냈다.

*** et.⁴ in die Tasche stecken :** (무엇)을 호주머니에 넣다

Er *steckte* die Hand *in die Tasche.*

그는 손을 호주머니에 넣었다.

Das weiße Taschentuch *steckte* er *in* seine *Tasche.*

흰 손수건을 그는 자기의 호주머니에 넣었다.

*** eine Tasse (zwei Tassen) Kaffee trinken :** 한 잔(두 잔)의 커피를 마시다

Nach dem Frühstück *trinke* ich *eine Tasse Kaffee.*

아침 식사후에 나는 한잔의 커피를 마신다.

Wollen Sie nicht noch *eine Tasse Kaffee trinken?*

커피 한 잔 더 드시지 않겠읍니까?

* **aus der Tasse (dem Glas) trinken :** 찻잔(유리잔)으로 마시다

Wir *trinken* Kaffee und Tee *aus der Tasse,* aber Milch, Wein *aus dem Glas.*

우리는 커피와 차를 찻잔으로 마시지만, 우유와 포도주는 유리잔으로 마신다.

* **nach et. tasten :** (무엇)을 손으로 더듬어 찾다

Er *tastete* im Dunkeln *nach* dem Schalter für das Licht.

그는 어두움 속에서 손으로 더듬어 전등스위치를 찾았다.

* **et.[4] durch die Tat beweisen :** (무엇)을 행동으로 증명하다

Er *bewies* es *durch die Tat.*

그는 그것을 행동으로 증명했다.

Das mußt du mir erst *durch die Tat beweisen.*

그것을 너는 나에게 먼저 행동으로 증명해야 한다.

* **et.[4] in die Tat umsetzen :** (무엇)을 실천에 옮기다

Er hat seine Pläne *in die Tat umgesetzt.*

그는 자기의 계획을 실천에 옮겼다.

* **in der Tat (=wirklich) :** 실제로, 정말로

In der Tat hatte er recht.

실제로 그가 옳았다.

Er ist *in der Tat* fortgegangen.

그는 실제로 떠났다.

* **in et.[3] tätig sein :** (무엇)에 종사하고 있다

Er ist *in* der Landwirtschaft *tätig.*

그는 농업에 종사하고 있다.

Sie ist *in* unserem Geschäft *tätig.*

그녀는 우리 상점에서 일하고 있다.

* **mit jm. tauschen :** (누구)와 처지·입장을 바꾸다

Ich möchte nicht *mit* ihm *tauschen.*

나는 그와 처지를 바꾸고 싶지 않다.

* **mit jm. et.[4] tauschen :** (누구)와 (무엇)을 교환하다

Er *tauschte mit* seinem Freund Briefmarken.

그는 자기 친구와 우표를 교환했다.

Er *tauschte* den Platz *mit* ihr.

그는 그녀와 자리를 바꾸었다.

* **et.[4] gegen (für) et. tauschen :** (무엇)을 (무엇)과 교환하다

Ich möchte das *gegen* ein anderes *tauschen.*

나는 이것을 다른 것과 교환하고 싶다.

* **sich[4] in jm. täuschen :** (누구)에 대한 기대가 어긋나다

Ich habe *mich in* ihm *getäuscht.*

나는 그에게 환멸을 느꼈다.

* **ein Taxi nehmen :** 택시를 타다

Nehmen wir *ein Taxi*!

택시를 탑시다!

Wollen wir zu Fuß gehen oder *ein Taxi nehmen*?

걸어서 갈까요, 택시를 탈까요?

* **mit dem Taxi fahren :** 택시를 타고 가다

Wir *fuhren mit einem Taxi* zum Bahnhof.

우리는 택시를 타고 역으로 갔다.

* **eine Tasse Tee trinken :** 한잔의 차를 마시다

Ich *trinke* abends *eine Tasse Tee.*

나는 저녁에 한잔의 차를 마신다.

* **jn. zum Tee einladen :** (누구)를 다과회에 초대하다

Wenn Sie nichts vorhaben, möchte ich Sie *zum Tee einladen.*

아무런 계획이 없으시면 당신을 다과회에 초대하고 싶습니다.

* **et.[4] in zwei Teile teilen :** (무엇)을 둘로 나누다

Er *teilte* die Tafel Schokolade *in zwei* (*drei*) *Teile.*

그는 쵸콜렛트 한장을 두(세) 조각으로 나누었다.

Der Eiserne Vorhang *teilt* Korea *in zwei Teile.*

철의 장막이 한국을 두 지역으로 분리시켜 놓았다.

∗ zum Teil : 어느 부분은, 어느정도

Es ist *zum Teil* Ihre Schuld.

그것은 부분적으로는 당신의 책임이다.

∗ zum größten Teil : 대부분

Ich habe das Buch *zum größten Teil* gelesen

나는 그 책을 대부분 읽었다.

∗ et.[4] mit jm. teilen : (누구)와 (무엇)을 함께하다

Ich habe Freud und Leid *mit* ihm *geteilt.*

나는 그와 고락을 함께 했다.

Ich *teile* das Zimmer *mit* ihm.

나는 그와 방을 같이 쓴다.

∗ ohne Teilnahme : 무관심한 태도로

Er ist *ohne Teilnahme* still davon.

그는 무관심한 태도로 그것에 대하여 잠자코 있다.

∗ an et.[3] teilnehmen : (무엇)에 참가하다

Ich *nahm an* dem Ausflug (der Reise) *teil.*

나는 소풍(여행)에 참가했다.

Er *nahm an* der Sitzung (der Konferenz) nicht *teil.*

그는 회의에 참석하지 않았다.

∗ teils ..., teils ... (=zum Teil ..., zum Teil ... : 일부는 ..., 일부는 ...

Ich bin *teils* zu Fuß, *teils* mit dem Bus gereist.

나는 일부는 걸으며, 일부는 버스를 타기도 하면서 여행했다.

Die Freunde waren *teils* für, *teils* gegen den Vorschlag.

친구들은 그 제안에 일부는 찬성하고, 일부는 반대했다.

∗ am Telefon (Apparat) sein : 전화를 받고 있다

Wer *ist* bitte *am Telefon?*

전화 받으시는 분은 누구세요?

Er *ist am Apparat.*

그는 전화를 받고 있다.

∗ durchs Telefon sprechen : 전화로 이야기하다

Er *sprach durchs Telefon.*

(=Er sprach telefonisch.)

그는 전화로 이야기했다.

* **mit jm. telefonieren :** (누구)와 전화하다

Sie *telefonierte* lange *mit* ihm.

그녀는 오랫동안 그와 전화했다.

* **unter dieser Telefonnummer :** 이 전화번호로

Rufen Sie mich bitte *unter dieser Telefonnummer* an!

이 전화번호로 나에게 전화를 걸어 주십시오!

* **ein Telegramm aufgeben (erhalten) :** 전보를 치다(받다)

Ich möchte *ein Telegramm aufgeben.*

나는 전보를 치고 싶습니다.

Er *erhielt ein Telegramm*, sein Vater sei krank.

그는 아버지가 편찮으시다는 전보를 받았다.

* **die Teller abwaschen :** 접시를 씻다

Nach dem Essen *wäscht* sie *die Teller ab.*

식후에 그녀는 접시를 씻는다.

* **Temperatur (Fieber) haben :** 열이 있다

Er *hat Temperatur.*

그는 열이 있다.

* **in (mit) vollem Tempo (=mit voller Geschwindigkeit) :** 전속력으로

Das Auto fuhr *in vollem Tempo* auf der Autobahn.

자동차는 전속력으로 고속도로를 달렸다.

* **Tennis spielen :** 정구를 치다

Spielen Sie *Tennis?*

당신은 정구를 치십니까?

* **ins Theater gehen :** 극장에 가다

Gehen Sie manchmal *ins Theater?*

당신은 자주 극장에 가십니까?

Wir *waren* gestern *im Theater.*

우리는 어제 극장에 갔었다.

* **in die Tiefe sinken :** 깊은 곳으로 가라앉다

Das Schiff *sank in die Tiefe.*

배가 깊은 곳으로 가라앉았다.

*** in den Tiergarten (den Tierpark) gehen :** 동물원에 가다

Am Sonntag *ging* ich mit den Kindern *in den Tiergarten.*

일요일에 나는 아이들과 함께 동물원에 갔다.

*** mit Tinte schreiben :** 잉크로 쓰다

Er *schrieb* es *mit* roter *Tinte.*

그는 그것을 붉은 잉크로 썼다.

*** den Tisch decken :** 식탁을 준비하다

Sie *deckte den Tisch.*

그녀는 식탁을 준비했다.

Der Tisch war schon *gedeckt.*

식탁은 이미 준비가 되어 있었다.

Decken Sie *den Tisch* bitte für 5 Personen!

5인분의 식사준비를 해 주세요!

*** am Tisch sitzen :** 책상에 앉아 있다

Er *saß* den ganzen Tag *am Tisch* und arbeitete.

그는 온종일 책상에 앉아서 공부했다.

*** bei Tisch sein (sitzen) :** 식사 중이다

Als er kam, *waren* (*saßen*) wir *bei Tisch.*

그가 왔을 때 우리는 식사 중이었다.

*** nach (vor) Tisch (=nach (vor) dem Essen) :** 식사 후에 (전에)

Nach Tisch ruhten wir uns aus.

식후에 우리는 휴식을 취했다.

Vor Tisch machten wir einen Spaziergang.

식전에 우리는 산보를 했다.

*** zu Tisch (zum Essen) gehen :** 식사하러 가다

Gehen wir *zu Tisch!*

식사하러 갑시다!

*** jn. zu Tisch einladen :** (누구)를 식사에 초대하다

Wir *luden* ihn *zu Tisch* (*zum Abendessen*) *ein.*

우리는 그를 식사에(저녁 식사에) 초대했다.

* **auf Tod und Leben (=auf Leben und Tod) :** 생사를 걸고

Wir kämpften *auf Tod und Leben.*

우리는 생사를 걸고 싸웠다.

Es war ein Kampf *auf Tod und Leben*

그것은 생사를 건 싸움이었다.

* **bis zum Tode (=bis ins Grab) :** 죽을 때까지

Sie war *bis zum Tode* ihrem Mann treu.

그녀는 죽을 때까지 자기의 남편에게 충실했다.

* **über js. Tod⁴ trauern :** (누구)의 죽음을 슬퍼하다

Wir *trauerten über den Tod* unseres Präsidenten

우리는 우리 대통령의 죽음을 슬퍼했다.

* **zum Tode verurteilt werden :** 사형선고를 받다

Jesus Christus *wurde zum Tode* am Kreuz *verurteilt.*

예수그리스도는 십자가상의 사형선고를 받았다.

* **jm mit dem Tode drohen :** (누구)를 죽인다고 위협하다

Er *drohte* ihr *mit dem Tode.*

그는 그녀를 죽인다고 위협했다.

* **auf die Toilette gehen :** 화장실에 가다

Er *ging auf die Toilette*

그는 화장실에 갔다.

* **et.⁴ auf Tonband aufnehmen :** (무엇)을 녹음테이프에 녹음하다

Das Lied wurde *auf Tonband aufgenommen*

그 노래는 녹음테이프에 녹음되었다.

* **ein Tor schießen :** 한 골을 넣다

Der Spieler *schoß ein Tor.*

(=Der Spieler schoß den Ball ins Tor.)

그 선수가 한 골을 넣었다.

Ein Tor ist *geschossen* worden

한 골이 들어갔다.

* **Tränen in den Augen haben :** 눈에 눈물을 머금고 있다

Beim Abschied *hatte* sie *Tränen in den Augen.*

(=Beim Abschied hatte sie die Augen voll Tränen.)

작별시에 그녀는 눈에 눈물을 머금고 있었다.

* **sich³ die Tränen aus den Augen wischen :** 눈에서 눈물을 닦다

Sie *wischte sich die Tränen aus den Augen* (dem Gesicht).

그녀는 눈(얼굴)에서 눈물을 닦았다.

* **in Tränen ausbrechen :** 울음보를 터뜨리다

Sie *brach in Tränen aus.*

그녀는 와락 울음을 터뜨렸다.

* **mit Tränen in den Augen :** 눈에 눈물을 머금고

Sie sah mich *mit Tränen in den Augen* an.

그녀는 눈에 눈물을 머금고 나를 바라보았다.

* **unter Tränen :** 눈물을 흘리면서

Unter Tränen gestand er seine Schuld.

눈물을 흘리면서 그는 자기의 죄를 고백했다.

* **jm. trauen :** (누구)를 신용하다

Ich *traue* ihm (seinem Worte) nicht.

(=Ich glaube ihm nicht.)

나는 그를(그의 말을) 믿지 않는다.

* **um jn. trauern :** (누구)의 죽음을 애도하다

Wir alle *trauern um* ihn.

우리 모두가 그의 죽음을 애도한다.

* **aus dem Traum erwachen :** 꿈에서 깨다

Er *erwachte aus* seinem *Traum* (*aus* seinen *Träumen*).

그는 꿈에서 깨었다.

* **von et. träumen :** (무엇)의 꿈을 꾸다

Ich *träumte von* meiner Heimat.

(=*Es träumte* mir *von* meiner Heimat.)

나는 내 고향의 꿈을 꾸었다.

Ich *träumte von* ihm.

(=Mir *träumte von* ihm.)

나는 그의 꿈을 꾸었다.

∗ jn. mit et. treffen : (무엇)으로 (누구)를 맞히다

Das Kind *traf* ihn *mit* dem Ball.

그 아이는 공으로 그를 맞혔다.

Er *traf* den Vogel *mit* der Kugel.

그는 총알로 새를 맞혔다.

∗ es trifft sich, daß ...: 우연히 ...이 일어나다

Es traf sich, daß er auch dort war.

우연히 그도 거기에 있었다.

Es traf sich, daß wir gleichzeitig verreisten.

우연히 우리가 동시에 여행을 떠나게 되었다.

∗ es trifft sich gut (glücklich), daß ...: ...인 것은 다행이다·잘 되었다

Es trifft sich gut (*schlecht*), *daß* du heute gekommen bist.

네가 오늘 오기를 잘했다(잘못했다).

Es trifft sich glücklich, daß ich noch nicht abgereist bin.

내가 아직 여행을 떠나지 않은 것이 다행이다.

∗ sich⁴ von jm. trennen : (누구)와 헤어지다

Er *trennte sich von* seiner Familie.

그는 자기의 가족과 헤어졌다.

∗ die Treppe hinaufgehen (hinaufsteigen) : 계단을 올라가다

Er *geht* (*steigt*) *die Treppe hinauf.*

그는 계단을 올라간다.

∗ die Treppe hinuntergehen (herunterkommen) : 계단을 내려가다(내려오다)

Er *geht die Treppe hinunter.*

그는 계단을 내려간다.

Sie *kam die Treppe herunter.*

그녀는 계단을 내려왔다.

∗ jm. treu sein (bleiben) : (누구)에게 충실하다·성실하다

Er ist seiner Frau *treu.*

그는 자기 부인에게 충실하다.

Sie ist ihm auch in schweren Zeiten *treu geblieben.*

그녀는 어려운 시기에도 그에게 성실했다.

* **jm. die Treue halten (brechen) :** (누구)에 대하여 신의를 지키다(깨뜨리다)

Ich habe ihm *die Treue gehalten.*

나는 그에 대하여 신의를 지켰다.

Er *brach* mir *die Treue.*

그는 나에 대하여 신의를 깨뜨렸다.

* **einen leichten (schweren) Tritt haben :** 발걸음이 가볍다(무겁다)

Er *hat einen leichten Tritt.*

그는 발걸음이 가볍다.

* **jm. einen Tritt geben :** (누구)를 걷어차다

Er *gab* dem Hund *einen Tritt.*

그는 개를 걷어찼다.

* **in gleichem 〔Schritt und〕 Tritt :** 보조를 맞추어

Die Soldaten marschieren *in gleichem* (*im gleichen*) *Tritt.*

군인들이 보조를 맞추어 행진한다.

* **mit schwerem (leichtem) Tritt :** 무거운(가벼운) 걸음으로

Er ging *mit schwerem Tritt* (*mit schweren Schritten*) in die Schule.

그는 무거운 걸음으로 학교에 갔다.

* **jm. Trost geben** (=**jn. trösten**) **:** (누구)를 위로하다

Seine Worte *gaben* mir *Trost.*

(=Seine Worte *trösteten* mich.)

그의 말은 나에게 위로가 되었다.

* **jn. über et.⁴ trösten :** (무엇)에 대하여 (누구)를 위로하다

Er *tröstete* sie *über* das Unglück.

그는 그녀의 불행을 위로했다.

* **viel (nichts) zu tun haben :** 할 일이 많다(없다)

Ich *habe viel zu tun.*

나는 할 일이 많다／나는 바쁘다.

* **mit et. nichts zu tun haben** : (무엇)과 아무런 관계도 없다

Was ich sage, *hat mit* meiner persönlichen Meinung *nichts zu tun.*

내가 말하는 것은 나의 개인적인 의견과는 아무런 관계도 없다.

Ich *habe nichts damit zu tun.*

나는 그 일과는 아무런 관계도 없다.

* **die Tür öffnen (schließen)** : 문을 열다(닫다)

Bitte *öffnen* (*schließen*) Sie *die Tür*!

(=Bitte *machen* Sie *die Tür auf* (*zu*)!)

문을 좀 열어 주세요(닫아주세요)!

* **an der Tür lauschen (horchen)** : 문에서 엿듣다

Sie hat *an der Tür gelauscht* (*gehorcht*).

그녀는 문에서 엿들었다.

Jemand *lauscht an der Tür* heimlich.

누군가가 문에서 몰래 엿듣는다.

* **an die Tür klopfen** : 문에 노크하다

Jemand *klopft an die Tür.*

누군가가 문을 두드린다.

Es *klopft an der* (*die*) *Tür.*

문 두드리는 소리가 난다.

* **vor der Tür stehen** : 가까이에 있다, 다가와 있다

Weihnachten *steht vor der Tür.*

크리스마스가 박두하고 있다.

* **bei (hinter) verschlossenen Türen** : (교섭 · 협상따위의) 비밀리에, 문을 닫고

Sie beide berieten über die Sache *bei verschlossenen Türen.*

그들 두 사람은 그 일에 대해 비밀리에 협의했다.

* **bis an die Tür** : 문까지

Er begleitete mich *bis an die* Haus*tür.*

그는 나를 현관문까지 전송했다.

U

* **jm. übel (schlecht) sein :** (누구)는 기분이 나쁘다

Mir ist *übel.*

(=Ich fühle mich übel.)

나는 기분이 나쁘다.

* **sich⁴ in et.³ üben :** (무엇)을 연습하다

Er *übt sich* fleißig *im* Schwimmen.

그는 열심히 수영연습을 한다.

* **von überall her (=überallher) :** 도처에서부터

Sie kamen *von überall her.*

그들은 방방곡곡에서 왔다.

* **einen guten Überblick haben :** 전망이 좋다

Von hier [aus] *hat* man *einen guten Überblick.*

여기서는 전망이 좋다.

Von hier *hat* man *einen guten Überblick* über die Stadt.

여기서는 도시가 잘 내다 보인다.

* **überhaupt+부정사(否定詞) :** 전혀 …않다, 결코 …않다

Ich habe *überhaupt* (*gar*) *keinen* Hunger.

나는 전혀 배가 고프지 않다.

Sie haben sich *überhaupt nicht* verändert.

당신은 전혀 변하지 않았읍니다.

Ich glaube ihm *überhaupt nicht* mehr.

나는 더는 결코 그를 믿지 않는다.

* **jm. et.⁴ überlassen :** (누구)에게 (무엇)을 맡기다

Ich *überlasse* es deinem Ermessen.

나는 그것을 너의 판단에 맡긴다.

Die Entscheidung *überlasse* ich Ihnen.

결정은 당신에게 위임합니다.

Ich *überließ* es ihm, den Brief zu schreiben.

나는 편지 쓰는 것을 그에게 맡겼다.

*** 〔sich³〕 et.⁴ überlegen : (무엇)을 숙고하다**

Ich will *mir* die Sache noch einmal *überlegen.*

나는 그일을 한번 더 곰곰히 생각해 보겠다.

*** jm. an (in) et.³ überlegen sein : (누구)보다 (무엇)에서 뛰어나다 · 능가하다**

Er ist mir *an* Kraft weit *überlegen.*

(=Er übertrifft mich an Kraft weit.)

그는 나보다 힘이 훨씬 세다.

Er ist mir *in* jeder Beziehung *überlegen.*

그는 모든 점에서 나보다 낫다.

*** zu meiner Überraschung (=zu meinem Erstaunen) : 놀랍게도**

Zu meiner Überraschung trat er plötzlich hier auf.

놀랍게도 그가 갑자기 여기에 나타났다.

*** jn. an (in) et.³ übertreffen : (무엇)에서 (누구)를 능가하다**

Sie *übertreffen* uns *an* Zahl weit.

그들은 수(數)에서 우리를 훨씬 능가한다.

*** jn. von et. überzeugen : (누구)에게 (무엇)을 납득 · 확신시키다**

Ich *überzeugte* ihn *von* seinem Irrtum.

나는 그에게 그의 잘못을 납득시켰다.

Er *überzeugte* mich da*von*, daß er recht hatte.

그는 자기가 옳았다는 것을 나에게 확신시켰다.

*** sich⁴ von et. überzeugen : (무엇)을 확신하다**

Ich *überzeugte mich von* seiner Schuld.

나는 그의 죄를 확신했다.

*** von et. überzeugt sein : (무엇)을 확신하고 있다**

Ich bin fest *von* seiner Unschuld *überzeugt.*
(=Ich *überzeuge mich* fest *von* seiner Unschuld.)
나는 그의 무죄·결백을 확신하고 있다.
Ich bin fest da*von überzeugt*, daß er recht hat.
나는 그가 옳다는 것을 확신하고 있다.

*** übrig sein (=übrigbleiben) :** 남아 있다
Von den 100 Mark *ist* nichts mehr *übrig.*
그 100마르크는 이제 한푼도 남아 있지 않다.
Es ist nichts *übriggeblieben.*
아무것도 남아 있지 않았다.

*** im übrigen (übrigens) :** 그밖의 점에서는
Im übrigen hast du recht.
그 밖의 점에서는 네가 옳다.

*** für jn. etwas (nichts) übrig haben :** (누구)를 좋아하다 (싫어하다)
Vom ersten Augenblick an *hatte* ich *für* sie *etwas übrig.*
첫 순간부터 나는 그녀를 좋아했다.
Ich *habe für* ihn *nichts übrig.*
나는 그를 싫어한다.
Für solche Sachen *habe* ich *nichts übrig.*
그러한 일에는 나는 전연 흥미가 없다.

*** übrigbleiben :** 남아 있다
Es ist nichts *übriggeblieben.*
아무것도 남아있지 않았다.
Es *blieb* nichts anderes *übrig* als das.
그것 이외에는 다른 아무것도 남아있지 않았다.
Es *bleibt* mir nichts anderes *übrig,* als zu warten.
나에게는 기다리는 것 이외에는 다른 방법이 없었다.

*** am Ufer :** 물가에, 강가에, 바닷가에
Die Stadt liegt *am Ufer* der Donau.
그 도시는 도나우 강변에 있다.
An beiden *Ufern* des Rheins sind schöne Weinberge.

라인강의 양쪽 강변에는 아름다운 포도원이 있다.

＊ die Uhr aufziehen : 시계 태엽을 감다

Er *zog* seine *Uhr auf.*

그는 시계 태엽을 감았다.

＊ die Uhr stellen : 시계를 맞추다

Er *stellte* seine *Uhr.*

그는 시계를 맞추었다.

＊ eine Uhr tragen : 시계를 차고 있다

Er *trägt eine Armbanduhr.*

그는 팔뚝시계를 차고 있다.

＊ auf die (nach der) Uhr sehen : 시계를 보다

Er *sah auf die Uhr.*

그는 시계를 보았다.

＊ nach meiner Uhr : 내 시계로는

Nach meiner Uhr ist es jetzt halb eins.

내 시계로는 지금 12시 반이다.

＊ um (gegen) 12 **Uhr :** 12시에(경에)

Der Unterricht beginnt *um neun Uhr.*

수업은 9시에 시작된다.

Der Zug fährt *um 12 Uhr* (*1 Uhr 30*) ab.

기차는 12시(1시 30분)에 발차한다.

＊ um wieviel Uhr : 몇시에

Um wieviel Uhr gehst du zur Schule?

몇시에 너는 학교에 가느냐?

＊ von 9 **bis** 12 **Uhr :** 9시부터 12시까지

Wir haben *von 9 bis 12 Uhr* Unterricht.

우리는 9시부터 12시까지 수업이 있다.

Der Laden (Das Geschäft) ist *von 10 bis 18 Uhr* offen (geöffnet).

그 가게는 10시부터 18시까지 문을 연다.

＊ um ... zu 부정형 : ...하기 위하여

Ich kam, *um* dich *zu* sehen.

나는 너를 만나려고 왔다.

Sie ging in die Stadt, *um* ein*zu*kaufen.

그녀는 물건을 사러 시내로 갔다.

Man ißt, *um zu* leben und lebt nicht, *um zu* essen.

사람은 살려고 먹지, 먹으려고 살지는 않는다.

* **zu ~, um ... zu** 부정형 : ...하기에는 너무 ~하다, 너무 ~하므로 ...하지 못하다

Es ist *zu* spät, *um* einen Spaziergang *zu* machen.

산보하기에는 시간이 너무 늦다.

Sie ist *zu* jung, *um* noch heiraten *zu* können.

그녀는 너무 어려서 아직 결혼할 수 없다.

* **von et. umgeben sein :** (무엇)으로 둘러싸여 있다

Das Dorf ist *von* grünen Wäldern *umgeben.*

그 마을은 푸른 숲으로 둘러싸여 있다.

Der Kranke war *von* seinen Freunden *umgeben.*

그 환자는 자기 친구들에 둘러싸여 있었다.

* **mit jm. umgehen (verkehren) :** (누구)와 교제하다

Du darfst *mit* solchen Männern nicht *umgehen.*

너는 그러한 남자들과 교제해서는 안된다.

* **unter Umständen :** 사정 · 형편에 따라서는

Unter Umständen komme ich morgen.

사정에 따라서는 나는 내일 간다.

* **unter allen Umständen :** 어떤 일 · 사정이 있더라도

Unter allen Umständen werde ich ihm helfen.

어떤 일이 있더라도 나는 그를 도울 것이다.

* **unter diesen Umständen :** 이런 형편에서는

Unter diesen Umständen kann ich dir nicht helfen.

이런 형편에서는 나는 너를 도울 수 없다.

* **unter keinen Umständen :** 어떤 일이 있더라도 ...하지 않다

Ich werde *unter keinen Umständen* mitgehen.

나는 어떤 일이 있더라도 함께 가지 않겠다.

* **bei einem Unfall :** 사고시에, 사고로

Er wurde *bei einem Unfall* verletzt.

그는 사고시에 다쳤다.

Bei dem Unfall gab es einen Toten.

그 사고로 한사람의 사망자가 생겼다.

* **mit Ungeduld (=ungeduldig) :** 초조하게

Wir warteten *mit Ungeduld* auf ihn.

우리는 초조하게 그를 기다렸다.

* **Unglück haben (=unglücklich sein) :** 불행하다

Er *hatte* in seinem Leben viel *Unglück*.

(=Er war in seinem Leben sehr unglücklich.)

그의 생애는 매우 불행하였다.

* **zum Unglück (zum Glück) :** 불행히도 (다행히도)

Zum Unglück verpaßten wir auch noch den Zug.

불행히도 우리는 기차까지도 놓쳤다.

Zum Glück war er zu Hause.

다행히도 그는 집에 있었다.

* **die Universität besuchen :** 대학에 다니다

Er *besucht die Universität* 〔in, zu〕 Heidelberg.

그는 하이델베르그 대학에 다닌다.

* **an der Universität studieren :** 대학에서 공부하다

Er *studiert an der Universität* 〔in〕 Köln.

그는 퀼른대학에서 공부한다.

* **auf der Universität sein :** 대학에 재학중이다

Er *ist auf der Universität*.

그는 대학에 재학중이다.

* **von unten 〔her〕 :** 아래에서부터

Der Schrei kam *von unten her*.

고함소리가 아래쪽에서 들려 왔다.

* **von unten nach oben :** 아래에서 위로

Er ging *von unten nach oben*.

그는 아래층에서 위층으로 올라갔다.

*** von oben bis unten :** 위에서 아래까지, 머리끝에서 발끝까지

Er mustierte mich *von oben bis unten* (von Kopf bis Fuß).

그는 나를 머리끝에서 발끝까지 훑어보았다.

*** unter uns :** 우리끼리

Unter uns gesagt, hat er nicht recht.

우리끼리 얘기지만, 그는 옳지 않다.

Wir sind hier *unter uns*.

여기에는 우리만이 있다.

*** sich[4] mit jm. 〔über et.[4], von et.〕 unterhalten :** (누구)와 〔무엇에 대하여〕 담소하다 · 환담하다

Ich habe *mich mit* ihm lange *unterhalten*.

나는 그와 오랫동안 이야기를 나누었다.

Wir *unterhielten uns über* die neuesten politischen Ereignisse.

우리는 최근의 정치적인 사건들에 대해 이야기를 나누었다.

*** Unterricht erteilen (geben) :** 교수하다

Er *erteilt* (*gibt*) *Unterricht* in Physik.

그는 물리학 강의를 한다.

Ich *gebe* meinen *Unterricht*, auch wenn nur zwei oder drei Studenten kommen.

나는 2, 3명의 학생만이 온다해도 수업을 한다.

*** Unterricht haben :** 수업이 있다

Heute *haben* wir keinen *Unterricht*.

오늘 우리는 수업이 없다.

*** Unterricht nehmen :** 수업을 받다

Wir *nehmen* bei Herrn Müller deutschen *Unterricht* (Unterricht in Deutsch).

우리는 뮐러 선생한테서 독일어 수업을 받는다.

*** jn. in et.[3] unterrichten :** (누구)에게 (무엇)을 가르치다

Er *unterrichtet* uns *in* Deutsch.

(=Er lehrt uns Deutsch.)

그는 우리에게 독일어를 가르친다.

Wer *unterrichtet* euch *in* Englisch?

누가 너희들에게 영어를 가르치느냐?

＊ et.[4] von et. unterscheiden : (무엇)을 (무엇)과 구별하다

Man muß das Wahre *vom* Falschen *unterscheiden.*

진위를 구별해야 한다.

Man kann diese Zwillinge kaum *von*einander *unterscheiden.*

사람들은 이 쌍둥이를 거의 서로 구별할 수가 없다.

＊ sich[4] von et. unterscheiden : (무엇)과 구별되다 · 다르다

Er *unterscheidet sich* in vielem *von* seinen Brüdern.

그는 여러가지 점에서 그의 형제들과는 다르다.

＊ zwischen et.[3] ein Unterschied sein : (무엇)사이에 차이가 있다

Es *ist ein* großer *Unterschied zwischen* ihnen.

그들 사이에는 큰 차이가 있다.

＊ zwischen et.[3] einen Unterschied machen : (무엇)사이에 구별을 짓다

Sie *machte zwischen* den Kindern keinen *Unterschied.*

그녀는 아이들 사이에 조금도 차별을 두지 않았다.

＊ ohne Unterschied : 차별없이

Die Schuldigen werden *ohne Unterschied* bestraft.

죄지은 사람들은 차별없이 벌을 받는다.

＊ zum Unterschied von et. : (무엇)과는 달리

Das war sehr schwer *zum Unterschied von* meinen Gedanken.

그것은 내 생각과는 달리 매우 어려웠다.

Sie trägt *zum Unterschied von* ihrer Schwester langes Haar.

그녀는 자기 누이와는 달리 긴 머리를 하고 있다.

＊ Urlaub nehmen (erhalten) : 휴가를 얻다

Ich *nahm* (*erhielt*) zwei Wochen[4] *Urlaub.*

나는 2주간의 휴가를 얻었다.

＊ den Urlaub verbringen : 휴가를 보내다

Er *verbringt* seinen *Urlaub* auf dem Land (im Gebirge, an der See).

그는 휴가를 시골에서(산에서, 해변에서) 보낸다.

* **im (auf) Urlaub sein : 휴가중이다**

Er *ist* jetzt *im Urlaub.*

(=Er hat jetzt Urlaub.)

그는 지금 휴가중이다.

* **aus welcher Ursache (=aus welchem Grunde) : 무슨 이유로**

Aus welcher Ursache bist du mir böse?

무슨이유로 너는 내게 화를 내느냐?

* **sich[3] über et.[4] ein Urteil bilden : (무엇)에 대하여 판단을 내리다**

Ich kann *mir über* ihn (dar*über*) noch kein *Urteil bilden.*

나는 그에 대하여(그것에 대하여) 아직 판단을 내릴 수 없다.

* **meinem Urteil nach : 나의 판단으로는**

Meinem Urteil nach hat er recht.

나의 판단으로는 그가 옳다.

* **über et.[4] urteilen : (무엇)에 대하여 판단하다**

Niemand *urteilte* dar*über* klar.

아무도 그것에 대하여 명확하게 판단을 내리지 못했다.

Urteilen Sie nicht so böse *über* ihn (dar*über*)!

그를(그것을) 그렇게 나쁘게 생각하지 마시오!

* **usw., u.s.w. (und so weiter의 약자) : 등등**

Auf dem Bild sieht man Häuser, Bäume, Autos *usw.*

그 그림에는 집과 나무와 자동차 등등이 보인다.

Sie kaufte sich Strümpfe, Schuhe, Kleider *usw.*

그녀는 스타킹, 구두, 의복 등등을 샀다.

V

* **für das Vaterland kämpfen :** 조국을 위해 싸우다

Wir *kämpfen für das Vaterland.*

우리는 조국을 위해 싸운다.

* **sich^4 mit jm. verabreden :** (누구)와 약속하다

Ich habe *mich mit* ihm nächsten Sonntag vor dem Kino *verabre det.*

나는 그와 다음 일요일에 영화관 앞에서 만나기로 약속했다.

* **eine Verabredung mit jm. haben :** (누구)와 약속이 있다

Heute abend *habe* ich *eine Verabredung mit* ihr.

오늘 저녁 나는 그녀와 약속이 있다.

* **sich^4 von jm. verabschieden (=von jm. Abschied nehmen) :** (누구)와 헤어지다 · 작별하다

Ich habe *mich von* ihm *verabschiedet.*

(=Ich habe *von* ihm *Abschied genommen.*)

나는 그와 헤어졌다.

* **sich^4 für et. verantworten :** (무엇)에 대하여 책임을 지다

Du mußt *dich für* deine Handlungen (Taten) *verantworten.*

너는 너의 행동에 대해 책임을 져야 한다.

* **für et. verantwortlich sein :** (무엇)에 대하여 책임이 있다

Du bist da*für verantwortlich.*

너는 그것에 대해 책임이 있다.

Die Eltern sind *für* ihre Kinder *verantwortlich.*

부모는 자기 자녀들에 대해 책임이 있다.

* **sich^4 vor jm. verbeugen: :** (누구)에게 절을 하다

Sie *verbeugte sich* höflich *vor* den Gästen.
(=Sie machte vor den Gästen eine höfliche Verbeugung.)
그녀는 손님들에게 공손히 인사를 했다.

* **et.⁴ mit et. verbinden : (무엇)을 (무엇)과 결합하다**

Der Kanal *verbindet* die Elbe *mit* dem Rhein.
운하는 엘베강을 라인강과 연결한다.
Verbinden Sie mich bitte *mit* Herrn Kim!
김선생을 좀 대 주십시오(전화에서)!

* **mit jm. in Verbindung stehen (bleiben) : (누구)와 관계·거래·연락하고 있다**

Die Firma *steht mit* uns *in Verbindung*.
그 회사는 우리와 거래관계가 있다.
Wir *stehen mit* der Firma *in Verbindung*.
우리는 그 회사와 거래관계가 있다.
Wir *bleiben mit*einander *in Verbindung*.
우리는 서로 연락하고 있다.

* **im verborgenen (=heimlich) : 숨어서, 남몰래**

Er tat es *im verborgenen*.
그는 남몰래 그것을 했다.

* **ein Verbrechen begehen : 죄를 범하다**

Er *beging ein* schweres (furchtbares) *Verbrechen*.
그는 무거운(무서운) 죄를 범했다.

* **im Verdacht stehen : 혐의를 받고 있다**

Er *steht im Verdacht*, seinen Onkel ermordet zu haben.
그는 자기의 아저씨를 살해했다는 혐의를 받고 있다.
Sie *steht im Verdacht*, gestohlen zu haben.
그녀는 도둑질을 했다는 혐의를 받고 있다.

* **jm. et.⁴ verdanken : (무엇)이 (누구)의 덕택이다**

Ich *verdanke* dir alles.
모든 것이 너의 덕택이다.
Ich *verdanke* es meinem Vater, daß ich ein so guter Sportler geworden bin.

내가 이렇게 훌륭한 운동선수가 된 것은 나의아버지의 덕택이다.

* **guten Verdienst haben :** 수입(收入)이 좋다

Er *hat guten Verdienst.*

그는 수입이 좋다.

* **im Verein mit jm. :** (누구)와 협동하여

Es gelang mir, *im Verein mit* meinen Freunden das Werk zu vollenden.

나는 내 친구들과 협동하여 그 작품을 완성하는데 성공했다.

* **über jn. verfügen :** (누구)를 마음대로 하다

Sie dürfen *über* mich *verfügen.*

(=Ich stehe zu Ihrer Verfügung.)

나는 당신 지시대로 하겠읍니다.

Bitte *verfügen* Sie jederzeit *über* mich!

언제든지 저에게 지시만 해 주십시오!

* **jm. zur Verfügung stehen :** (누구)의 마음대로 쓸 수 있다

Das Zimmer *steht* Ihnen immer *zur Verfügung.*

그 방은 언제나 당신 마음대로 쓸 수 있읍니다.

* **jm. et.⁴ zur Verfügung stellen :** (무엇)을 (누구)의 마음대로 쓰게 하다

Mein Auto *stelle* ich Ihnen gern *zur Verfügung.*

내 차를 기꺼이 내어 드리지요.

* **im Vergleich zu et. :** (무엇)과 비교하여, (무엇)에 비하여

Im Vergleich zu ihrer Schwester ist sie viel schöner.

그녀의 누이와 비교하여 그녀는 훨씬 예쁘다.

Im Vergleich zu gestern ist heute schönes Wetter.

어제에 비하여 오늘은 날씨가 좋다.

* **et.⁴ mit et. vergleichen :** (무엇)을 (무엇)과 비교하다

Vergleichen wir das Deutsche *mit* dem Englischen!

독일어를 영어와 비교해 봅시다!

Ich habe die beiden Bilder *mit*einander *verglichen*

나는 두 그림을 서로 비교해 보았다.

* **ein Verhältnis mit jm. haben :** (누구)와 관계가 있다

Er *hat ein Verhältnis mit* diesem Mädchen.

그는 이 처녀와 관계를 맺고 있다.

* **in einem Verhältnis zu (mit) jm. stehen :** (누구)와 어떤 관계에 있다

Ich *stehe in* freundschaftlichem *Verhältnis zu* ihm.

나는 그와 우호관계에 있다.

In welchem *Verhältnis stehst* du *zu* ihm?

너는 그와 어떤 관계이냐?

* **im Verhältnis zu et. :** (무엇)에 비례하여

Mir geht es *im Verhältnis zu* anderen gut.

나는 다른 사람들에 비해 잘 지낸다.

* **in Verhandlungen treten :** 상의하다, 토의하다

Die beiden Firmen *treten in Verhandlungen* miteinander.

두 회사는 서로 상의한다.

* **sich[4] mit jm. verheiraten (=jn. heiraten) :** (누구)와 결혼하다

Sie hat *sich mit* einem Ausländer *verheiratet.*

(=Sie hat einen Ausländer geheiratet.)

그녀는 어느 외국인과 결혼했다.

* **et.[4] zum Verkauf anbieten :** (무엇)을 팔려고 내 놓다

Die Firma *bot* neue Waren *zum Verkauf an.*

그 회사는 새로운 상품들을 팔려고 내놓았다.

Das Grundstück wird *zum Verkauf angeboten.*

그 토지는 매물(賣物)로 나와 있다.

* **billig (teuer) verkaufen :** 싼(비싼) 값으로 팔다

Er hat sein Haus *billig verkauft.*

그는 그의 집을 싸게 팔았다.

* **Verkehr mit jm. haben (=im Verkehr mit jm. stehen) :** (누구)와 교제하고 있다

Er *hat Verkehr mit* ihr.

(=Er *steht im Verkehr mit* ihr.)

그는 그녀와 교제하고 있다.

*** den Verkehr mit jm. abbrechen :** (누구)와 절교하다

Ich habe *den Verkehr mit* ihm *abgebrochen.*

나는 그와 절교했다.

*** et.[4] von jm. verlangen :** (무엇)을 (누구)에게 요구하다

Er *verlangte* Geld *von* mir.

그는 나한테 돈을 요구했다.

Was *verlangen* Sie *von* mir?

당신은 나에게 무엇을 요구하십니까? 무슨 용무이십니까?

*** nach et. verlangen :** (무엇)을 열망하다 · 갈망하다

Der Kranke *verlangte nach* Wasser.

그 환자는 물을 마시고 싶어 했다.

Der Kranke *verlangt nach* dem Arzt.

그 환자는 의사를 불러오기를 원하고 있다.

*** auf js. Verlangen[4] :** (누구)의 요구에 응하여

Auf Verlangen des Kranken wurde das Fenster geschlossen

환자의 요구에 응하여 창문이 닫혀졌다.

*** sich[4] auf jn. verlassen (=jm. vertrauen) :** (누구)를 믿다 · 신뢰하다

Ich *verlasse mich auf* dich.

(=Ich vertraue dir.)

나는 너를 믿는다.

Auf ihn (*Auf* seine Worte) kann ich *mich* nicht *verlassen.*

그를(그의 말을) 나는 믿을 수 없다.

Verlassen Sie *sich* dar*auf*!

그것을 믿어보십시오!

*** in Verlegenheit[4] geraten :** 당황하다

Sie *geriet in Verlegenheit,* als ich ins Zimmer eintrat.

내가 방으로 들어갔을 때 그녀는 당황했다.

*** jn. in Verlegenheit bringen (setzen) :** (누구)를 당황케 하다

Seine Frage *brachte* (*setzte*) mich *in Verlegenheit.*

그의 질문은 나를 당황케 했다.

*** et.⁴ an jn. verleihen (=jm. et.⁴ leihen) : (무엇)을 (누구)에게 빌려주다**

Ich habe mein Fahrrad *an* ihn *verliehen.*

(=Ich habe ihm mein Fahrrad geliehen.)

나는 내 자전거를 그에게 빌려주었다.

Dieses Buch *verleihe* ich *an* niemand〔en〕.

이 책을 나는 아무에게도 빌려주지 않는다.

*** sich⁴ in jn. verlieben : (누구)에게 반하다**

Er hat *sich in* sie *verliebt.*

(=Er ist *in* sie *verliebt.*)

그는 그녀에게 반했다.

Hast du *dich* nicht *in* sie *verliebt?*

너는 그녀에게 반하지 않았느냐?

*** sich⁴ mit jm. verloben : (누구)와 약혼하다**

Ich habe *mich mit* ihr *verlobt.*

나는 그녀와 약혼했다.

Wir sind *mit*einander *verlobt.*

우리는 서로 약혼했다.

*** einen Verlust erleiden : 손해를 입다**

Unsere Firma *erlitt einen* großen (schweren) *Verlust.*

우리 회사는 큰 손해를 입었다.

*** vermögen ... zu 부정형 (=können) : ...할 수 있다**

Ich *vermag* es nicht *zu* vermeiden.

나는 그것을 피할 수가 없다.

Ich *vermochte* nicht, ihn *zu* überzeugen.

나는 그를 설득·납득시킬 수가 없었다.

*** ein Vermögen verdienen (verlieren) : 재산을 모으다(잃다)**

Er hat bei diesem Geschäft *ein Vermögen verdient.*

그는 이 사업에서 돈을 벌었다.

Er hat sein ganzes *Vermögen verloren*.

그는 그의 전 재산을 잃었다.

* **über js. Vermögen[4] gehen :** (누구)의 힘에 겹다

Das *geht über mein Vermögen*.

(=Das steht nicht in meinem Vermögen.)

그것은 내 힘에 겹다.

* **ohne Vernunft handeln :** 무분별한 행동을 하다

Er hat *ohne Vernunft gehandelt*.

그는 무분별한 행동을 했다.

* **jn. zur Vernunft bringen :** (누구)를 이성(理性)으로 돌아가게 하다

Wir *brachten* ihn *zur Vernunft*.

우리는 그로하여금 이성을 되찾게 하였다.

* **jn. zu et. verpflichten :** (누구)에게 (무슨) 의무를 지우다

Mein Amt *verpflichtet* mich da*zu*.

그것은 나의 직무상의 의무이다.

Ich bin *zum* Schweigen *verpflichtet*.

나는 침묵해야 할 의무가 있다.

* **sich[4] zu et. verpflichten :** (무엇)의 의무를 지다, (무엇)을 약속하다

Ich kann *mich* da*zu verpflichten*.

나는 그것을 약속할 수 있다.

Ich kann *mich zu* nichts *verpflichten*.

나는 아무것도 약속할 수 없다.

* **wie verrückt :** 미친듯이, 미친 사람처럼

Er schrie *wie verrückt*.

그는 미친듯이 외쳤다.

* **die Versammlung abhalten :** 집회·회의를 개최하다

Die Partei *hielt eine* politische *Versammlung ab*.

당(黨)은 정치집회를 열었다.

Wissenschaftliche *Versammlung* wurde in der Aula *abgehalten*.

(=Wissenschaftliche Versammlung fand in der Aula statt.)

학술회의가 대강당에서 열렸다.

* **zur Versammlung gehen :** 집회에 가다

Er *ging zur Versammlung.*

그는 모임에 갔다.

* **jm. et.[4] verschweigen :** (누구)에게 (무엇)을 말하지 않다 · 비밀로 하다

Ich habe ihm das Geheimnis *verschwiegen*

나는 그에게 그 비밀을 말하지 않았다.

Warum hast du mir das *verschwiegen?*

너는 왜 나에게 그것을 말하지 않았느냐?

* **spurlos verschwinden :** 흔적도 없이 사라지다

Er ist *spurlos verschwunden.*

그는 흔적도 없이 사라졌다.

* **aus Versehen (=versehentlich) :** 잘못하여, 실수로

Aus Versehen habe ich die Ruder fallen lassen.

잘못하여 나는 노를 떨어뜨렸다.

Das habe ich nicht absichtlich, sondern *aus Versehen* getan.

그것을 나는 고의로 한 것이 아니라 실수로 했다.

* **jm. et.[4] versichern :** (누구)에게 (무엇)을 확언하다 · 단언하다

Das kann ich dir *versichern.*

그것을 나는 너에게 확언할 수 있다.

Er *versicherte* mir, daß er mir helfen werde

그는 나를 돕겠다고 확언했다.

* **in et.[4] versinken :** (무엇)에 몰두하다

Er ist *in* Gedanken (*in* seine Arbeit) *versunken.*

그는 생각에 잠겼다 (자기 일에 몰두했다).

* **sich[4] mit jm. versöhnen :** (누구)와 화해하다

Ich will *mich mit* ihm nicht *versöhnen*

나는 그와 화해하지 않겠다.

* **jm. et.[4] versprechen :** (누구)에게 (무엇)을 약속하다

Er hat es mir fest *versprochen.*

그는 그것을 나에게 확약했다.

Vergiß nicht, was du mir *versprochen* hast!

네가 나에게 약속한 것을 잊지 마라!

Er hat mir *versprochen*, uns zu besuchen.

그는 우리를 방문하겠다고 나에게 약속했다.

* **sein Versprechen halten (brechen) :** 약속을 지키다(어기다)

Er hat *sein Versprechen* (*sein Wort*) *gehalten*

그는 약속을 지켰다.

Sie hat *ihr Versprechen* (*ihr Wort*) *gebrochen*.

(=Sie hat ihr Versprechen nicht gehalten.)

그녀는 약속을 어겼다.

* **wie versprochen :** 약속대로

Wie versprochen gab er es mir.

약속대로 그는 그것을 나에게 주었다.

* **den Verstand verlieren :** 제 정신을 잃다

Er hat *den Verstand verloren*.

그는 제 정신(이성)을 잃었다.

* **einen klaren (scharfen) Verstand haben :** 명석한(예리한) 두뇌를 갖고 있다

Er *hat einen klaren Verstand* (*Kopf*)

그는 명석한 두뇌를 갖고 있다.

* **falsch verstehen :** 오해하다

Du hast mich *falsch verstanden*.

너는 나를 오해했다.

* **einen Versuch machen :** 시도하다

Er *machte den Versuch*, seine Theorie zu beweisen.

그는 자기의 이론을 증명하려고 시도했다.

* **versuchen ... zu** 부정형 **:** ...하려고 시도하다

Der Sportler *versuchte*, den Weltrekord *zu* brechen.

그 운동선수는 세계기록을 깨려고 시도했다.

Ich habe vergebens *versucht*, das Problem *zu* lösen.

나는 그 문제를 풀려고 시도해 보았지만 허사였다.

* **einen Vertrag [ab]schließen (brechen) :** 계약을 맺다(깨다), 조약을 체결하다

Wir *schlossen einen* förmlichen *Vertrag.*

우리는 정식계약을 맺었다.

Die beiden Staaten *schlossen einen* neuen *Vertrag.*

두 나라는 새로운 조약을 체결했다.

Der Kaufmann *brach den Vertrag.*

(=Der Kaufmann hielt den Vertrag nicht.)

그 상인은 계약을 어겼다.

* **jm. vertrauen (=sich⁴ auf jn. verlassen) :** (누구)를 믿다·신뢰하다

Ich *vertraue* dir.

(=Ich *verlasse mich auf* dich.)

나는 너를 믿는다.

Du kannst ihm *vertrauen.*

너는 그를 믿어도 된다.

* **Vertrauen zu jm. haben :** (누구)를 신용하다·신뢰하다

Wir *haben Vertrauen zu* ihm.

우리는 그를 신용한다.

Er *hat* kein unbedingtes *Vertrauen zu* dir.

그는 너를 무조건 신용하지 않는다.

* **mit jm. vertraut sein :** (누구)와 친하다

Ich bin *mit* ihm *vertraut*

나는 그와 친하다.

Wir sind sehr *vertraut mit*einander.

우리는 서로 매우 친한 사이다.

* **et.⁴ in et.⁴ verwandeln :** (무엇)을 (무엇)으로 변화시키다

Eine Atombombe *verwandelte* die Stadt *in* eine Hölle.

한발의 원자폭탄이 그 도시를 지옥으로 바꾸어 놓았다.

* **sich⁴ in et.⁴ verwandeln :** (무엇)으로 변하다

Das Eis *verwandelte sich in* Wasser.

얼음이 물로 변했다.

Ihre Liebe hat *sich in* Haß *verwandelt.*

그녀의 사랑은 증오로 변했다.

*** mit jm. verwandt sein :** (누구)와 친척이다

Ich bin nahe (entfernt) *mit* ihm *verwandt.*

나는 그와 가까운(먼) 친척이다.

Wie bist du *mit* ihr *verwandt?*

너는 그녀와 어떤 친척 관계냐?

Wir sind *mit*einander *verwandt.*

우리는 서로 친척간이다.

*** et.[4] mit et. verwechseln :** (무엇)을 (무엇)과 혼동하다

Ich *verwechsele* oft Paul *mit* Hans.

나는 종종 파울을 한스와 혼동한다.

Ich habe ihn *mit* seinem Bruder *verwechselt.*

나는 그를 그의 형(동생)과 혼동했다.

*** auf et.[4] et.[4] verwenden :** (무엇)에 (무엇)을 쓰다 · 사용하다

Er hat *auf* diese Arbeit viel Mühe (viel Zeit) *verwendet.*

그는 이 일에 많은 노력을 기울였다 (많은 시간을 소비했다).

Er hat viel Geld *auf* die Erziehung seiner Kinder *verwendet* (*verwandt*).

그는 자기 자녀들의 교육에 많은 돈을 썼다.

*** jm. et.[4] verzeihen :** (누구)의 (무엇)을 용서하다

Er *verzieh* mir alles.

그는 나의 모든 것을 용서해 주었다.

Gott *verzeih'* mir die Sünde!

하나님이시여, 저의 죄를 용서하소서!

Verzeihen Sie 〔mir〕, daß ich das Unrecht begangen habe!

제가 잘못을 저지른 것을 용서하여 주십시오!

*** jn. um Verzeihung bitten :** (누구)에게 용서를 빌다

Er *bat* den Vater *um Verzeihung.*

그는 아버지에게 용서를 빌었다.

*** auf et.⁴ verzichten (=et.⁴ aufgeben) :** (무엇)을 단념하다 · 포기하다

Ich *verzichte auf* die Reise (*auf* die Teilnahme an dem Ausflug).

나는 여행을(소풍의 참가를) 단념했다.

Er hat *auf* seinen Plan *verzichtet.*

(=Er hat seinen Plan aufgegeben.)

그는 그의 계획을 포기했다.

Du darfst dar*auf* nicht *verzichten.*

너는 그것을 포기해서는 안된다.

*** an et.³ (über et.⁴) verzweifeln :** (무엇)에 절망하다

Er *verzweifelt am* Leben (*an* allem).

그는 인생에(모든 일에) 절망하고 있다.

*** aus (vor) Verzweiflung :** 절망한 나머지

Er hat es *aus Verzweiflung* getan.

그는 절망한 나머지 그런 일을 했다.

*** viel (weit)+**비교급 **:** 훨씬 …한

Es ist *viel besser.*

그것이 훨씬 좋다.

Er ist *viel fleißiger* als du.

그는 너보다 훨씬 부지런하다.

Er ist *viel älter*, als du denkst.

그는 네가 생각하기보다 훨씬 나이가 많다.

*** in vielem (=in vielen Dingen) :** 여러가지 점에서

In vielem hast du recht.

여러가지 점에서 네가 옳다.

*** Violine (Geige) spielen :** 바이올린을 연주하다

Sie *spielt* ganz gut *Violine.*

그녀는 아주 잘 바이올린을 연주한다.

*** voll von et. (voll〔er〕 et.²) sein :** (무엇)으로 가득차 있다

Der Saal ist *voll von* Menschen.

(=Der Saal ist *voll*〔*er*〕 Menschen.)

홀은 사람으로 가득차 있다.

Ihre Augen sind *voll von* Tränen.
(=Ihre Augen sind *voll*[*er*] Tränen.)
그녀의 눈은 눈물로 가득하다.

* **im voraus :** 미리
Er hat die Miete *im voraus* bezahlt.
그는 집세를 미리 지불했다.

* **an et.³ vorbeigehen (vorübergehen) :** (무엇)의 옆을 지나가다
Wir *gingen an* seinem Haus *vorbei* (*vorüber*)
우리는 그의 집 옆을 지나갔다.
Er *ging* mit gesenktem Haupt *an* mir *vorbei*.
그는 고개를 숙이고 내 옆을 지나갔다.

* **sich⁴ auf (für) et.⁴ vorbereiten :** (무엇)의 준비를 하다
Ich muß *mich auf* die Prüfung *vorbereiten*.
나는 시험 준비를 해야 한다.

* **Vorbereitungen zu et. machen (treffen) :** (무엇)의 준비를 하다
Er *macht* (*trifft*) *Vorbereitungen zu* einer Reise.
(=Er bereitet eine Reise vor.)
그는 여행 준비를 한다.

* **vorhanden sein :** 존재하다, 있다
Das Buch *ist* nicht mehr *vorhanden*.
그 책은 이제는 없다.

* **am Vormittag (Nachmittag) :** 오전(오후)에
Er kam *am Vormittag*.
그는 오전에 왔다.

* **heute (gestern, morgen) vormittag :** 오늘(어제, 내일) 오전에
Heute vormittag habe ich frei.
오늘 오전에는 나는 쉰다.

* **nach vorn (=vorwärts) :** 앞으로
Er ging *nach vorn*.

그는 앞쪽으로 갔다.

* **von vorn :** 앞에서부터 ; 처음부터 (=**von Anfang an**)

Er kam *von vorn.*

그는 앞쪽에서 왔다.

Wir müssen noch einmal *von vorn* anfangen.

우리는 한번더 처음부터 시작해야 한다.

* **einen Vorschlag annehmen (ablehnen) :** 어떤 제안을 받아들이다(거부하다)

Er hat unseren *Vorschlag angenommen* (*abgelehnt*)

그는 우리의 제안을 받아들였다(거부했다).

* **einen Vorschlag machen :** 제안하다, 제의하다

Er *machte einen* positiven *Vorschlag.*

그는 건설적인 제안을 했다.

Er *machte* mir *den Vorschlag,* gemeinsam ein Auto zu kaufen

그는 공동으로 자동차를 사자고 나에게 제안했다.

* **auf js. Vorschlag[4] 〔hin〕 :** (누구)의 제안으로

Auf meinen Vorschlag trafen wir uns bei ihm.

나의 제안으로 우리는 그의 집에서 만났다.

* **mit Vorsicht :** 주의하여, 신중히

Er tat es *mit* äußerster *Vorsicht.*

그는 그것을 매우 신중히 했다.

Das ist *mit Vorsicht* zu behandeln.

그것은 신중히 다루어져야 한다.

* **jm. eine Person vorstellen :** (누구)에게 (어떤 사람)을 소개하다

Er *stellte* mir seine Frau (mich seiner Frau) *vor.*

그는 나에게 자기의 부인을 (나를 자기의 부인에게) 소개했다.

Darf ich Ihnen meinen Freund (Sie meinem Freund) *vorstellen?*

당신에게 나의 친구를(당신을 나의 친구에게) 소개해도 괜찮겠읍니까?

* **sich[3] et.[4] vorstellen :** (무엇)을 상상하다

Ich kann *mir* die Szene lebhaft *vorstellen.*

나는 그 광경을 생생하게 상상할 수 있다.

Das kannst du *dir* gar nicht *vorstellen.*

그것은 네가 도저히 상상도 못할 일이다.

Stellen Sie *sich* meine Lage (meine Überraschung) *vor*!

나의 입장(나의 놀라움)을 상상해 보십시오!

* **aus et. Vorteil ziehen :** (무엇)에서 이익을 얻다

Dar*aus* hat er viele *Vorteile gezogen.*

그것에서 그는 많은 이득을 보았다.

* **einen Vortrag über et.⁴ halten :** (무엇)에 대하여 강연을 하다

Er *hielt einen Vortrag über* Goethe.

그는 괴테에 대하여 강연을 했다.

* **an jm. vorübergehen (vorbeigehen) :** (누구)의 옆을 지나가다

Er *ging an* mir *vorüber* (*vorbei*).

그는 내 옆을 지나갔다.

* **vorüber sein :** 지나갔다

Der Winter (Die Zeit) *ist vorüber*

겨울은(때는) 지나갔다.

Der Regen *ist vorüber.*

비는 그쳤다.

* **jm. einen Vorwurf machen :** (누구)를 비난하다

Er *machte* dir heftige *Vorwürfe.*

그는 너를 격렬하게 비난했다.

Ich möchte dir keinen *Vorwurf machen.*

나는 너를 비난하고 싶지 않다.

* **et.⁴ et.³ vorziehen : et.³** 보다 **et.⁴** 을 더 좋아하다

Ich *ziehe* Wein dem Bier *vor.*

(=Ich trinke lieber Wein als Bier.)

나는 맥주보다 포도주를 더 좋아한다.

Sie *zog* ihn allen andern *vor.*

그녀는 다른 누구보다도 그를 좋아했다.

W

*** et.⁴ auf die Waage legen :** (무엇)을 저울에 달다

Der Verkäufer *legte* das Fleisch *auf die Waage.*

점원이 고기를 저울에 달았다.

*** wach sein (werden) :** 깨어 있다(깨다)

Er *ist* jetzt *wach.*

그는 지금 깨어 있다.

Ich *wurde* heute morgen früh *wach.*

나는 오늘 아침에 일찍 깨었다.

*** über (auf) jn. wachen :** (누구)를 감시하다 · 감독하다

Ich muß *über* die Schüler *wachen.*

나는 학생들을 감독해야 한다.

Der Staat *wacht* dar*über*, daß seine Bürger die Gesetze einhalten.

국가는 국민이 법률을 지키는가를 감시한다.

*** unter 〔den〕 Waffen stehen (sein) :** 무장하고 있다

Die Soldaten *stehen* (*sind*) *unter Waffen.*

군인들이 무장하고 있다.

*** zu den Waffen greifen :** 무기를 잡다 · 들다

Sie *griffen zu den Waffen.*

그들은 무기를 들었다.

*** den Wagen (das Auto) lenken :** 자동차를 운전하다

Er *lenkte den Wagen* vorsichtig.

그는 차를 조심스럽게 운전했다.

*** den Wagen parken :** 자동차를 세워 놓다

Er hat seinen *Wagen* vor dem Haus *geparkt.*

그는 그의 차를 집 앞에 세워 놓았다.

* **aus dem Wagen (dem Bus, dem Zug) steigen :** 차(버스, 기차)에서 내리다

Er *stieg aus dem Wagen.*

그는 차에서 내렸다.

Viele Menschen *stiegen aus dem Bus.*

많은 사람들이 버스에서 내렸다.

* **in den Wagen (den Bus, den Zug) steigen :** 차(버스, 기차)에 올라타다

Steigen Sie *in den Wagen!*

차에 오르십시오!

Er *stieg ins Auto* und fuhr ab.

그는 자동차에 타고 출발했다.

* **mit dem Wagen fahren :** 자동차를 타고 가다

Er *fuhr mit* seinem eigenen *Wagen* in die Stadt.

그는 자기 자신의 차를 타고 시내로 갔다.

* **zur Wahl gehen :** 투표하러 가다

Er *ging zur Wahl.*

그는 투표하러 갔다.

* **jn. zu et. wählen :** (누구)를 (무엇)으로 뽑다

Er wurde *zum* Präsidenten (Abgeordneten) *gewählt.*

그는 대통령(국회의원)으로 선출되었다.

* **jm. die Wahrheit sagen :** (누구)에게 진실·사실을 말하다

Er *sagte* mir *die Wahrheit.*

그는 나에게 사실대로 말했다.

Man soll immer *die Wahrheit sagen.*

사람은 언제나 진실을 말해야 한다.

* **in Wahrheit (=in Wirklichkeit) :** 실제로, 실은

In Wahrheit ist es ganz anders gewesen

실제로 그것은 완전히 달랐다.

In Wahrheit ist es so, wie ich dir gesagt habe

실제로 그것은 내가 너에게 말한 그대로다.

* 〔um〕 **die Wahrheit zu sagen :** 사실을 말하면

Um die Wahrheit zu sagen, ich mag ihn nicht gern.

사실을 말하면, 나는 그를 좋아하지 않는다.

* **einen Walzer tanzen :** 왈츠를 추다

Wir *tanzten* zum Schluß *einen Walzer.*

우리는 끝으로 왈츠를 추었다.

* **an der Wand hängen :** 벽에 걸려 있다

Das Bild *hängt an der Wand.*

그림이 벽에 걸려 있다.

* **et.[4] an die Wand hängen :** (무엇)을 벽에 걸다

Er *hängte* die Landkarte der BRD *an die Wand.*

그는 독일연방공화국(서독)의 지도를 벽에 걸었다.

* **einen Nagel in die Wand einschlagen :** 못을 벽에 박다

Er *schlug einen Nagel in die Wand.*

그는 못을 하나 벽에 박았다.

Darf ich *in diese Wand einen Nagel schlagen?*

이 벽에 못을 박아도 괜찮겠읍니까?

* **eine Wanderung machen :** 도보여행을 하다

Während meines Urlaubs habe ich *eine Wanderung* in die Berge *gemacht.*

나의 휴가 동안에 나는 산으로 도보여행을 했다.

* **jm. die Wange〔n〕 (jn. auf die Wange〔n〕) küssen :** (누구)의 뺨에 키스하다

Er *küßte* mir *die Wange.*

(=Er *küßte* mich *auf die Wange.*)

그는 내 뺨에 키스했다.

* **bis wann :** 언제까지

Bis wann dauern die Ferien?

휴가는 언제까지 계속되느냐?

* **seit wann (=von wann an) :** 언제부터

Seit wann lernst du Deutsch?

너는 언제부터 독일어를 배우느냐?

* **dann und wann (=ab und zu, manchmal) :** 때때로, 이따금

Ich treffe ihn *dann und wann* in der Universität.

나는 그를 이따금 대학에서 만난다.

* **jn. vor et.[3] warnen :** (누구)에게 (무엇)을 경계·주의하라고 이르다

Er *warnte* mich *vor* der Gefahr (vor diesem Mann).

그는 나에게 위험에 조심하라고(이 남자를 경계하라고) 일러 주었다.

Vor Diebstahl (Taschendieb) wird *gewarnt*!

도난(소매치기)에 주의!

* **auf jn. warten (=jn. erwarten) :** (누구)를 기다리다

Ich habe lange *auf* ihn *gewartet*.

(=Ich habe ihn lange erwartet.)

나는 오랫동안 그를 기다렸다.

Viele Leute *warten auf* den Bus.

많은 사람들이 버스를 기다리고 있다.

* **was für [ein] :** 어떤 종류의

Was für ein Buch liest du jetzt?

(=*Was* liest du *für ein* Buch jetzt?)

너는 지금 어떤 책을 읽고 있느냐?

Was für Bücher sind das?

(=*Was* sind das *für* Bücher?)

그것은 무슨 책들이냐?

* **ein Glas (zwei Glas) Wasser trinken :** 한 잔(두 잔)의 물을 마시다

Ich möchte *ein Glas Wasser trinken*.

나는 물을 한 잔 마시고 싶다.

Er *trank ein Glas* kaltes *Wasser* (kalten Wassers).

그는 찬물 한 잔을 마셨다.

* **ins Wasser fallen (=zu Wasser werden) :** 수포로 돌아가다

Die Reise ist *ins Wasser gefalllen.*

여행〔계획〕은 수포로 돌아갔다.

Unser Plan, im Sommer nach der Schweiz zu reisen, ***wurde zu** Wasser*.

여름에 스위스로 여행하려던 우리의 계획은 수포로 돌아갔다.

*** ins Wasser springen :** 물속으로 뛰어들다

Er *sprang ins Wasser*.

그는 물속으로 뛰어 들었다.

*** mit kaltem (warmem) Wasser :** 찬(더운) 물로

Ich habe mich *mit kaltem Wasser* gewaschen

나는 찬물로 목욕했다.

*** mit jm. et.⁴ wechseln :** (누구)와 (무엇)을 주고받다 · 교환하다

Er hat *mit* ihr Briefe *gewechselt*.

그는 그녀와 편지를 주고 받았다.

Ich habe *mit* ihm einige Worte *gewechselt*.

나는 그와 몇마디 말을 주고 받았다.

*** jm. den Weg zeigen (weisen) :** (누구)에게 길을 가리켜 주다

Der Polizist *zeigte* (*wies*) uns *den* richtigen *Weg*

경찰관이 우리에게 올바른 길을 가리켜 주었다.

*** jn. nach dem Weg fragen :** (누구)에게 길을 묻다

Er *fragte* einen Polizisten *nach dem Weg*.

그는 한 경찰관에게 길을 물었다.

*** sich⁴ auf den Weg machen :** 출발하다, 떠나다

Er *machte sich* eben erst *auf den Weg*.

그는 지금 막 출발했다.

*** sich⁴ im Weg irren :** 길을 잘못 들다

Wir haben *uns im Weg* (*in der Straße*) *geirrt*.

우리는 길을 잘못 들었다.

*** auf dem Weg〔e〕 :** 도중에

Ich traf ihn gestern *auf dem Weg* zur Schule.

나는 어제 학교로 가는 도중에 그를 만났다.

* **auf halbem Weg〔e〕 :** 도중에서, 중도에서

Ich kehrte *auf halbem Wege* um.

나는 도중에서 돌아왔다.

* **weder ... noch ... :** ...도 ...도 아니다

Ich habe *weder* Zeit *noch* Geld für die Reise.

나는 여행할 시간도 돈도 없다.

Sie ist *weder* reich *noch* schön.

그녀는 부자도 미인도 아니다.

Weder er *noch* sie ist gekommen.

그이도 그녀도 오지 않았다.

* **jm. weh tun :** (누구)에게 고통을 주다

Der Kopf (Der Zahn) *tut* mir *weh.*

(=Ich habe Kopfschmerzen (Zahnschmerzen).)

나는 머리(이)가 아프다.

Wo *tut* es Ihnen *weh*?

어디가 아프십니까?

* **sich⁴ gegen et. wehren :** (무엇)에 저항하다

Sie *wehrte sich* heftig *gegen* seine Vorwürfe (seine Angriffe).

그녀는 그의 비난(그의 공격)에 격렬히 저항했다.

* **Weihnachten feiern :** 크리스마스를 축하하다

Wir *feiern Weihnachten* still zu Hause.

우리는 크리스마스를 조용히 집에서 지낸다.

* **um Weihnachten herum :** 크리스마스 무렵에

Um Weihnachten herum kommt er zurück.

크리스마스 무렵에 그는 돌아온다.

* **zu Weihnachten (Ostern) :** 크리스마스(부활절)에

Ich schenke ihm *zu Weihnachten* ein Buch.

나는 크리스마스에 그에게 책을 선사한다.

* **eine 〔kleine〕 Weile⁴ :** 잠시동안

Bitte, warten Sie *eine Weile*!

잠시 기다려 주세요!

*** eine ganze (gute, lange) Weile[4] :** 오랫동안, 장시간

Es dauerte *eine ganze Weile*, bis er erschien.

오래 걸려서야 그가 나타났다.

*** nach einer Weile :** 잠시 후에

Nach einer Weile öffnete sich die Tür.

잠시 후에 문이 열렸다.

*** beim Wein sitzen :** 술 · 포도주를 마시고 있다

Er *sitzt beim Wein.*

그는 술을 마시고 있다.

Wir *saßen bei* einem Glas *Wein.*

우리는 한 잔의 포도주를 마시고 있었다.

*** zum Wein gehen :** 술 마시러 가다

Sie *gehen zum Wein.*

그들은 술마시러 간다.

*** um jn. weinen :** (누구)를 애도하여 울다

Sie *weinte* still vor sich hin *um* den Toten.

그녀는 조용히 혼자서 죽은 사람을 애도하여 울었다.

*** auf diese (in dieser) Weise :** 이러한 방법으로

Auf diese Weise geht es nicht.

이 방법으로는 안 된다.

Auf welche Weise hast du es gemacht?

너는 어떤 방법으로 그것을 했느냐?

Man kann es *auf verschiedene Weise* machen.

그것은 여러가지 방법으로 할 수 있다.

Du kannst es *in keiner Weise* tun.

너는 어떤 방법으로도 그것을 할 수 없다.

*** auf et.[4] weisen :** (무엇)을 가리키다

Er *wies* mit dem Finger *auf* das Haus.

그는 손가락으로 그 집을 가리켰다.

Die Uhr (Der Zeiger) *weist auf* 12.

시계가(시계 바늘이) 12시를 가리키고 있다.

*** weit (viel)** + 비교급 **:** 훨씬 …한

Das ist *weit besser.*

그것이 훨씬 좋다.

Die Landschaft ist *weit schöner,* als ich dachte.

경치는 내가 생각했던 것보다 훨씬 아름답다.

* **bei weitem : 훨씬**

Er ist *bei weitem* größer als ich.

(=Er ist weit größer als ich.)

그는 나보다 훨씬 크다.

* **von weitem (=von fern, aus der Ferne) : 멀리서부터**

Ich sah ihn schon *von weitem.*

나는 멀리에서 이미 그를 보았다.

* **weit und breit : 이르는 곳마다, 어디에나**

Es gab *weit und breit* keinen Parkplatz.

이르는 곳마다 주차장이 없었다.

Es war *weit und breit* nichts zu sehen

어디에나 볼게 아무것도 없었다.

* **es weit bringen : 출세하다, 성공하다**

Er wird *es* nicht *weit bringen.*

(=Er wird keinen Erfolg haben.)

그는 성공하지 못할 것이다.

Er hat *es* endlich so *weit gebracht.*

그는 끝내 그렇게 성공했다.

* **zur (auf die) Welt kommen : 태어나다**

Ich bin in Seoul *zur Welt gekommen.*

(=Ich bin in Seoul geboren.)

나는 서울에서 태어났다.

* **ein Kind zur Welt bringen : 아이를 낳다**

Sie hat vier Kinder *zur Welt gebracht.*

(=Sie hat vier Kinder geboren.)

그녀는 네 아이를 낳았다.

* **auf der Welt : 이 세상에서**

Wie viele Menschen leben *auf der Welt?*

지구상에는 몇 명의 인간들이 살고 있는가?

Auf dieser Welt ist nichts vollkommen.

이 세상에는 완전한 것은 하나도 없다.

* **in der ganzen Welt :** 전 세계에서

Dieses Warenzeichen ist *in der ganzen Welt* bekannt.

이 상표는 전세계에 알려져 있다.

* **eine Reise 〔rund〕 um die Welt :** 세계 일주여행

Er machte *eine Reise um die Welt.*

그는 세계 일주여행을 했다.

* **sich[4] an jn. wenden :** (누구)에게 의뢰하다 · 문의하다

Ich *wendete* (*wandte*) *mich* schriftlich *an* ihn.

나는 서면으로 그에게 의뢰했다.

Wenn Sie Fragen haben, *wenden* Sie *sich* bitte *an* Herrn Bak!

의문이 계시면 박선생에게 문의하십시오!

* **ein wenig :** 약간〔의〕

Ich habe *ein wenig* Geld bei mir.

내 수중에는 약간의 돈이 있다.

Er lief *ein wenig* schnell.

그는 약간 빨리 달렸다.

* **nichts weniger als ...:** 결코 · 전혀 ...않다

Sie ist *nichts weniger als* schön.

그녀는 결코 아름답지 않다.

Ich war damals *nichts weniger als* glücklich.

나는 그 당시 전혀 행복하지 않았다.

* **wenn ... auch ...** (**=auch wenn ...**) **:** 비록 ...일지라도, 설사 ...하더라도

Wenn ich *auch* alt bin, kann ich doch arbeiten.

비록 내가 나이는 먹었지만 아직 일할 수는 있다.

Wenn die Aufgabe *auch* schwer ist, er wird sie lösen.

설사 문제가 어렵다고 하더라도 그는 그 문제를 풀 것이다.

Ich komme, *auch wenn* es regnet.

설사 비가 오더라도 나는 간다.

Auch wenn ein Arzt gekommen wäre, er hätte den Kranken doch nicht retten können.

설사 의사가 왔었더라도 그 환자를 구할 수는 없었을 것이다.

* **um jn. werben :** (누구)에게 구애하다 · 청혼하다

Er hat lange *um* sie *geworben.*

(=Er hat lange *um* ihre Liebe *geworben.*)

그는 오랫동안 그녀에게 구애했다.

Er hat *um* die Tochter von Herrn Tschung *geworben.*

그는 정씨의 딸에게 청혼했다.

* **ans Werk gehen (=sich⁴ ans Werk machen) :** 일에 착수하다

Wir *gingen ans Werk.*

(=Wir *machten uns ans Werk.*)

우리는 일에 착수했다.

* **et.^{2,4} wert sein :** (무엇)의 가치가 있다

Das ist nicht der Mühe^{2} (der Rede^{2}) *wert.*

그것은 수고할(말할) 가치가 없다.

Das ist nichts *wert.*

그것은 아무런 가치도 없다.

Die Uhr ist 100 Mark *wert.*

이 시계는 100마르크의 가치가 있다.

* **im Wert steigen (sinken) :** 값이 오르다(내리다)

Diese Ware ist in letzter Zeit sehr *im Wert gestiegen*(*gesunken*).

이 상품은 최근에 매우 값이 올랐다(내렸다).

* **von Wert sein :** 가치가 있다, 귀중하다

Das *ist von* gar keinem *Wert.*

그것은 전혀 가치가 없다.

Das *ist* für mich *von* großem *Wert.*

그것은 나에게는 매우 귀중하다.

* **Wert auf et.^{4} legen :** (무엇)을 중요시하다 · 존중하다

Ich *lege* großen *Wert auf* Höfflichkeit

나는 예의를 매우 중요시한다.

Ich *lege* keinen *Wert auf* seine Meinung.

나는 그의 의견을 중요시하지 않는다.

* **im wesentlichen :** 본질적으로, 실질적으로

Das ist *im wesentlichen* dasselbe.

그것은 실질적으로는 동일한 것이다.

* **im Westen (Osten) :** 서(동)쪽에서

Die Sonne geht *im Westen* unter.

해는 서쪽에서 진다.

Köln liegt *im Westen* Deutschlands.

(=Köln liegt westlich von Deutschland.)

쾰른은 독일의 서부에 있다.

* **nach (von) Westen :** 서쪽으로(에서 부터)

Das Fenster geht *nach Westen.*

창문은 서향으로 나 있다.

Der Wind kommt (weht) *von Westen.*

바람이 서쪽에서 불어온다.

* **eine Wette gewinnen (verlieren) :** 내기에서 이기다(지다)

Ich habe *eine Wette gewonnen (verloren).*

나는 내기에서 이겼다(졌다).

Wer hat *die Wette gewonnen?*

누가 내기에서 이겼느냐?

* **um die Wette laufen :** 경주하다

Ich *lief* mit ihm *um die Wette.*

나는 그와 경주를 했다.

Die beiden Jungen *liefen um die Wette.*

두 소년은 달리기 시합을 했다.

* **bei schönem (schlechtem) Wetter :** 좋은(나쁜) 날씨에

Bei schönem (klarem) Wetter kann man von hier 〔aus〕 weit sehen.

좋은(맑은) 날씨에는 여기에서 멀리 볼 수 있다.

* **nach der Wettervorhersage :** 일기예보에 의하면

Nach der Wettervorhersage regnet es morgen

일기예보에 의하면 내일 비가 온다.

* **im Wettkampf gewinnen (verlieren) :** 시합에서 이기다 (지다)

Wir haben *im Wettkampf gewonnen* (*verloren*)

우리는 시합에서 이겼다(졌다).

* **von Wichtigkeit sein :** 중요하다

Dis Sache (Die Angelegenheit) *ist von Wichtigkeit.*

그 일은 중요하다.

Das *ist* mir (für mich) *von* großer *Wichtigkeit.*

(=Das ist mir sehr wichtig.)

그것은 나에게는 매우 중요하다.

* **im Widerspruch mit (zu) et. stehen :** (무엇)과 모순되다

Seine Worte *stehen im Widerspruch mit* seinen Taten.

그의 말은 그의 행동과 모순되고 있다.

* **et.[3] Widerstand leisten :** (무엇)에 저항하다

Wir *leisteten* den Angriffen des Feindes heftigen *Widerstand.*

우리는 적의 공격에 격렬히 저항했다.

* **so ～ wie ... :** ... 와 똑같이

Er ist *so* alt *wie* ich.

그는 나와 나이가 같다.

Der Film ist nicht *so* interessant, *wie* er gesagt hat.

그 영화는 그가 말한 것과 같이 그렇게 재미있지는 않다.

* **immer wieder :** 몇번이고 되풀이하여

Ich habe *immer wieder* bei dir angerufen.

나는 몇번이고 되풀이하여 너의 집에 전화를 걸었다.

Ich mache *immer wieder* die gleichen Fehler.

나는 자꾸만 같은 실수를 한다.

* **nie wieder :** 다시는 ...하지 않다

Ich tue es *nie wieder.*

나는 다시는 그것을 하지 않는다.

Ich werde *nie wieder* hierher kommen.

나는 다시는 이곳으로 오지 않을 것이다.

*** auf die Wiese gehen :** 초원 · 목장으로 가다

Die Kinder *gingen auf die* grüne *Wiese.*

아이들은 푸른 들로 갔다.

*** einen starken (schwachen) Willen haben :** 의지가 강하다(약하다)

Er *hat einen starken Willen*

그는 의지가 강하다.

*** gegen (wider) js. Willen :** (누구)의 의사 · 본의에 반하여

Das geschah ganz *gegen seinen Willen.*

그것은 완전히 그의 의사에 반하여 행해졌다.

Ich mußte es *wider meinen Willen* tun.

나는 내 본의가 아니면서 그것을 해야만 했다.

*** mit Willen (=mit Absicht) :** 고의로. 일부러

Er tat es *mit Willen.*

그는 고의로 그것을 했다.

*** um ... willen :** ...을 위하여, ...때문에

Er hat es *um* des Friedens (seiner selbst) *willen* getan.

그는 평화를(자기 자신을)위하여 그것을 했다.

Er hat es *um* des Geldes *willen* (*wegen* des Geldes) getan.

그는 돈때문에 그것을 했다.

*** jn. willkommen heißen :** (누구)를 환영하다

Ich *heiße* Sie herzlich *willkommen.*

(=Seien Sie mir herzlich willkommen!)

나는 당신을 진심으로 환영합니다.

*** jm. einen Wink geben (=jm. winken) :** (누구)에게 신호하다

Er *gab* mir *einen Wink* zu schweigen.

(=Er winkte mir zu schweigen.)

그는 나에게 입다물고(잠자코)있으라고 신호했다.

*** jm. mit et. winken :** (누구)에게 (무엇)으로 신호하다

Er *winkte* mir *mit* der Hand (den Augen).

그는 나에게 손(눈)으로 신호했다.

*** den ganzen Winter 〔hindurch〕 (=den Winter über) :** 겨울내내

Ich blieb *den ganzen Winter* da.

나는 겨울내내 거기에 있었다.

*** im Winter (Sommer) :** 겨울(여름)에

Im Winter schneit es.

겨울에는 눈이 온다.

Mitten *im Winter* fahren wir zum Schilaufen (Schifahren) in die Alpen.

한 겨울에는 우리는 스키이타러 알프스로 간다.

*** auf jn. wirken :** (누구)에게 영향을 미치다

Das *wirkte* günstig *auf* mich (*auf* meine Gesundheit).

그것은 나에게(나의 건강에) 좋은 영향을 미쳤다.

*** in Wirklichkeit (=in Wahrheit) :** 실제로, 실은

In Wirklichkeit mag ich ihn sehr gern.

실제로는 나는 그를 매우 좋아한다.

*** eine Wirkung haben :** 효과·효력이 있다

Seine Worte *hatte* keine *Wirkung*.

그의 말은 아무런 효과가 없었다.

Die Medizin *hatte eine* schnelle *Wirkung*.

그 약은 즉시 효력이 있었다.

*** von et. (über et.[4]) wissen :** (무엇)에 관하여 알다

Ich will *von* ihm nichts *wissen*.

나는 그에 관해서는 아무것도 알고 싶지 않다.

Ich *weiß* wirklich nichts da*von*.

나는 그것에 대해선 정말 아무것도 모른다.

*** wissen ... zu** 부정형 **:** ...할 줄 알다, ...할 수 있다

Er *weiß zu* reden.

그는 말을 잘한다(구변이 좋다).

Was *weißt* du darüber *zu* sagen?

너는 그것에 대해서 무엇을 말할 수 있느냐?

* **soviel ich weiß (=meines Wissens) :** 내가 알기에는, 내가 아는 바로는

Soviel ich weiß, ist er verreist.

(=*Meines Wissens* ist er verreist.)

내가 알기에는 그는 여행을 떠났다.

* **wie Sie wissen (wie du weißt) :** 아시다시피(알다시피)

Wie Sie wissen, ist er krank.

아시다시피 그는 아픕니다.

* **meines Wissens (=soviel ich weiß) :** 내가 알기에는, 내가 아는 바로는

Meines Wissens kommt er morgen.

(=*Soviel ich weiß,* kommt er morgen.)

내가 알기에는 그는 내일 온다.

Meines Wissens ist es so.

내가 알기에는 그렇다.

* **nach bestem Wissen und Gewissen :** 양심껏, 맹세코

Ich habe *nach bestem Wissen und Gewissen* gehandelt.

나는 양심껏 행동했다.

* **diese (nächste, letzte) Woche[4] :** 금(다음, 지난)주에

Er kommt noch *in dieser Woche.*

그는 금주 중에 온다.

Er fährt *nächste Woche* (*in der nächsten Woche*) nach Paris.

그는 다음 주에 파리로 간다.

Er ist *letzte* (*vorige, vergangene*) *Woche* verreist.

그는 지난 주에 여행을 떠났다.

* **die ganze Woche[4] [hindurch] :** 일주일 내내

Es hat *die ganze Woche hindurch* geregnet.

일주일 내내 비가 왔다.

* **einmal (zweimal) in der Woche :** 일주일에 한번(두번)

Sie geht *einmal in der Woche* zum Markt.

그녀는 일주일에 한 번 시장에 간다.

* **heute vor (in) einer Woche :** 지난 주(다음 주)의 오늘

Heute vor einer Woche ist er in Seoul angekommen.
지난 주의 오늘 그는 서울에 도착했다.

* **das Wochenende verbringen :** 주말을 보내다
Wir haben *das Wochenende* an der See (im Gebirge) *verbracht.*
우리는 주말을 해변에서(산에서) 보냈다.

* **am Wochenende (=〔am〕 Ende der Woche) :** 주말에
Am Wochenende gehen wir ins Gebirge.
주말에 우리는 산으로 간다.

* **jm. wohl sein :** (누구)는 기분 · 건강이 좋다
Mir ist heute nicht recht *wohl.*
(=Ich fühle mich heute nicht recht wohl.)
나는 오늘은 아주 기분이 좋지 않다.

* **wohl oder übel :** 좋든 싫든
Wohl oder übel müssen wir es tun.
좋든 싫든 우리는 그것을 해야만 한다.

* **bei jm. wohnen :** (누구)의 집에 살고 있다
Er *wohnt* jetzt *bei* seinem Onkel.
그는 지금 그의 아저씨댁에 거주하고 있다.
Er *wohnt bei* mir zur Miete.
그는 우리집에 세들어 살고 있다.

* **in eine andere Wohnung umziehen :** 다른 집으로 이사하다
Wir sind letzte Woche[4] *in eine andere (neue) Wohnung umgezogen.*
우리는 지난 주에 다른(새) 집으로 이사했다.

* **wie Sie wollen (wie du willst) :** 당신이 원하시는 대로 (네가 원하는 대로)
Ganz *wie Sie wollen,* werde ich tun.
당신이 원하시는 바로 그대로 나는 하겠읍니다.

* **sein Wort (sein Versprechen) brechen :** 약속을 어기다
Er hat *sein Wort gebrochen.*
(=Er hat sein Wort nicht gehalten.)

그는 약속을 어겼다.

Wenn du *dein Wort brichst*, so geht es dir schlecht.

네가 약속을 어기면 좋지 못할 것이다.

* **sein Wort (sein Versprechen) halten :** 약속을 지키다

Er *hielt sein Wort.*

그는 약속을 지켰다.

Wenn man sein Wort gibt, muß man es halten.

(=Was man versprochen hat, das muß man halten.)

약속을 하면 그 약속은 지켜야 한다.

* **jm. sein Wort geben (=jm. versprechen) :** (누구)에게 약속하다

Ich *gebe* dir *mein Wort* darauf

(=Ich verspreche es dir.)

나는 너에게 그것을 약속한다.

* **jm. ins Wort fallen :** (누구)의 말을 가로막다

Er *fiel* mir *ins Wort*

그는 내 말을 가로막았다.

* **Wort für Wort :** 한마디 한마디

Er übersetzte den Text *Wort für Wort.*

그는 그 원문을 한마디 한마디 번역했다.

* **ohne ein Wort zu sagen :** 한마디 말도 없이

Er ging, *ohne ein Wort zu sagen.*

그는 한마디 말도 없이 가버렸다.

* **ein Wort im Wörterbuch nachschlagen :** 단어를 사전에서 찾다

Er *schlägt das Wort im Wörterbuch nach*

그는 그 단어를 사전에서 찾아본다.

* **die Wunde verbinden :** 상처에 붕대를 감다

Sie *verband* mir *die Wunde.*

그녀는 나의 상처에 붕대를 감아 주었다.

* **sich[4] über et.[4] wundern :** (무엇)에 놀라다, (무엇)을 이상하게 여기다

Ich *wunderte mich über* sein Verhalten (seine Kenntnisse).

나는 그의 행동(그의 지식)에 놀랐다.

Ich *wundere mich* dar*über*, daß er nicht kommt.

그가 오지 않다니 이상하다.

* **jm einen Wunsch erfüllen :** (누구)의 소원을 이루어주다

Er *erfüllte* mir jeden *Wunsch.*

그는 나의 모든 소원을 이루어 주었다.

* **auf js. Wunsch**[4] **:** (누구)의 소원에 따라

Er hat sich *auf den Wunsch* seines Vaters mit dem Fräulein verheiratet.

그는 그의 아버지의 소원에 따라 그 처녀와 결혼했다.

* **nach js. Wunsch :** (누구)의 소원대로

Alles geht *nach meinem Wunsch.*

(=Mir geht alles nach Wunsch.)

모든 것이 내 소원대로 되어간다.

* **zu den höchsten Würden gelangen :** 최고의 지위에 도달하다

Er war jung *zu den höchsten Würden gelangt.*

그는 젊어서 최고의 지위에 도달했다.

* **Wurzel schlagen :** 뿌리를 박다 · 뻗다

Der Baum *schlägt Wurzel* in der Erde.

나무가 땅속에 뿌리를 뻗는다.

* **jn. in Wut (Zorn) bringen :** (누구)를 화나게 하다

Er *brachte* mich *in Wut.*

그는 나를 화나게 했다.

* **in Wut auf jn. :** (누구)에 대하여 분격하여

Er war *in Wut auf* seinen Gegner.

그는 그의 반대자에 대하여 분격하고 있었다.

* **vor Wut**[3] **:** 분노하여, 격분하여

Er schlug *vor Wut* mit der Faust auf den Tisch.

그는 분격하여 주먹으로 책상을 쳤다.

Z

* **in großer Zahl :** 다수, 많이

Sie versammelten sich *in großer Zahl.*

그들은 많이 모였다.

* **die Zahlen zusammenzählen :** 수를 합산하다

Er *zählte die Zahlen zusammen.*

그는 수를 합산했다.

* **für et. zahlen :** (무엇)의 대금을 치르다

Ich habe *für* das Essen *gezahlt.*

내가 식사대금을 지불했다.

Ich muß 100 DM *für* das Kleid *zahlen.*

나는 그 옷의 대금으로 100마르크를 지불해야 한다.

* **von 1 bis 100 zählen :** 1부터 100까지 세다

Das Kind kann *von eins bis hundert zählen.*

그 아이는 1부터 100까지 셀 수 있다.

* **auf jn. zählen :** (누구)에게 기대를 갖다, (누구)를 믿다

Ich *zähle auf* dich (*auf* deine Hilfe).

나는 자네를 (자네의 도움을) 믿고 있네.

* **Zähne bekommen :** 이가 나다

Das Kind *bekommt Zähne.*

그 아이는 이가 난다.

* **mit den Zähnen knirschen :** 이를 갈다

Er hat vor Wut³ *mit den Zähnen geknirscht.*

그는 분하여 이를 갈았다.

* **sich³ die Zähne putzen :** 이를 닦다

Ich *putze mir* morgens und abends *die Zähne.*

나는 조석으로 이를 닦는다.

* **sich[3] einen Zahn ziehen lassen** : 이를 뽑다

Ich *ließ mir einen Zahn* beim Zahnarzt *ziehen.*

나는 치과의사 한테서 이 하나를 뽑았다.

* **zum Zahnarzt gehen** : 치과의사에게 가다

Er *geht zum Zahnarzt,* weil er Zahnschmerzen hat.

그는 이가 아프기 때문에 치과의사에게 간다.

* **Zahnschmerzen haben** : 이가 아프다

Ich *habe Zahnschmerzen.*

(=Der Zahn tut mir weh.)

나는 이가 아프다.

* **sich[4] mit jm. zanken** : (누구)와 말다툼하다

Er *zankt sich* oft *mit* seiner Schwester.

그는 자기 누이와 자주 다툰다.

* **über den Zaun klettern** : 울타리를 기어 넘어가다

Er ist *über den Zaun geklettert.*

그는 울타리를 기어 넘어갔다.

* **das Zeichen abwarten** : 신호를 기다리다

Die Sportler *warten das Zeichen* zum Start *ab.*

경기자들은 출발신호를 기다리고 있다.

* **jm. ein Zeichen geben (machen)** : (누구)에게 신호하다

Er *gab (machte)* mir *ein Zeichen* zu kommen.

그는 나에게 오라고 신호했다.

Sie *gab* ihm mit dem Kopf *ein Zeichen,* ins Zimmer einzutreten.

그녀는 그에게 방으로 들어가라고 머리로 신호했다.

* **jm. et.[4] zeigen** : (누구)에게 (무엇)을 가리키다 · 보여주다

Ich *zeige* Ihnen den Weg.

내가 당신에게 길을 가리켜 드리지요.

Ich *zeigte* ihm den Brief.

나는 그에게 편지를 보여 주었다.

* **Zeit haben** : 시간이 있다

Ich *habe* heute viel *Zeit.*

나는 오늘은 시간이 많다.

Ich *habe* heute leider keine *Zeit.*

나는 오늘은 유감스럽게도 시간이 없다.

Ich *habe* keine *Zeit,* mit dir ins Kino zu gehen.

나는 너와 함께 영화관에 갈 틈이 없다.

* **die ganze Zeit⁴ [hin]durch :** 그동안 내내

Ich war *die ganze Zeit hindurch* zu Hause.

나는 그동안 내내 집에 있었다.

* **eine Zeit lang (=zeitlang) :** 얼마동안, 잠시

Er bleibt *eine Zeit lang* bei uns.

그는 얼마동안 우리집에 머문다.

* **kurze Zeit danach (=gleich danach) :** 그후 곧

Kurze Zeit danach ging ich ins Bett.

그후 곧 나는 취침했다.

Gleich danach (darauf) starb er.

그후 곧 그는 죽었다.

* **in letzter Zeit (=in der letzten Zeit) :** 최근에

In letzter Zeit habe ich ihn wenig gesehen.

최근에 나는 그를 거의 보지 못했다.

* **mit der Zeit (=nach und nach, allmählich) :** 점차로

Der Zustand des Patienten besserte sich *mit der Zeit.*

환자의 병세는 점차 좋아졌다.

* **nach einiger (langer) Zeit :** 조금(오랜) 후에

Er kam *nach einiger Zeit* wieder nach Hause zurück.

그는 얼마 후에 다시 집으로 돌아왔다.

Wir trafen uns *nach langer Zeit* wieder.

우리는 오랜 후에 다시 만났다.

* **seit langer Zeit (=seit langem) :** 오래전부터

Seit langer Zeit kenne ich ihn.

오래전부터 나는 그를 알고 있다.

* **um diese Zeit :** 이 시간에, 이 무렵에

Er ist *um diese Zeit* meist zu Hause.

그는 이시간에는 대개 집에 있다.

Morgen *um diese Zeit* bin ich in Pusan.

내일 이때쯤에는 나는 부산에 있을 것이다.

* **von Zeit zu Zeit (=dann und wann, ab und zu) :** 때때로

Er besucht uns *von Zeit zu Zeit.*

그는 때때로 우리를 방문한다.

* **zur Zeit :** 현재, 지금

Ich bin *zur Zeit* sehr beschäftigt.

나는 지금 매우 바쁘다.

* **zu der (od. jener) Zeit :** 그 당시

Zu der Zeit, als du mich besuchtest, war mein Vater noch am Leben.

네가 나를 방문한 그 당시는 나의 아버지가 아직 살아 계셨다.

* **zu gleicher Zeit (=zur gleichen Zeit) :** 동시에

Wir kamen *zu gleicher* (*derselben*) *Zeit* nach Hause.

우리는 동시에 집으로 왔다.

* **zu jeder Zeit (=zu allen Zeiten) :** 언제나, 어느때나

Sie sind bei uns *zu jeder Zeit* willkommen.

당신이 오시는 것은 언제나 환영입니다.

* **zur rechten (unrechten) Zeit :** 알맞은(좋지 않은) 시간에

Wir kamen *zur rechten Zeit* zum Zug.

우리는 기차시간에 꼭 알맞게 왔다.

* **eine Zeitung halten :** 신문을 구독하다

Wir *halten* zwei *Zeitungen.*

우리는 두가지 신문을 구독하고 있다.

* **die Zeitung lesen :** 신문을 읽다

Er *liest* jeden Abend *die Zeitung.*

그는 매일 저녁 신문을 읽는다.

* **bei der Zeitung arbeiten :** 신문사에서 일하다

Er *arbeitet bei der Zeitung.*

그는 신문사에서 일하고 있다.

* **dummes Zeug reden :** 어리석은 · 바보같은 소리를 하다

Rede nicht so *ein dummes Zeug*!

그렇게 어리석은 소리하지 마라!

* **ein gutes (schlechtes) Zeugnis bekommen :** 좋은(나쁜) 성적을 받다

Er *bekam ein gutes Zeugnis.*

그는 좋은 성적을 받았다.

* **das Ziel erreichen :** 목적지에 도달하다 ; 목적을 달성하다 **(den Zweck erreichen)**

Er hat sein *Ziel erreicht.*

그는 목적지에 도달했다／그는 목적을 달성했다.

* **durchs Ziel gehen :** 골인하다

Er *ging* beim 100 m-Lauf als erster *durchs Ziel.*

그는 100m 경주에서 1착으로 골인했다.

* **auf et.⁴ (nach et.) zielen :** (무엇)을 겨누다 · 목표로 삼다

Der Jäger *zielte auf* den Tiger.

사냥군은 호랑이를 겨누었다.

Die Bemerkung *zielt auf* mich.

그 말은 나를 두고 하는 소리다.

Wor*auf zielt* deine Frage?

너의 질문의 의도는 무엇이냐?

* **eine Zigarette rauchen :** 담배를 피우다

Er *raucht eine Zigarette.*

그는 담배를 피운다.

* **〔sich³〕 eine Zigarette anzünden :** 담배에 불을 붙이다

Er *zündete sich eine Zigarette an.*

그는 담배에 불을 붙였다.

* **ein Zimmer mieten :** 방을 세빌리다

Ich habe in der Nähe der Universität *ein* möbliertes *Zimmer gemietet.*

나는 대학 근처에 가구설비가 된 방을 빌렸다.

* **das Zimmer reinigen : 방을 소제하다**

Sie *reinigt das Zimmer.*

(=Sie macht das Zimmer sauber,)

그녀는 방을 소제한다.

* **aus dem Zimmer hinausgehen (herauskommen) : 방에서 나가다(나오다)**

Er *geht aus dem Zimmer hinaus.*

그는 방에서 나간다.

Er *kommt aus dem Zimmer heraus.*

(=Er tritt aus dem Zimmer.)

그는 방에서 나온다.

* **ins Zimmer treten : 방으로 들어가다**

Er *tritt ins Zimmer.*

그는 방으로 들어간다.

* **das Zimmer mit jm. teilen : (누구)와 방을 같이 쓰다**

Ich *teile das Zimmer mit* meinem Freund.

나는 내 친구와 방을 같이 쓰고 있다.

* **Zinsen bekommen : 이자를 받다**

Ich *bekomme* 3% (Prozent) *Zinsen.*

나는 3%의 이자를 받는다.

* **von den Zinsen leben : 이자로 생활하다**

Sie *lebt von den Zinsen* ihres Kapitals.

그녀는 자기 자본의 이자로 생활한다.

* **mit et. zögern : (무엇)을 주저하다**

Er *zögerte mit* der Antwort.

그는 대답을 망설였다.

* **in den Zoo (den Tiergarten) gehen : 동물원에 가다**

Am Sonntag *gehen* wir *in den Zoo.*

일요일에 우리는 동물원에 간다.

* **in Zorn geraten : 성내다**

Er *gerät* leicht *in Zorn.*

그는 성을 잘 낸다.

* **jn. zum Zorn reizen : (누구)를 성나게 하다**

Er *reizte* mich *zum Zorn.*

그는 나를 화나게 했다.

* **aus (in, vor) Zorn : 성이 나서**

Er war rot *aus Zorn.*

그는 성이 나서 얼굴이 빨개졌다.

* **auf jn. zornig sein : (누구)에게 성내다**

Er war *auf* mich *zornig.*

그는 나에게 화를 내었다.

* **Zucker nehmen : 설탕을 넣다**

Nehmen Sie *Zucker* in den (zum) Kaffee?

당신은 커피에 설탕을 넣습니까?

* **mit et. zufrieden sein : (무엇)에 만족하다**

Er ist *mit* seinem Gehalt sehr *zufrieden.*

그는 자기의 봉급에 매우 만족하고 있다.

* **den Zug verpassen (versäumen) : 기차를 놓치다**

Er hat *den Zug verpaßt (versäumt)*

그는 기차를 놓쳤다.

Ich hätte beinahe (fast, um ein Haar) *den* letzten *Zug verpaßt.*

나는 하마터면 마지막 기차를 놓칠 뻔 했다.

* **mit dem Zug fahren : 기차를 타고 가다**

Wir *fahren mit dem Zug* nach Pusan

우리는 기차를 타고 부산에 간다.

* **aus dem Zug steigen : 기차에서 내리다**

Er *stieg aus dem Zug.*

그는 기차에서 내렸다.

Nur wenige Menschen sind *aus dem Zug gestiegen*

기차에서 내린 사람은 몇명 밖에 되지 않았다.

* **in den Zug 〔ein〕steigen : 기차에 올라타다**

Die Reisenden *steigen in den Zug ein.*

(=Die Reisenden besteigen den Zug.)

여행자들이 기차에 올라탄다.

Wir sind alle *in den Zug gestiegen*

우리는 모두 기차에 올라탔다.

* **in (mit) einem Zuge (=auf einen Zug) :** 단숨에

Er leerte das Glas *in einem Zuge.*

(=Er trank das Glas *in einem Zuge* aus.)

그는 잔을 단숨에 비워버렸다.

* **auf jn. zugehen :** (누구)를 향해 가다

Er *geht auf* sie *zu.*

그는 그녀쪽으로 간다.

Er *ging* mit schnellen Schritten *auf* die Post *zu.*

그는 빠른 걸음으로 우체국 쪽으로 갔다.

Es *geht auf* den Winter (*auf* Weihnachten) *zu.*

겨울이 (크리스마스가) 다가온다.

* **jm. zuhören :** (누구)의 말에 귀를 기울이다

Wir *hörten* ihm (seiner Erzählung) *zu.*

우리는 그의 말에 (그의 이야기에) 귀를 기울였다.

Hören Sie mir genau *zu*!

(=*Hören* Sie genau *zu*, was ich sage!)

내 말을 잘 들으세요!

* **auf jn. zukommen :** (누구)에게로 다가오다

Er *kam auf* mich *zu.*

그는 내게로 다가왔다.

* **eine (keine) Zukunft haben :** 장래성이 있다(없다), 전도가 유망하다

Er *hat eine* große *Zukunft.*

그는 장래가 매우 유망한다.

* **in Zukunft :** 장차, 장래에는

In Zukunft werde ich vorsichtiger sein.

앞으로는 나는 더욱 조심할 것이다.

* **sich[4] et.[3] zuneigen :** (무엇)쪽으로 기울다

Er *neigt sich* seinem Ende *zu.*

그는 죽을 때가 가까와간다.

Das Glück *neigte sich* ihm *zu.*

행운이 그에게 기울었다.

* **sich³ auf die Zunge beißen : 혀를 깨물다**

Ich habe *mir auf die Zunge gebissen*

나는 혀를 깨물었다.

* **sich³ die Zunge (den Mund) verbrennen : 혀(입)를 대다**

Die Suppe war zu heiß, ich *verbrannte mir die Zunge*

수우프가 너무 뜨거워서 나는 혀를 데었다.

* **an et.⁴ zurückdenken : (무엇)을 회상하다**

Er *dachte an* seine Kindheit *zurück*

그는 그의 유년시절을 회상했다.

* **mit et. zusammenhängen : (무엇)과 관계 • 관련이 있다**

Sein Tod *hängt mit* dem Vorfall nicht *zusammen.*

(=Sein Tod steht in keinem Zusammenhang mit dem Vorfall.)

그의 죽음은 이 사건과는 관련이 없다.

* **mit et. zusammenstoßen : (무엇)과 충돌하다**

An der Kreuzung ist ein Personenwagen *mit* einem Bus *zusammengestoßen.*

십자로에서 승용차가 버스와 충돌했다.

* **in gutem (gefährlichem) Zustand : 좋은(위험한) 상태에**

Das Haus befindet sich *in bestem Zustand*

그 집은 최고의 상태에 있다.

Der Kranke befindet sich *in einem gefährlichen* (verzweifelten) *Zustand.*

그 환자는 위험한(절망적인) 상태에 있다.

* **et.³ zustimmen : (무엇)에 찬성하다 · 동의하다**

Ich *stimme* dem Vorschlag *zu.*

나는 그 제안에 찬성한다.

Darin kann ich Ihnen nicht *zustimmen.*

그점에 있어서는 나는 당신에게 찬성할 수 없다.

* **aus (unter) Zwang : 억지로, 강요당하여**

Er hat es *aus Zwang* getan.

그는 그것을 억지로 했다.

*** zwar ..., aber (doch)...**: 사실 ...이긴 하지만

Er ist *zwar* alt, *aber* noch ganz gesund.

그는 늙었지만 아직은 아주 건강하다.

Zwar ist er klein, *doch* hat er große Kräfte.

사실 그는 작기는 하지만 힘은 세다.

*** zu welchem Zweck** : 어떤 목적으로

Zu welchem Zweck hast du das getan?

너는 어떤 목적으로 그것을 했니?

*** außer Zweifel sein (stehen)** : 의심할 여지가 없다

Das *ist* (*steht*) *außer* allem *Zweifel*.

그것은 전혀 의심의 여지가 없다.

*** über et.[4] in Zweifel sein** : (무엇)을 의심하고 있다

Ich *bin* noch immer *in Zweifel* dar*über*, ob wir richtig gehandelt haben.

나는 우리가 올바로 행동했는지에 대해 여전히 의심하고 있다.

*** ohne Zweifel (=zweifellos)** : 의심할바없이, 확실히

Seine Behauptung ist *ohne Zweifel* richtig.

그의 주장은 의심할 것도 없이 옳다.

*** an et.[3] zweifeln** : (무엇)을 의심하다

Er *zweifelt an* meinen Worten.

그는 내 말을 의심하고 있다.

Ich *zweifle* nicht *an* deinem guten Willen.

나는 너의 선의를 의심하지 않는다.

*** jn. zu et. zwingen** : (누구)에게 (무엇)을 강요하다

Er *zwang* mich da*zu*.

그는 나에게 그것을 강요했다.

Man kann niemand[en] *zur* Liebe *zwingen*.

사람은 누구에게도 사랑을 강요할 수는 없다.

項目別基本單語
1000選

1. Schule 학교

die Schule -/-n 학교
der Kindergarten -s/⸚ 유치원
die Volksschule -/-n 국민학교
(=*die* Elementarschule -/-n)
die Mittelschule -/-n 중학교
die höhere Schule 고등학교
(=*das* Gymnasium -s/..sien
(8~9년제의 독일 인문중·고교)
die Hochschule -/-n 단과대학
die Universität -/-en 종합대학
die Fakultät -/-en 학부
die literarische Fakultät 문학부
der Direktor -s/..tóren 교장
der Rektor -s/..tóren
학(총)장; 교장
der Professor -s/..sóren 교수
der Dozent -en/-en 강사
der Assistent -en/-en 조수
die Dissertation [disɛrtatsió:n]
-/-en 학위논문
der Lehrer -s/- 교사
die Lehrerin -/-nen 여교사
der Schüler -s/- 학생
die Schülerin -/-nen 여학생
der Student -en/-en 대학생
die Studentin -/-nen 여대생
das Abitur -s/-e 고교졸업시험
der Eintritt -[e]s/-e 입학
der Abgang -[e]s/⸚e 졸업
das Examen -s/-, ..mina 시험
(=*die* Prüfung -/-en)

das Eintrittsexamen -s/-, ..mina
입학시험
der Unterricht -[e]s/-e 수업
die Erziehung -/-en 교육
die Übung -/-en 연습[문제]
die Aufgabe -/-n 과제
die Vorbereitung -/-en 준비
das Studium -s/..dien 연구
der Stundenplan -[e]s/⸚e 시간표
die Pause -/-n 휴식시간
das Schuljahr -[e]s/-e 학년
das Semester -s/- 학기
die Ferien(Pl.) 휴가
die Sommerferien(Pl.) 여름휴가
die Winterferien(Pl.) 겨울휴가
die Vorlesung -/-en 강의
die Muttersprache -/-n 모국어
die Fremdsprache -/-n 외국어
die Grammatik -/-en 문법
die Lektion [lɛktsió:n] -/-en
(교과서의)장
der Aufsatz -es/⸚e 작문
die Hausarbeit -/-en 숙제
das Schulbuch -[e]s/⸚er 교과서
(=*das* Lehrbuch -[e]s/⸚er)
das Lesebuch -[e]s/⸚er 독본
das Wörterbuch -[e]s/⸚er 사전
die Klasse -/-n 학급
das Klassenzimmer -s/- 교실
(=*das* Schulzimmer -s/-)
das Heft -[e]s/-e 노트

die Kreide -/-n 분필

die [Wand]tafel -/-n 칠판

die Zensur -/-en 성적[표]

der Bleistift -[e]s/-e 연필

der Kugelschreiber -s/- 볼펜

die Feder -/-n 펜

der Füller -s/- 만년필

(=*die* Füllfeder -/-n)

die Tinte -/-n 잉크

das Tintenfaß ‥fasses/‥fässer 잉크병

2. Familie 가족

die Familie[famí:liə] -/-n 가족 ; 가정

der Mann -[e]s/¨er 남자 ; 남편

die Frau -/-en 여자 ; 아내

der Herr -n/-en 신사

die Dame -/-n 숙녀

das Fräulein -s/- 처녀

der Jüngling -s/-e 청년

der Junge -n/-n 소년

das Mädchen -s/- 소녀

das Kind -[e]s/-er 어린아이

der (*die*) Alte (형용사변화) 노인(노파)

die Eltern (Pl.) 부모

der Vater -s/¨ 아버지

die Mutter -/¨ 어머니

der Sohn -[e]s/¨e 아들

die Tochter -/¨ 딸

die Geschwister (Pl.) 형제자매

der Bruder -s/¨ 형제

die Schwester -/-n 자매

die Großeltern (Pl.) 조부모

der Großvater -s/¨ 조부

die Großmutter -/¨ 조모

der Enkel -s/- 손자

die Enkelin -/-nen 손녀

der (*die*) Verwandte (형용사변화) 친척

der Onkel -s/- 아저씨

die Tante -/-n 아주머니

der Vetter -s/-n 종형제

die Kusine -/-n 종자매

der Neffe -n/-n 조카

die Nichte -/-n 질녀

der Stiefvater -s/¨ 계부

die Stiefmutter -/¨ 계모

die Heirat -/-en 결혼

die Verlobung -/-en 약혼

der (*die*) Verlobte (형용사변화) 약혼자(약혼녀)

der Bräutigam -s/-e 약혼자, 신랑(결혼당일의)

die Braut -/¨e 약혼녀, 신부(결혼당일의)

die Hochzeit -/-en 결혼식

die Hochzeitsreise -/-n 신혼여행

das Ehepaar -[e]s/-e 부부

der Gatte -n/-n 남편

(=*der* Gemahl -[e]s/-e)
die Gattin -/-nen 아내
(=*die* Gemahlin -/-nen)
der Hausherr -n/-en 주인
die Hausfrau -/-en 주부
der Junggeselle -n/-n 총각
der Schwiegervater -s/⸚
시아버지 ; 장인
die Schwiegermutter -/⸚
시어머니 ; 장모
die Schwiegereltern (Pl.)
시부모 ; 장인, 장모
der Schwiegersohn -[e]s/⸚e 사위
die Schwiegertochter -/⸚ 며느리
der Stiefvater -s/⸚ 계부
die Stiefmutter -/⸚ 계모
das Adoptivkind -[e]s/-er 양자
der Schwager -s/⸚
시아주버니 ; 처남 ; 매부
die Schwägerin -/-nen
시누이 ; 처형제 ; 형(제)수
der Witwer -s/- 홀아비
die Witwe -/-n 과부
die Waise -/-n 고아

3. Zeit (I) 시간

die Zeit -/-en 시간
die Gegenwart -/ 현재
die Vergangenheit -/-en 과거
die Zukunft -/ 미래
das Jahr -[e]s/-e 년
das Schaltjahr -[e]s/-e 윤년
das Jahrhundert -[e]s/-e
100년, 세기
der Kalender -s/- 달력
das Datum -s/‥ten 날짜
der Monat -[e]s/-e 월
die Woche -/-n 주
der Tag -[e]s/-e 일
der Ruhetag -[e]s/-e 휴일
der Werktag -[e]s/-e 평일
der Feiertag -[e]s/-e 휴일 ; 축일
der Morgen -s/- 아침
der Vormittag -[e]s/-e 오전
der Mittag -[e]s/-e 정오
der Nachmittag -[e]s/-e 오후
der Abend -[e]s/-e 저녁
die Nacht -/⸚e 밤
die Mitternacht -/⸚e 자정
das Wochenende -s/-n 주말
das Neujahr -[e]s/-e 신년
die Ostern (Pl.) 부활절
〈무관사면단수〉
die Weihnachten (Pl.) 성탄절
〈무관사면단수〉
der Silvesterabend [zilvέstər‥]
-[e]s/-e 섣달그믐날밤
der Geburtstag -[e]s/-e 생일
das Alter -s/- 년령 ; 시대 ; 노년
das Zeitalter -s/- 시대
die Uhr -/-en 시계
die Uhr -/ 시(時)

die Stunde -/-n 시간
die Minute -/-n 분
die Sekunde -/-n 초
das Viertel [fírtəl] -s/- $\frac{1}{4}$시간, 15분
die Taschenuhr -/-en 회중시계
die Armbanduhr -/-en 팔뚝시계
die Wanduhr -/-en 벽시계
die Standuhr -/-en 탁상시계
der Wecker -s/- 자명종
das Pendel -s/- (시계의)추
das Zifferblatt -[e]s/⸗er 숫자판
der Minutenzeiger -s/- 분침
der Stundenzeiger -s/- 시침
der Sekundenzeiger -s/- 초침
der **Wochentag** -[e]s/-e 요일
der Sonntag 일요일
der Montag 월요일
der Dienstag 화요일
der Mittwoch 수요일
der Donnerstag 목요일
der Freitag 금요일
der Sonnabend 토요일
der Samstag (南獨에서) 토요일
der **Monat** -[e]s/-e 월
der Januar 1월
der Februar 2월
der März 3월
der April 4월
der Mai 5월
der Juni 6월
der Juli 7월
der August 8월
der September 9월
der Oktober 10월
der November 11월
der Dezember 12월
die **Jahreszeit** -/-en 계절
der Frühling 봄
der Sommer 여름
der Herbst 가을
der Winter 겨울

4. Zeit (Ⅱ) 시간

vorgestern 副 그제
gestern 副 어제
heute 副 오늘
morgen 副 내일
übermorgen 副 모레
morgens 副(=am Morgen) 아침에
vormittags 副(=am Vormittag) 오전에
mittags 副(=am Mittag) 정오에
nachmittags 副(=am Nachmittag) 오후에
abends 副 (=am Abend) 저녁에
nachts 副 (=in der Nacht) 밤에
mitternachts 副 한밤중에 (=um Mitternacht)
sonntags(=am Sonntag) 일요일에
montags (=am Montag) 월요일에
gestrig 形 어제의

heutig 形 오늘의
morgig 形 내일의
jetzig 形 지금의
damalig 形 그당시의
täglich 形 매일의
wöchentlich 形 매주의
monatlich 形 매월의
jährlich 形 매년의
gegenwärtig 形 현재(현대)의
vergangen 形 과거의
zukünftig 形 미래(장래)의

gestern früh 어제아침에
gestern abend 어제저녁에
heute morgen 오늘아침에
heute mittag 오늘정오에
heute abend 오늘저녁에
heute nacht 오늘밤에 ; 어제밤에
morgen früh 내일아침에
morgen abend 내일저녁에
morgens früh (=früh morgens) 아침일찌기

jeden Morgen (4격부사구) 매일아침
jeden Tag (4격부사구) 매일
jeden Abend (4격부사구) 매일저녁
jede Nacht (4격부사구) 매일밤

diese Woche (4격부사구) 금주에
diesen Monat (4격부사구) 금월에
dieses Jahr (4격부사구) 금년에

nächste Woche (4격부사구) 내주에
nächsten Monat (4격부사구)내월에
nächstes Jahr (4격부사구) 내년에

vorige Woche (4격부사구)지난주에
vorigen Monat(4격부사구)지난달에
voriges Jahr (4격부사구) 지난해에

des Morgens (=am Morgen) 아침에
des Mittags(=am Mittag) 정오에
des Abends (=am Abend) 저녁에
des Nachts(=in der Nacht) 밤에
des Sonntags (=am Sonntag) 일요일에
des Montags(=am Montag) 월요일에

eines Morgens 어느날 아침에
eines Tages 어느날
eines Abends 어느날 저녁에
eines Nachts 어느날 밤에

den ganzen Tag (4격부사구) 온종일
die ganze Nacht (4격부사구) 밤새도록
die ganze Woche (4격부사구) 일주일내내
den ganzen Monat (4격부사구) 일개월내내
das ganze Jahr (4격부사구) 일년내내
im [Monat] Januar 1월에
im [Monat] Februar 2월에
im Frühling 봄에

im Herbst 가을에
[im Jahre] 1980 1980년에
[im Jahre] 1981 1981년에
Anfang Januar 1월 상순에
Mitte Februar 2월 중순에
Ende März 3월 하순에
von Morgen bis [zum] Abend 아침부터 저녁까지
zu Neujahr 새해에
zu Ostern 부활절에
zu Weihnachten 성탄절에

5. der menschliche Körper 인체

der Mensch -en/-en 인간
der Körper -s/- 신체, 육체
(=*der* Leib -[e]s/-er)
der Kopf -[e]s/¨e 머리
das Haar -[e]s/-e 머리털
der Bart -[e]s/¨e 수염
das Gesicht -[e]s/-er 얼굴
die Stirn -/-en 이마
das Auge -s/-n 눈
die Pupille -/-n 눈동자
die [Augen]braue -n/-n 눈썹
die Wange -/-n 뺨
(=*die* Backe -/-n)
die Nase -/-n 코
der Mund -[e]s/-e, ¨er 입
die Lippe -/-n 입술
die Zunge -/-n 혀
der Zahn -[e]s/¨e 이
das Kinn -[e]s/-e 턱
das Ohr -[e]s/-en 귀
der Hals -es/¨e 목
der Nacken -s/- 목덜미
(=*das* Genick -[e]s/-e)
der Rumpf -[e]s/¨e 몸통
der Rücken -s/- 등
die Schulter -/-n 어깨
die Rippe -/-n 갈빗대
die Brust -/¨e 가슴, 젖
die Hüfte -/-n 허리, 엉덩이
der Bauch -[e]s/¨e 배
die Glieder (Pl.) 사지
der Arm -[e]s/-e 팔
der Ell(en)bogen -s/- 팔꿈치
die Hand -/¨e 손
der Finger -s/- 손가락
der Daumen -s/- 엄지손가락
der Zeigefinger -s/- 집게손가락
der Mittelfinger -s/- 가운데손가락
der Ringfinger -s/- 약손가락
der kleine Finger 새끼손가락
die Faust -/¨e 주먹
das Bein -[e]s/-e 다리
das Knie -s/- 무릎
der Fuß -es/¨e 발
der Zeh -[e]s/-en 발가락
(=*die* Zehe -/-n)
der Nagel -s/¨ (손·발)톱
das Organ -s/-e 기관

die Haut -/¨e 피부
der Knochen -s/- 뼈
das Fleisch -es/ 살
das Blut -[e]s/ 피
der Muskel -s/-n 근육
das Gelenk -[e]s/-e 관절
der Nerv [nɛrf] -s/-en [..fən, ..vən] 신경
die Ader -/-n 혈관
das Eingeweide -s/- 내장
die Lunge -/-n 폐
das Herz -ens/-en 심장
die Leber -/-n 간장
der Magen -s/- 위
der Darm -[e]s/¨e 장
der Dünndarm -[e]s/¨e 소장
der Dickdarm -[e]s/¨e 대장
der Blinddarm -[e]s/¨e 맹장
der Zwölffingerdarm -[e]s/¨e 십이지장
die Niere -/-n 신장
der Puls -es/-e 맥박
der Sinn -[e]s/-e 감각

6. Buch und Kunst 책과 예술

das **Buch** -[e]/¨er 책
der Inhalt -[e]s/-e 내용
das Verzeichnis ..nisses/..nisse 목차
der Autor -s/..tóren 저자
(=*der* Verfasser -s/-)
die Zeitschrift -/-en 잡지
die Übersetzung -/-en 번역
der Buchstabe -ns/-n 문자
die Silbe -/-n 철자 ; 음절
die Zeile -n/-n (책의)행
der Satz -es/¨e 문장
die Seite -/-n 페이지
das Kapitel -s/- (책의)장
der Titel -s/- 표제 ; 책이름
die Anmerkung -/-en 주역
die Ausgabe -/-n (책의)판
der Band -[e]s-/¨e (책의)권
der Deckel -s/- 표지
der Verlag -[e]s/-e 출판[사]
der Verleger -s/- 출판인
die Druckerei -/-en 인쇄소
die Buchhandlung -/-en 서점
die **Literatur** -/-en 문학
die Erzählung -/-en 이야기 ; 소설
der Roman -s/-e 장편소설
die Novelle -/-n 단편소설
das Märchen -s/- 동화
die Dichtung -/-en 작시 ; 문학
der Erzähler -s/- 이야기하는 사람 ; 소설가
die Poesie -/..sien [zí:ən] 시문 ; 문학
das Gedicht -[e]s/-e 시
die Lyrik -/-en 서정시
der Lyriker -s/- 서정시인

das Epos -/Epen 서사시
der Epiker -s/- 서사시인
die Prosa -/ 산문
das Werk -[e]s/-e 작품
das Meisterwerk -[e]s/-e 걸작품
der Dichter -s/- 시인
der Schriftsteller -s/- 문필가 ; 작가
der Dramatiker -s/- 극작가
die Literaturgeschichte -/-n 문학사
die Klassik -/ 고전[주의]
der Klassiker -s/- 고전주의작가(시인)
die Romantik -/ 낭만파
der Romantiker -s/- 낭만파의 작가(시인)
das Sprichwort -es/⸚er 격언, 속담
die Fabel -/-n 우화
die **Kunst** -/⸚e 예술 ; 미술
der Künstler -s/- 예술가 ; 미술가
das Kunstwerk -[e]s/-e 예술작품 ; 미술품
der Maler -s/- 화가
die Malerei -/-en 회화 ; 화법
das Gemälde -s/- 회화
die Zeichnung -/-en 스케치
(=*die* Skizze -/-n)
das Bildnis ..sses/..sse 초상
der Pinsel -s/- 화필
die Leinwand -/⸚e 화포
die Galerie -/..rien [rí:ən] 미술관 ; 화랑
die Plastik -/-en 조각
der Bildhauer -s/- 조각가
die Statue -/-n 입상, 조상(彫像)
das Museum [muzé:um] -s/..seen [zé:ən] 박물관 ; 미술관
die Baukunst -/ 건축술
der Baukünstler -s/- 건축가
(=*der* Architekt -en/-en)
die Architektur -/-en 건축(술)
der Baustil -[e]s/-e 건축양식
die **Musik** -/ 음악
der Musiker -s/- 음악가
der Komponist -en/-en 작곡가
das Motiv -s/-e[..və] 주제 ; 악상
die Melodie -/..dien [dí:ən] 선율 ; 곡조
die Harmonie -/..nien [ní:ən] 화성, 화음
der Takt -[e]s/-e 박자
(=*das* Tempo -s/-s, ..pi)
die Note -/-n 음표 ; 악보(Pl.)
das Orchester [orkéstər, orçés..] -s/- 오오케스트라
die Symphonie [symfoní:]
(=*die* Sinfonie) -/..nien [ní:ən] 교향곡
das Konzert -[e]s/-e 음악회 ; 협주곡
der Sänger -s/- 가수
die Sängerin -/-nen 여가수
der Dirigent -en/-en 지휘자
die Sonate -/-n 소나타
der Gesang -[e]s/⸚e 노래
das Lied -[e]-/er 노래 ; 가곡
das Volkslied -[e]s/-er 민요

der Chor [ko:r] -[e]s/⁼e 합창
die Oper -/-n 가극, 오페라
die Operette-/-n 소가극, 오페레타
das Ballett -[e]s/-e 발레
der Ballettänzer -s/- 발레무용가
die Ballettänzerin -/-nen 발레의무희
der Jazz[dʒæz, dʒɛs] -/ 재즈음악
das Musikinstrument -[e]s/-e 악기
die Geige -/-n 바이얼린
(=*die* Violine -/-n)
der Violinist -en/-en 바이얼리니스트
das Klavíer[‥vi:r] -s/-e 피아노
der Flügel -s/- 그랜드피아노
der Pianist -en/-en 피아니스트
die Orgel -/-n 오르간
die Harfe -/-n 하아프
die Trompete -/-n 나팔
die Flöte -/-n 플류우트

7. Eisenbahn 철도

die Eisenbahn -/-en 철도
der Bahnhof -[e]s/⁼e 역
der Hauptbahnhof-[e]s/⁼e중앙역
die Station [ʃtatsió:n] -/-en 정차장, 역
der Zug -[e]s/⁼e 기차
der Güterzug -[e]s/⁼e 화물열차
der Passagier -s/-e 여객, 승객
der Expreß‥sses/‥sse특별급행열차
(=*der* Expreßzug -[e]s/⁼e)
der D-(Durchgangs)zug -[e]s/⁼e
(=*der* Schnellzug -[e]s/⁼e) 급행열차
der Eilzug -[e]s/⁼e 준급행열차
der Personenzug -[e]s/⁼e 보통열차
der Wagen -s/- 차량
der Personenwagen -s/- 객차
das (*der*) Abteil -[e]s/-e 차실
der Raucher -s/- 흡연차
der Nichtraucher -s/- 금연차
der Schlafwagen -s/- 침대차
der Speisewagen -s/- 식당차
der Güterwagen -s/- 화차
die Lokomotive [lokomotí:və] -/-n 기관차
die Untergrundbahn(die U-Bahn) -/-en 지하철
der Reisekoffer -s/- 여행용가방
das Handgepäck -[e]s/-e 수하물
der Gepäckträger -s/- 수하물운반인
der Bahnhofsbeamte (형용사변화) 역원
die Bahnhofsbeamtin -/-nen 역 여직원
der Bahnhofsvorsteher -s/- 역장
der Schaffner -s/- 차장

die Fahrkarte -/-n 승차권
(=*der* Fahrschein -[e]s/-e)
die einfache Fahrkarte 편도표
die Hin- und Rückfahrkarte 왕복표
der Zuschlag -[e]s/-̈e 할증요금
die Bahnsteigkarte -/-n 입장권
der Schalter -s/- 개찰구
der Bahnsteig -[e]s/-e 플래트폼
der (*die*) Reisende (형용사변화) 여행자
der Wartesaal -[e]s/-e 대합실
der Lautsprecher -s/- 확성기
die Auskunft -/-̈e 안내소
die Gepäckaufbewahrung -/-en 수하물예치소
das Gleis -es/-e 궤도, 레일
(=*die* Schiene -/-n)
der Bahnübergang -[e]s/-̈e 건널목
der Bahnwärter -s/- 건널목지기
der Fahrplan -[e]s/-̈e 기차시간표
das Kursbuch -[e]s/-̈er 기차시간표 ; 여행안내책
das Reisebüro -s/-s 여행사
die Ankunft -/-̈e 도착
die Abfahrt -/-en 출발, 발차
die Abreise -/-n 출발, 여행을 떠남
der Aufenthalt -[e]s/-e 정차[시간], 체류

8. Post 우편

die Post -/-en 우편 ; 우체국
das Postamt -[e]s/-̈er 우체국
die Hauptpost -/-en 중앙우체국
der Postbeamte (형용사변화) 우체국직원
die Postbeamtin -/-nen 우체국 여직원
der Brief -[e]s/-e 편지
die Postkarte -/-n 엽서
die Ansichtskarte -/-n 그림엽서
der Briefträger -s/- 우편배달부
(=*der* Postbote -n/-n)
die Briefmarke -/-n 우표
der Briefkasten -s/- 우체통
das Briefpapier -s/-e 편지지
der Briefumschlag -[e]s/-̈e 편지봉투
das Paket -[e]s/-e 소포
der Absender -s/- 발송(신)인
der Empfänger -s/- 수취인
der Schalter -s/- 창구
die Luftpost -/-en 항공편
(=*die* Flugpost -/-en)
die gewöhnliche Post 보통우편
die Eilpost -/-en 속달우편
das Telegramm -s/-e 전보
das Porto -s/-s, ..ti 우송료
die Drucksache -/-n 인쇄물
das Siegel -s/- 인장 ; 봉인
die Adresse -/-n 주소

die Anschrift -/-en
수신인의 주소성명(편지겉봉의)

das Datum -s/..ten 날자

die Unterschrift -/-en 서명

9. Beruf 직업

der Beruf -[e]s/-e 직업

der Arzt -[e]s/¨-e 의사

der Lehrer -s/- 선생

der Professor -s/..sóren 교수

der Briefträger -s/- 우편배달부
(=*der* Postbote -n/-n)

der Arbeiter -s/- 노동자

die Fabrik -/-en 공장

der Fabrikarbeiter -s/- 공원

der Fabrikant -en/-en 공장주

der Weber -s/- 직조공

der Gärtner -s/- 정원사

der Sänger -s/- 가수

der Schauspieler -s/- 배우

der Filmschauspieler -s/-
영화배우

der Fischer -s/- 어부

der Bäcker -s/- 빵을 굽는 사람

der Schneider -s/- 재단사

der Autofahrer -s/- 자동차운전수

der Schaffner -s/- 차장

der Schuster -s/-구두만드는 사람
(=*der* Schuhmacher -s/-)

der Uhrmacher -s/- 시계제조인

der Pfarrer -s/- 신부 ; 목사
(=*der* Priester -s/-)

der Friseur [frizǿ:r] 이발사

der Soldat -en/-en 군인

der Schutzmann -[e]s/¨-er,..leute
(=*der* Polizist -en/-en) 경찰관

der Staatsmann -[e]s/¨-er 정치가
(=*der* Politiker -s/-)

der Landmann -[e]s/..leute 농부
(=*der* Bauer -s/-n)

der Kaufmann -[e]s/..leute 상인

der Bergmann -[e]s/..leute 광부

der Zimmermann -[e]s/..leute
목수

der Fährmann -[e]s/..leute 뱃사공

der Ingenieur [inʒeniǿ:r] 기사

der Beamte (형용사변화) 공무원

die Beamtin -/-nen 여자공무원

der (*die*) Angestellte (형용사변화)
종업원

das Handwerk -[e]s/-e 수공업

der Handwerker -s/- 수공업자

der Lehrling -s/-e 제자

der Meister -s/- 대가

die Näherin -/-nen 여재봉사

die Putzfrau -/-en 청소부(女)

das Dienstmädchen -s/- 하녀

die Werkstatt -/¨-e 작업장

das Werkzeug -[e]s/-e 도구

der Lohn -[e]s/-¨e 임금

10. Restaurant 음식점

das Restaurant[rɛstorã:] -s/-s
(=*die* Gaststätte -/-n) 음식점
der Café [kafé:] -s/-s 다과점
der Appetit -[e]s/ 식욕
die Mahlzeit -/ (세끼의)식사
das Essen -s/- 식사 ; 음식물
das Frühstück -[e]s/-e 아침식사
(=*das* Morgenbrot -[e]s/-e)
das Mittagessen -s/- 점심식사
(=*das* Mittag[s]brot -[e]s/-e)
das Abendessen -s/- 저녁식사
(=*das* Abendbrot -[e]s/-e)
die Speise -/-n 음식물
die Speisekarte -/-n 메뉴
die Nahrung -/-en 영양
der Nachtisch -es/-e 디저어트
die Küche -/-n 주방
das Gedeck -[e]s/-e 정식
das Gericht -[e]s/-e 요리
das Brot -[e]s/-e 빵
die Butter -/ 버터
das Butterbrot -[e]s/-e 버터빵
der Käse -s/- 치이즈
die Suppe -/-n 수우프
das Ei -[e]s/-er 알 ; 달걀
das Fleisch -es/ 고기
das Rindstück -[e]s/-e 비프스테이크
der Braten -s/- 불고기
der Schinken -s/- 햄
die Wurst -/⸚e 소세지
das Gemüse -s/- 야채
der Salat -[e]s/-e 샐라드
der Senf -[e]s/-e 겨자
das Salz -es/-e 소금
der Pfeffer -s/- 후추
das Getränk -[e]s/-e 음료
das Bier -[e]s/-e 맥주
der Wein -[e]s/-e 포도주 ; 술
der Tee -s/-s 차
der Kaffee -s/-s 커피
die Milch -/ 우유
der Saft -[e]s/⸚e (과)즙
der Zucker -s/- 설탕
das Eis -es/ 얼음
die Sahne -/ 크림
die Marmelade -/-n 잼
das Obst -es/ 과일
der Kuchen -s/- 과자, 케이크
die Schokolade -/-n 초콜레트
das Tischtuch -[e]s/⸚er 식탁보
die Serviette [zɛrviétə] -/-n 냅킨
das Geschirr -[e]s/-e 식기
der Teller -s/- 접시
die Schüssel -/-n 대접
die Tasse -/-n 찻잔
der Becher -s/- [술]잔
die Flasche -/-n 병
das Glas -es/-er 유리잔
der Löffel -s/- 수푼

das Messer -s/- 나이프
die Gabel -/-n 포오크
der Kellner -s/- 뽀오이
die Kellnerin -/-nen 여급
der Ober -s/- 뽀오이[장]
der Koch -[e]s/⸚e 요리사

11. Sport 운동

der Sport -[e]s/-e 운동
der Sportsmann -[e]s/⸚er, ..leute 스포츠맨
der Sportplatz-es/⸚e 운동(경기)장
der Wettkampf-[e]s/⸚e 경기, 시합
die Mannschaft -/-en 선수단, 팀
der Meister -s/- 선수[권보유자]
die Meisterschaft -/-en 선수권
der Rekord -[e]s/-e 기록
der Weltrekord -[e]s/-e 세계기록
die Olympiade -/-n 올림픽경기
der Landsport -[e]s/-e 육상경기
die Wette -/-n 경쟁
der Wettlauf -[e]s/⸚e 경주
der Wettläufer -s/- 경주자
die Gymnastik -/ 체조; 체육
das Turnen -s/ 체조
die Turnhalle -/-n 체육관
der Ball -[e]s/⸚e 공
der Fußball -[e]s/ 축구
der Fußballspieler -s/- 축구선수
der Baseball[béːsbɔːl] -[e]s/ 야구
der Volleyball[vɔ́libal -[e]s/ 배구
der Korbball -[e]s/ 농구
das Rugby[rʌ́gbiː] -[s]/-s 럭비
der Marathonlauf -[e]s/ 마라톤 경주
der Marathonläufer -s/- 마라톤 선수
das Schwimmen -s/ 수영
das Schießen-s/ 사격
das Reiten -s/ 승마
der Hochsprung -[e]s/ 높이뛰기
der Weitsprung -[e]s/ 넓이뛰기
der Sieg -[e]s/ -e 승리
die Niederlage -/ 패배
der Angriff -[e]s/-e 공격
die Verteidigung -/-en 방어
der Schiedsrichter -s/- 심판
das Tennis -/ 정구
der Tennisplatz -es/⸚e 정구장
das Tischtennis -/ 탁구
das Golf -s/ 골프
der Golfplatz -es/⸚e 골프장
der Boxkampf -[e]s/⸚e 복싱
der Boxer -s/- 권투선수
der Ringkampf -[e]s/⸚e 씨름, 레슬링
der Ringer -s/- 씨름선수, 레슬러
das Fechten -s/- 펜싱
der Wassersport -[e]s/-e 수상경기
die Badehose -/-n 수영빤쯔
das Seebad -[e]s/ 해수욕(장)
das Segelboot -[e]s/-e 돛단배.

das Ruderboot -[e]s/-e 노를 젓는 보오트
das Ruder -s/- 노
der Wintersport-[e]s/-e 겨울운동
der Ski [ʃi:] -s/-er 스키이
der Skilauf[ʃi:lauf] -[e]s/ 스키이 경주
der Skiläufer [ʃí:lɔyfər] -s/- 스키이 선수
der Schlitten -s/- 썰매
die Eisbahn -/-en 스케이트장
der Schlittschuh -[e]s/-e 스케이트(구두)
der Schlittschuhlauf -[e]s/⸚e 스케이팅
das Pferderennen -s/ 경마
die Rennbahn -/-en 경마장
das Bergsteigen -s/ 등산
der Bergsteiger -s/- 등산가
der Rucksack -[e]s/⸚e 배낭
der Bergstock -[e]s/⸚e 등산용지팡이
das Seil -[e]s/-e 밧줄
die Jagd -/-en 사냥
der Jäger -s/- 사냥꾼
der Jagdhund -[e]s/-e 사냥개
die Flinte -/-n 엽총
das Angeln -s/ 낚시질
die Angel-/-n 낚시바늘 ; 낚시도구

12. Politik 정치

die Politik -/-en 정치
der Kaiser -s/- 황제
die Kaiserin -/-nen 황후
das Kaiserreich -[e]s/-e 제국
der König -[e]s/-e 왕
die Königin -/-nen 여왕
das Königreich -[e]s/-e 왕국
der Kronprinz -en/-en 황태자
der Prinz -en/-en 왕자
die Prinzessin -/-nen 공주
die Republik -/-en 공화국
die Bundesrepublik 연방공화국
die Regierung -/-en 정부 ; 통치
der Staat -[e]s/-en 국가
der Politiker -s/- 정치가
(=*der* Staatsmann -[e]s/⸚er)
der Herrscher -s/- 지배자, 원수
der Präsident -en/-en 대통령
der Minister -s/- 장관
das Kabinett -[e]s/-e 내각
der Premierminister [prəmié:..] -s/- 국무총리
der Innenminister -s/- 내무장관
der Außenminister -s/- 외무장관
der Handelsminister -s/- 상공장관
der Finanzminister -s/- 재무장관
der Unterrichtsminister -s/- 문교장관
der Verkehrsminister -s/- 교통장관

der Justizminister -s/- 법무장관
der Landwirtschaftsminister -s/- 농림장관
der Postminister -s/- 체신장관
die Verwaltung -/-en 행정
der (*die*) Abgeordnete(형용사변화) 국회의원
die Partei -/-en 당파, 정당
das Parlament -[e]s/-e 의회
der Bundestag -[e]s/ 연방의회
die Wahl -/-en 선거
die Abstimmung -/-en 투표
die Verfassung -/-en 헌법
das Gesetz -es/-e 법률
das Gericht -[e]s/-e 재판[소]
der Richter -s/- 판사, 재판관
das Urteil -[e]s/-e 판결
die Diplomatie -/..tien [tí:ən]
(=*die* Außenpolitik -/-en) 외교
der Diplomat -en/-en 외교관
der Botschafter -s/- 대사
die Botschaft -/-en 대사관
der (*die*) Gesandte (형용사변화) 공사
die Gesandtschaft -/-en 공사관
der Konsul -s/-n 영사
das Konsulat -[e]s/-e 영사관
die Vereinten Nationen (Pl.) 국제연합
der Bund -[e]s/¨-e 동맹 ; 연방
die Unterhandlung -/-en 외교교섭
die Zusammenarbeit -/-en 협동[작업]
die Verständigung -/-en 양해, 협조
die Konferenz -/-en 회의
der Verlag -[e]s/¨-e 조약
die Revolution [..tsió:n] -/-en 혁명
der Revolutionär -en/-en 혁명가
der Aufstand -[e]s/¨-e 폭동, 반난

13. Wirtschaft 경제

die Wirtschaft -/ 경제
das Einkommen -s/- 수입
das Gehalt -[e]s/¨-er 봉급
der Gewinn -[e]s/-e 이익
der Verlust -es/-e 손실, 손해
die Ausgabe -/-n 지출, 경비
die Kosten (Pl.) 비용
der Haushalt -[e]s/-e 가계
die Finanz -/-en 금융 ; 재정(Pl.)
die Steuer -/-n 세금
das Steueramt -[e]s/¨-er 세무서
der Besitz -es/-e 소유[물], 재산
der Reichtum -[e]s/¨-er 부(富)
das Vermögen -s/- 자력, 자산
das Eigentum -[e]s/¨-er 소유권 ; 소유물
der Besitzer -s/- 소유자
das Kapital -s/-e, ..lien 자본

der Kapitalist -en/-en 자본가
das Sparen -s/ 저축
die Rente -/-n 이자 ; 년금
die Zinsen (Pl.) 이자
die Schuld -/-en 채무, 부채
der Pfand -[e]s/¨-er 전당 ; 저당
das Pfandhaus -es/¨-er 전당포
die Rechnung -/-en 회계 ; 계산서
die Zahlung -/-en 지불 ; 반제
(=*die* Bezahlung -/-en)
der Betrag -[e]s-/¨-e 금액
(=*die* Geldsumme -/-n)
die Kasse -/-n 금고 ; 현금
das Bargeld -[e]s/-er 현금
die Münze -/-n 화폐
(=*das* Geldstück -[e]s/-e)
das Papiergeld -[e]s/ 지폐
der Wechsel -s/- 환금
die Wechselstube -/-n 환금취급소
das Kleingeld -[e]s/ 잔돈
die Mark -/마르크(독일화폐 단위)
der Pfennig -[e]s/
페니히(100분의 1마르크)
der Scheck -s/-s 수표
die Unternehmung -/-en
기업 ; 사업
die Industrie -/..rien[..ríːən]
산업 ; 공업
das Produkt -[e]s/-e (생)산물
die Bank -/-en 은행
der Bankier [baŋkíeː] -s/-s
은행가
die Betrieb -[e]s/-e 경영 ; 기업
die Firma -/..men 상사, 상회
die Gesellschaft -/-en 회사
die Aktie [áktsiə] -/-n 주[식]
die Aktiengesellschaft -/-en
주식회사
der Direktor -s/..tóren
취체역, 사장
die Börse -/-n 거래소
das Lager -s/¨- 창고 ; 재고[품]
der Handel -s/¨- 거래, 상업
der Außenhandel -s/¨- 해외무역
die Einfuhr -/-en 수입
die Ausfuhr -/-en 수출
der Kaufmann -[e]s/..leute 상인
der Händler -s/- 상인, 소매상인
der Bedarf -[e]s/ 필요, 수요
das Angebot -[e]s/-e 공급
das Gut -[e]s/¨-er
재산 ; 상품(Pl.)
der Verkauf -[e]s/¨-e 판매
der Tausch -es/-e 교역, 무역
die Arbeit -/-en 노동
der Arbeiter -s/- 노동자
der (*die*) Arbeitslose (형용사변화)
실업자
der Streik -[e]s/-s 동맹파업
die Gewerkschaft -/-en 노동조합
die Versicherung -/-en
보험 ; 보장

14. Krankheit 병

die Krankheit -/-en 병
die Gesundheit -/-en 건강
der Schmerz -es/-en 고통, 아픔
(=*das* Weh -[e]s/-e)
der Kopfschmerz -es/-en 두통
(=*das* Kopfweh -[e]s/-e)
der Zahnschmerz -es/-en 치통
der Magenschmerz -en/-en 위통
die Erkältung -/-en 감기
die Grippe -/-n 유행성감기
der Husten -s/- 기침
das Asthma -s/ 천식
die Entzündung -/-en 염증
die Lungenentzündung -/ 폐염
die Bauchfellentzündung -/ 복막염
die Blinddarmentzündung -/ 맹장염
die Mittelohrentzündung -/ 중이염
die Tuberkulose -/ 결핵
die Herzkrankheit -/ 심장병
der Magenkatarrh -s/ 위카타르
das Magengeschwür -s/ 위궤양
der Krebs -es/ 암
die Anämie -/ 빈혈
die Gelbsucht -/ 황달
der hohe Blutdruck 고혈압
die Verdauungsbeschwerde -/ 소화불량
die Hämorrhoide -/ 치질
die Geschwulst -/ 종양 ; 혹

die Neurasthenie -/ 신경쇠약
die Kinderlähmung -/ 소아마비
der Durchfall -es/ 설사
die Darmträgheit -/ 변비
die Dysenterie -/ 이질
die Cholera -/ 콜레라
der Typhus -/ 티푸스
die Infektionskrankheit -/ 전염병
die Ansteckung -/-en 전염
der Anfall -[e]s/⸚e 발작
der Krampf -[e]s/⸚e 경련
der Frost -es/ 오한
der Schweiß -es/-e 땀
das Fieber -s/- 열
der Ekel -s/ 구역질
die Müdigkeit -/-en 피로
die Erschöpfung -/-en 쇠약
die Lähmung -/-en 마비
die Schwindel -s/- 현기
die Ohnmacht -/-en 실신
die Bewußtlosigkeit -/ 무의식상태
der Wahnsinn -[e]s/ 광기
die Wunde -/-n 상처
der Arzt -es/⸚e 의사
die Ärztin -/-nen 여의사
der Doktor -s/..tóren 의사
der (*die*) Kranke (형용사변화) 병든사람, 환자
der Patient [patsiέnt] -en/-en 환자

die Verordnung -/-en 처방
die Apothẹke -/-n 약국
der Apotheker -s/- 약사
die Arznei -/-en 약
(=*das* Heilmittel -s/-)
die Medizin -/-en 약 ; 의학
das Gift -[e]s/-e 독[약]
die Vergiftung -/-en 중독
das Krankenhaus -es/¨er 병원
(=*das* Hospital [hɔspitá:l] -s/-e, ..täler)
das Irrenhaus -es/¨er 정신병원
die Sprechstunde -/-n 진찰시간
das Sprechzimmer -s/- 진찰실
die Untersuchung -/-en 진찰
die Temperatur -/-en 체온
das Thermometer -s/- 체온계
die Behandlung -/-en 치료
die Kur -/-en 치료, 요양
die Operation [operatsió:n] -/-en 수술
die Spritze -/-n 주사[기]
die Schwester -/-n 간호원
(=*die* Pflegerin -/-nen)
der Verband -[e]s/¨e 붕대
das Pflaster -s/- 고약
die Besserung -/-en 회복
der Tod -[e]s/-e 죽음

15. Tier 동물

das Tier -[e]s/-e 동물
das **Haustier** -[e]s/-e 가축
(=*das* Vieh -[e]s/)
der Hund -[e]s/-e 개
der Jagdhund -[e]s/-e 사냥개
das Pferd -[e]s/-e 말
der Esel -s/- 나귀
der Ochs[e] [ɔ́ks(ə)] -[e]n/-[e]n
(=*der* Stier -[e]s/-e) 황소
die Kuh -/¨e 암소
das Kalb -[e]s/¨er 송아지
das Schaf -[e]s/-e 양
das Lamm -[e]s/¨er 어린양
die Ziege -/-n 염소
der Bock -[e]s/¨e 수염소
das Schwein -[e]s/-e 돼지
das Kamel -[e]s/-e 낙타
die Katze -/-n 고양이
der Kater -s/- 수코양이
das Kaninchen -s/- 집토끼
die Taube -/-n 비둘기
der Hahn -[e]s/-e 수탉
die Henne -/-n 암탉
das Huhn -[e]s/¨er 닭
der Kanarienvogel -s/¨ 카나리아
der Truthahn -[e]s/¨e 칠면조
die Gans -/¨e 거위
die Ente -/-n 오리
Wildes Tier 야생동물
das Raubtier -[e]s/-e 맹수
der Löwe -n/-n 사자
der Bär -en/-en 곰

der Tiger -s/- 호랑이

der Panther -s/- 표범

der Eisbär -en/-en 북극곰, 흰곰

der Elefant -en/-en 코끼리

das Nilpferd -es/-e 하마

die Giraffe -/-n 기린

der Affe -n/-n 원숭이

der Hase -n/-n 토끼

der Wolf -[e]s/¨e 늑대

der Fuchs [fuks] -es/¨e 여우

der Hirsch -es/-e 사슴

das Wildschwein -[e]s/-e 산돼지

das Eichhörnchen -s/- 다람쥐

die Maus -/¨e 쥐

die Fledermaus -/¨e 박쥐

der Maulwurf -[e]s/¨e 두더지

die Pfote -/-n (동물의)발

die Kralle -/-n (맹수의)발톱

das Fell -[e]s/-e 가죽, 모피

das Horn -[e]s/¨er 뿔

das Maul -[e]s/¨er (동물의)입

der Schwanz -es/¨e 꼬리

der Schnabel -s/¨e 부리

der Flügel -s/- 날개

die Feder -/-n 깃털

der **Vogel** -s/¨ 새

der Raubvogel -s/¨ 육식조, 맹금

der Wandervogel -s/¨ 철새

(=*der* Zugvogel -s/¨)

der Adler -s/- 독수리

der Strauß -es/-e 타조

die Wildgans -/¨e 기러기

der Möwe -/-n 갈매기

der Fasan -[e]s/-en 꿩

der Papagei -en/-en 앵무새

der Kranich -[e]s/-e 두루미

der Storch -[e]s/¨e 황새

der Falke -n/-n 매

die Krähe -/-n 까마귀

(=*der* Rabe -n/-n)

der Kuckuck -[e]s/-e 두견새

die Eule -/-n 부엉이

der Specht -[e]s/-e 딱다구리

die Nachtigall -/-en 꾀꼬리

die Schwalbe -/-n 제비

der Sperling -s/-e 참새

(=*der* Spatz -en/-en)

die Lerche -/-n 종달새

der Schwan -[e]s/¨e 백조

das Nest -[e]s/-er 둥우리

der Käfig -s/-e 새장

das **Insekt** -[e]s/-en 곤충

die Biene -/-n 꿀벌

der Honig -s/ 벌꿀

der Schmetterling -s/-e 나비

die Fliege -/-n 파리

die Mücke -/-n 모기

der Käfer -s/- 딱정벌레

die Ameise -/-n 개미

die Libelle -/-n 잠자리

die Spinne -/-n 거미

das Spinngewebe -s/- 거미줄

die Raupe -/-n 애벌레, 송충이

der Wurm -[e]s/¨er 벌레, 구더기

der **Fisch** -es/-e 고기

der Goldfisch -es/-e 금붕어

der Hering -s/-e 청어

der Karpfen -s/- 잉어

der Krebs -es/-e 게
die Auster -/-n 굴
die Muschel -/-n 조개

Anderes Tier 기타의 동물

die Schlange -/-n 뱀
die Schnecke -/-n 달팽이
die Eidechse [áidɛksə] -/-n 도마뱀
der Frosch -es/⸚e 개구리
die Kröte -/-n 두꺼비
die Schildkröte -/-n 거북
der Walfisch -es/-e 고래

16. Wissenschaft 학술

die Wissenschaft -/-en 학술; 과학
der Wissenschaftler -s/- 과학자
die Kultur -/-en 문화
die Zivilisation [‥tsió:n] -/-en 문명
die Erziehung -/-en 교육
der Erzieher -s/- 교육자
die Forschung -/-en 연구
(=*das* Studium -s/‥dien)
der Forscher -s/- 연구가
die Erfindung -/-en 발명
der Erfinder -s/- 발명가
die Entdeckung -/-en 발견
der Entdecker -s/- 발견자
die Erforschung -/-en 탐험
der Erforscher -s/- 탐험가
der (*die*) Gelehrte (형용사변화)
(=*der* Wissenschaftler -s/-) 학자
der Sachkundiger -s/- 전문가
die Literatur -/-en 문학
der Literat -en/-en 문학자
die Geschichte -/-n 역사
die Historik -/ 사학
der Historiker -s/- 사학자
die Philosophie -/‥phien [‥fí:ən] 철학
der Philosoph -en/-en 철학자
die Theologie -/‥gien [‥gí:ən] 신학
der Theolog -en/-en 신학자
die Ethik -/ 윤리학
der Ethiker -s/- 윤리학자
die Logik -/ 논리학
der Logiker -s/- 논리학자
die Philologie -/‥gien [‥gí:ən] 언어학
der Philolog -en/-en 언어학자
die Volkswirtschaftslehre -/
(=*die* Nationalökonomie -/) 경제학
der Volkswirtschaftler -s/-
(=*der* Nationalökonom -en/-en) 경제학자
die Naturwissenschaft -/ 자연과학
der Naturwissenschaftler -s/- 자연과학자

die Zoologie -/‥gien [‥gi:ən] 동물학
der Zoolog -en/-en 동물학자
die Botanik -/ 식물학
der Botaniker -s/- 식물학자
die Astronomie -/‥mien [‥mí:ən] 천문학
der Astronom -en/-en 천문학자
die Geographie -/ 지리학
(=*die* Erdkunde -/)
der Geograph -en/-en 지리학자
die Physik -/ 물리학
der Physiker -s/- 물리학자
die Mathematik -/ 수학
der Mathematiker -s/- 수학자
die Chemie -/ 화학
der Chemiker -s/- 화학자
die Psychologie -/ 심리학
der Psycholog -en/-en 심리학자
die Medizin -/ 의학
der Mediziner -s/- 의학자
die Physiologie -/‥gien [‥gí:ən) 생리학
der Physiolog -en/-en 생리학자
das Mikroskop -s/-e 현미경
der Versuch -es/-e 실험
(=*das* Experiment -es/-e)
der Gedanke -ns/-n 사상
das Ideal -s/-e 이상
die Theorie -/‥rien [‥ríən] 이론
die Idee -/-n [idé:ən] 이념
der Begriff -es/-e 개념
der Idealismus -/ 이상주의
der Idealist -en/-en 이상주의자
der Naturalismus -/ 자연주의
der Realismus -/ 현실주의
der Kapitalismus -/ 자본주의
der Sozialismus -/ 사회주의

강변화(强變化) · 불규칙동사 변화표

독일어 학습에서 동사의 3기본형이 차지하는 비중은 대단히 크다. 동사의 3기본형이 직접, 간접으로 영향을 미치는 부분은 다음과 같다.

① 동사의 현재변화 ② 동사의 과거변화 ③ 복합시칭 ④ 명령형 ⑤ 형용사(명사화) ⑥ 수동형 ⑦ 복합동사 ⑧ 분사 ⑨ 부문장의 단축 및 확장 ⑩ 접속법

이상과 같으므로 독일어를 보다 빠르고 정확하게 습득하고자 하면 우선 강변화 · 불규칙동사의 3기본형을 분명하게 암기해야 한다.

强變化・不規則動詞變化表

A. 强變化動詞

不定詞	直說法 現在	直說法 過去	接續法 過去	過去分詞	命令法
befehlen 명령하다	befiehlst befiehlt	befahl	beföhle (befähle)	befohlen	befiehl
beginnen 시작하다	beginnst beginnt	begann	begönne (begänne)	begonnen	beginn[e]
biegen 굽히다	biegst biegt	bog	böge	gebogen	bieg[e]
bieten 제공하다	bietest bietet	bot	böte	geboten	biet[e]
binden 맺다	bindest bindet	band	bände	gebunden	bind[e]
bitten 청하다	bittest bittet	bat	bäte	gebeten	bitt[e]
bleiben 머무르다	bleibst bleibt	blieb	bliebe	geblieben	bleib[e]
braten 굽다	brätst brät	briet	briete	gebraten	brat[e]
brechen 깨다	brichst bricht	brach	bräche	gebrochen	brich
empfehlen 추천하다	empfiehlst empfiehlt	empfahl	empföhle (empfähle)	empfohlen	empfiehl
erschrecken 놀라다	erschrickst erschrickt	erschrak	erschräke	erschrocken	erschrick
essen 먹다	ißt (issest) ißt	aß	äße	gegessen	iß
fahren 타고가다	fährst fährt	fuhr	führe	gefahren	fahr[e]
fallen 떨어지다	fällst fällt	fiel	fiele	gefallen	fall[e]
fangen 붙잡다	fängst fängt	fing	finge	gefangen	fang[e]
finden 발견하다	findest findet	fand	fände	gefunden	find[e]
fliegen 날다	fliegst fliegt	flog	flöge	geflogen	flieg[e]
fliehen 달아나다	fliehst flieht	floh	flöhe	geflohen	flieh[e]

强變化動詞

不定詞	直說法		接續法	過去分詞	命令法
	現在	過去	過去		
fließen 흐르다	fließ[es]t fließt	floß	flösse	geflossen	fließ[e]
frieren 얼다	frierst friert	fror	fröre	gefroren	frier[e]
gebären 낳다	gebierst gebiert	gebar	gebäre	geboren	gebier
geben 주다	gibst gibt	gab	gäbe	gegeben	gib
gelingen 성공하다	es gelingt mir.	gelang	gelänge	gelungen	geling[e]
gelten 가치가있다	giltst gilt	galt	gölte (gälte)	gegolten	gilt
genießen 즐기다	genieß[es]t genießt	genoß	genösse	genossen	genieß[e]
geschehen 일어나다	es geschieht	geschah	geschähe	geschehen	
gewinnen 얻다	gewinnst gewinnt	gewann	gewönne (gewänne)	gewonnen	gewinn[e]
gleichen 비슷하다	gleichst gleicht	glich	gliche	geglichen	gleich[e]
graben 파다	gräbst gräbt	grub	grübe	gegraben	grab[e]
greifen 붙잡다	greifst greift	griff	griffe	gegriffen	greif[e]
halten 지니다	hältst hält	hielt	hielte	gehalten	halt[e]
hängen 걸려있다	hängst hängt	hing	hinge	gehangen	häng[e]
heben 올리다	hebst hebt	hob	höbe (hübe)	gehoben	heb[e]
heißen ~라고 불리우다	heiß[es]t heißt	hieß	hieße	geheißen	heiß[e]
helfen 돕다	hilfst hilft	half	hülfe (hälfe)	geholfen	hilf
klingen 울리다	klingst klingt	klang	klänge	geklungen	kling[e]
kommen 오다	kommst kommt	kam	käme	gekommen	komm[e]
laden 싣다	lädst lädt	lud	lüde	geladen	lad[e]
lassen ~하게하다	läßt läßt	ließ	ließe	gelassen	laß
laufen 달리다	läufst läuft	lief	liefe	gelaufen	lauf[e]

强變化動詞

不定詞	直說法 現在	直說法 過去	接續法 過去	過去分詞	命令法
leiden 괴로워하다	leidest leidet	litt	litte	gelitten	leid[e]
lesen 읽다	lies[es]t liest	las	läse	gelesen	lies
liegen 놓여있다	liegst liegt	lag	läge	gelegen	lieg[e]
meiden 피하다	meidest meidet	mied	miede	gemieden	meid[e]
nehmen 잡다	nimmst nimmt	nahm	nähme	genommen	nimm
raten 충고하다	rätst rät	riet	riete	geraten	rat[e]
reiben 마찰하다	reibst reibt	rieb	riebe	gerieben	reib[e]
reiten 말타다	reitest reitet	ritt	ritte	geritten	reit[e]
rufen 부르다	rufst ruft	rief	riefe	gerufen	ruf[e]
schaffen 창조하다	schaffst schafft	schuf	schüfe	geschaffen	schaff[e]
scheinen 빛나다	scheinst scheint	schien	schiene	geschienen	schein[e]
schelten 꾸짖다	schiltst schilt	schalt	schölte (schälte)	gescholten	schilt
schieben 밀다	schiebst schiebt	schob	schöbe	geschoben	schieb[e]
schießen 쏘다	schießest schießt	schoß	schösse	geschossen	schieß[e]
schlafen 자다	schläfst schläft	schlief	schliefe	geschlafen	schlaf[e]
schlagen 치다	schlägst schlägt	schlug	schlüge	geschlagen	schlag[e]
schließen 닫다	schließ[es]t schließt	schloß	schlösse	geschlossen	schließ[e]
schneiden 자르다	schneidest schneidet	schnitt	schnitte	geschnitten	schneid[e]
schrecken 놀라다	schrickst schrickt	schrak	schräke	geschrocken	schrick
schreiben 쓰다	schreibst schreibt	schrieb	schriebe	geschrieben	schreib[e]
schreien 소리치다	schreist schreit	schrie	schriee	geschrie[e]n	schrei[e]
schreiten 활보하다	schreitest schreitet	schritt	schritte	geschritten	schreit[e]

强變化動詞

不定詞	直說法		接續法	過去分詞	命令法
	現在	過去	過去		
schweigen 침묵하다	schweigst schweigt	schwieg	schwiege	geschwiegen	schweig[e]
schwimmen 헤엄치다	schwimmst schwimmt	schwamm	schwömme (schwämme)	gesch- wommen	schwimm[e]
schwinden 사라지다	schwindest schwindet	schwand	schwände	gesch- wunden	schwind[e]
sehen 보다	siehst sieht	sah	sähe	gesehen	sieh[e]
singen 노래하다	singst singt	sang	sänge	gesungen	sing[e]
sinken 가라앉다	sinkst sinkt	sank	sänke	gesunken	sink[e]
sitzen 앉아있다	sitz[es]t sitzt	saß	säße	gesessen	sitz[e]
sprechen 말하다	sprichst spricht	sprach	spräche	gesprochen	sprich
springen 뛰다	springst springt	sprang	spränge	gesprungen	spring[e]
stecken 꽂다	steckst steckt	stak (steckte)	stäke (steckte)	gesteckt	steck[e]
stehlen 훔치다	stiehlst stiehlt	stahl	stöhle (stähle)	gestohlen	stiehl
steigen 오르다	steigst steigt	stieg	stiege	gestiegen	steig[e]
sterben 죽다	stirbst stirbt	starb	stürbe	gestorben	stirb
stoßen 찌르다	stöß[es]t stößt	stieß	stieße	gestoßen	stoß[e]
streiten 다투다	streitest streitet	stritt	stritte	gestritten	streit[e]
tragen 운반하다	trägst trägt	trug	trüge	getragen	trag[e]
treffen 맞추다	triffst trifft	traf	träfe	getroffen	triff
treiben 몰다	treibst treibt	trieb	triebe	getrieben	treib[e]
treten 걷다	trittst tritt	trat	träte	getreten	tritt
trinken 마시다	trinkst trinkt	trank	tränke	getrunken	trink[e]
verderben 훼손하다	verdirbst verdirbt	verdarb	verdürbe	verdorben	verdirb
vergessen 잊다	vergißt vergißt	vergaß	vergäße	vergessen	vergiß

强變化動詞

不定詞	直說法 現在	直說法 過去	接續法 過去	過去分詞	命令法
verlieren 잃다	verlierst verliert	verlor	verlöre	verloren	verlier[e]
wachsen 자라다	wächs[es]t wächst	wuchs	wüchse	gewachsen	wachs[e]
waschen 씻다	wäsch[es]t wäscht	wusch	wüsche	gewaschen	wasch[e]
weichen 피하다	weichst weicht	wich	wiche	gewichen	weich[e]
werfen 던지다	wirfst wirft	warf	würfe	geworfen	wirf
ziehen 잡아당기다	ziehst zieht	zog	zöge	gezogen	zieh[e]

B. 不規則動詞

不定詞	直說法 現在	直說法 過去	接續法 過去	過去分詞	命令法
sein 있다, 이다	ich bin du bist er ist wir sind ihr seid sie sind	war	wäre	gewesen	sei
haben 가지다	du hast er hat	hatte	hätte	gehabt	hab[e]
werden 되다	du wirst er wird	wurde	würde	geworden (worden)	werd[e]
gehen 가다	du gehst er geht	ging	ginge	gegangen	geh[e]
stehen 서있다	du stehst er steht	stand	stände (stünde)	gestanden	steh[e]
tun 하다	du tust er tut	tat	täte	getan	tu[e]
brennen 타다	du brennst er brennt	brannte	brennte	gebrannt	brenn[e]
kennen 알다	du kennst er kennt	kannte	kennte	gekannt	kenn[e]
nennen 이름짓다	du nennst er nennt	nannte	nennte	genannt	nenn[e]
rennen 뛰다	du rennst er rennt	rannte	rennte	gerannt	renn[e]

不規則動詞

不定詞	直說法 現在	直說法 過去	接續法 過去	過去分詞	命令法
senden 보내다	du sendest er sendet	sandte (sendete)	sendete	gesandt (gesendet)	send[e]
wenden 돌리다	du wendest er wendet	wandte (wendete)	wendete	gewandt (gewendet)	wend[e]
bringen 가져오다	du bringst er bringt	brachte	brächte	gebracht	bring[e]
denken 생각하다	du denkst er denkt	dachte	dächte	gedacht	denk[e]
wissen 알다	ich weiß du weißt er weiß	wußte	wüßte	gewußt	wisse
können 할수있다	ich kann du kannst	konnte	könnte	gekonnt	
dürfen 해도좋다	ich darf du darfst	durfte	dürfte	gedurft	
mögen 좋아하다	ich mag du magst	mochte	möchte	gemocht	
müssen 하여야하다	ich muß du mußt	mußte	müßte	gemußt	
sollen 하여야하다	ich soll du sollst	sollte	sollte	gesollt	
wollen 원하다	ich will du willst	wollte	wollte	gewollt	

독일어기본숙어사전

초판 1쇄 인쇄 2019년 7월 26일
초판 1쇄 발행 2019년 8월 9일

지은이 김희철
펴낸이 서덕일
펴낸곳 문예림

출판등록 1962.7.12 (제406-1962-1호)
주소 경기도 파주시 회동길 366 (10881)
전화 (02)499-1281~2 **팩스** (02)499-1283
전자우편 info@moonyelim.com
홈페이지 www.moonyelim.com

ISBN 978-89-8482-908-7(11750)
값 19,000원